KB250296

트럼프 2.0의 경고

2025년 7월 24일 초판 인쇄
2025년 8월 1일 초판 발행

지 은 이 | 신민호
발 행 인 | 오연관
발 행 처 | 삼일피더블유씨솔루션
등록번호 | 1995.6.26. 제3-633호
주   소 | 서울특별시 용산구 한강대로 273 용산빌딩 4층
전   화 | 02)3489-3100
팩   스 | 02)3489-3141
가   격 | 23,000원

ISBN 979-11-6784-431-6   03320

* 삼일인포마인은 삼일피더블유씨솔루션의 단행본 브랜드입니다.

* 잘못된 책은 구입처에서 바꿔 드립니다.

* 삼일인포마인 발간책자는 정확하고 권위있는 해설의 제공을
  목적으로 하고 있습니다. 다만 그 완전성이 항상 보장되는 것은
  아니고 또한 특정사안에 대한 구체적인 의견제시가 아니므로,
  적용결과에 대하여 당사가 책임지지 아니합니다. 따라서 실제
  적용에 있어서는 충분히 검토하시고, 저자 또는 능력 있는
  전문가와 상의하실 것을 권고합니다.

트럼프 2.0의 경고

관세 전쟁 속
Made in Korea
생존 전략

신민호 지음

SAMIL | 삼일인포마인

누군가는 위기라 부르고, 우리는 기회라 부른다

2025년 1월 20일, 도널드 트럼프 전 대통령이 다시 백악관의 문을 열었습니다. 퇴임 이후에도 사라지지 않았던 그의 흔적 고율 관세, FTA 재협상 압박, 중국과의 통상 갈등은 그의 복귀와 함께 하나의 강력한 체제로 되살아났습니다.

"트럼프 2.0 시대"라는 말은 단순한 정권 재창출이 아닙니다. 이 표현 속에는 10% 보편관세, 중국산 제품에 대한 60% 고율 관세, FTA 전면 재조정 같은 무시무시한 키워드가 숨어 있습니다. 그러나 이보다 더 중요한 본질은 따로 있습니다.

미국 중심의 새로운 세계 무역 질서.
글로벌 공급망의 대이동.
미국 제조업 부활을 위한 우방과의 대대적인 관세 전쟁.

이것은 단순히 트럼프 미국 대통령 재임 기간에만 나타나는 일시적인 정책 변화가 아닙니다. 이는 지난 80여 년 동안 미국이 주도해온 자유무역 질서를 근본적으로 뒤흔드는 역사적 전환의 신호탄입니다. 트럼프 대통령이 백악관을 떠난다 해도, 그가 촉발한 보호무역주의 흐름은 최소 향후 10년 이상 지속될 가능성이 높으며, 이는 미국이 주도하는 새로운 세계 무역 질서의 서막이라 할 수 있습니다.

미국은 이제 전통적인 관세뿐만 아니라, 안보·환경·산업 정책 등 다양한 명분을 앞세워 이중, 삼중의 무역장벽을 만들어가고 있습니다. 이러한 흐름은 단순한 정책 변화가 아니라, 글로벌 통상 규칙 그 자체를 재정의하는 움직임입니다. 우리는 이 변화 속에서 선택의 기로에 서 있습니다. 한국은 'Trade Pivot Leader(통상전환선도국)'로서 적극적인 전략 전환에 나설 것인가, 아니면 변화의 파도 속에서 그저 버텨내는 데 급급할 것인가?

한국은 'Trade Pivot Leader(통상전환선도국)'로서 적극적인 전략 전환에 나설 것인가, 아니면 변화의 파도 속에서 그저 버텨내는 데 급급할 것인가?

트럼프 2.0 시대의 세계 질서 변화는 한국 기업과 정부, 그리고 이 땅에 살아가는 우리 모두에게 예외 없이 영향을 미칩니다. 이는 트럼프 대통령 개인의 정책이나 일시적 정권 변화의 산물이 아니라, 미국 제조업의 부흥을 위한 구조적이고 장기적인 전략 변화입니다. 따라서 우리가 마주한 이 도전은 일회성이 아니라 지속적인 대응과 전략적 사고를 요구하는 새로운 시대의 시작임을 분명히 인식해야 합니다.

이 책은 단지 '살아남는 법'을 이야기하려고 쓰인 것이 아닙니다.
우리는 오히려 더 근본적인 질문에서 출발합니다.

"이 거대한 위기 속에서, 한국은 어떤 기회를 만들 수 있을까?"

위기를 두려워하지 말고, 전략적으로 응시해야 합니다. 예를 들어, 어떤 기업은 단순히 미국 관세에 휘둘리는 대신, 현재 수출하는 물품의 미국 내 품목분류를 사전에 검토하고 이를 미국 관세국경보호청(CBP)에 제출하고 Advance Ruling(사전 유권해석)을 받은 후 이를 근거로 하여 수출물품의 가공 단계를 바꿔 가공제품 수출로 품목분류를 전환합니다. 반면에 어떤 기업은 중국에 있는 생산라인을 이전하여 FTA 협정국으로 공급망을 재설계합니다. 또 다른 기업은 미국 현지 법인을 통해 새로운 시장을 개척합니다.

이처럼, 트럼프 2.0은 모든 산업을 무너뜨리지 않습니다. 무너지는 산업도 있지만, 반대로 전례 없는 기회를 얻는 산업도 있습니다. 그 차이는 '정보'와 '대응 전략'에 달려 있습니다.

이 책은 대학생, 직장인, 기업 오너 및 실무자, 정책 입안자 모두에게 불확실성의 시대에 살아남고, 도약하는 방법을 제시하는 전략 가이드북입니다. 한미 통상관계의 맥을 짚고, 산업별 영향 분석을 통해 생존 포인트를 짚어주며, 미국의 관세와 무역제재를 도약의 기회로 바꾸는 현실적인 해법들을 소개합니다.

트럼프 2.0 시대는 더 이상 예외가 아닌 예고된 현실입니다. 이제 우리는 선택의 기로에 서 있습니다. 'Made in Korea', '한국산', 'K-Origin'이 위기의 상징이 아니라, 기회의 상징이 되도록, 지금부터 함께 그 전략을 모색해 봅시다.

　미국 정부의 관세정책에 대해 많은 인사이트를 주신 한국 관세청 박헌 정보협력국장님과 출판을 결정해 주신 삼일피더블유씨솔루션 오연관 대표이사님과 김동원 이사님, 졸고의 오류를 잡고 교정해 준 이민범, 이한진 관세사님에게 감사의 말씀을 드립니다. 마음 놓고 집필을 할 수 있도록 격려를 아끼지 않고 묵묵히 자리를 지켜준 아내와 딸과 아들에게도 감사의 뜻을 표합니다.

2025년 7월

성수동 성수AK밸리에서

저자 씀

목차

목차

PART **3**

통관이 전장이 된 시대 : 트럼프 2.0, 관세가 무역을 지배하다

PART 4

살아남을 것인가, 도약할 것인가
: 트럼프 2.0 보호무역 시대의 실전 생존 전략

이상주의의
탈을 벗은 미국

: 트럼프 2.0의 외교·통상 대전환

PART 1

초강대국의 논리:
미국 대외정책의 두 얼굴

1 이상과 힘 사이, 언제나 계산적인 미국

외교라는 이름의 냉정한 셈법

미국의 외교정책을 이해하는 가장 좋은 방법은 그들이 언제 '가치'를 말하고, 언제 '힘'을 앞세우는지를 지켜보는 것이다. 미국은 표면적으로는 자유, 민주주의, 세계 평화 같은 이상주의(idealism)를 전면에 내세우지만, 그 이면엔 언제나 국익이라는 이름의 현실주의(realism)가 견고히 자리 잡고 있다.

미국이라는 나라는 '가치'와 '힘' 이 두 가지를 필요에 따라 능숙하게 바꿔 쥘 수 있는 외교에 있어서 초고수다. 내부 사정과 세계의 상황에 따라 대외정책의 야누스와 같은 두 얼굴을 다르게 드러낸다.

이상과 현실 사이, 미국 외교의 두 얼굴

건국 초기의 미국은 유럽의 전쟁에 휘말리지 않겠다는 고립주의 원칙을 고수했지만, 동시에 서반구의 패권과 해외 팽창이라는 현실적 목표를 향해 꾸준히 전진했다. 자유와 자결이라는 이상을 외쳤지만, 필리핀 전쟁[1])과 멕시코 전쟁[2])에서 보여주듯 자국의 국익 앞에서는 냉정한 힘의 외교는 물론 무력 전쟁도 서슴지 않았다.

윌슨의 이상주의, 국제연맹의 좌절

제1차 세계대전을 계기로 미국은 외교정책의 전면에 이상주의를 내세웠다. 윌슨 대통령[3])은 민주주의와 민족 자결의 원칙을 앞세워 전쟁에 개입했다. 전후에는 국제연맹 구상을 통해 미국 중심의 평화질서를 추구했다. 그러나 미국 국내의 고립주의[4]) 정서는 여전했고, 국제연맹 가입 좌절은 미국이 여전히 '세계 질서를 설계하고 싶지만, 비용을 지불하긴 꺼리는' 양면적 태도를 보여주었다.[5])

중립의 딜레마와 2차 대전의 전환점

1930년대 미국은 중립법[6])을 통해 다시금 국제사회로부터 거리를 두

---

1) 미국-필리핀 전쟁(1899~1902)은 미국이 스페인과의 전쟁을 통해 필리핀을 점령한 후, 독립을 원하던 필리핀 민족주의자들과 충돌하면서 시작되었다-. 미국은 이를 진압하며 필리핀을 식민지로 삼았고, 수십만 명의 필리핀인이 희생되었다. 이 전쟁은 미국이 이상주의를 내세우면서도 제국주의적 확장을 실천한 대표적 사례로 평가된다.

2) 미국-멕시코 전쟁(1846~1848)은 미국의 영토 팽창주의(Manifest Destiny) 정책 아래, 텍사스 병합과 국경 분쟁을 계기로 발발하였다. 미국은 압도적인 군사력으로 멕시코를 제압하고, 캘리포니아·뉴멕시코·애리조나 등 서부 영토를 획득하였다. 멕시코는 미국과의 전쟁에서 패배하며 국토의 절반 가까이를 상실하는 뼈아픈 결과를 맞았다.

3) 토머스 우드로 윌슨(영어: Thomas Woodrow Wilson, 1856년 12월 28일~1924년 2월 3일)은 미국의 28대 대통령(1913년~1921년)이었다. 독실한 장로교도인 그는 저명한 역사가이자 정치학자로, 민족자결주의를 제창한 것으로 유명하다.

4) 미국의 고립주의는 국제사회의 문제에 외교·군사적 개입을 최소화하고 자국 이익 중심의 정책을 펼치려는 전통적 입장이다.

5) 미국은 제1차 세계대전 후 윌슨 대통령이 주도한 국제연맹 창설에 앞장섰지만, 상원의 반대로 가입이 좌절되었다.

6) 1930년대 미국의 중립법은 전쟁에 휘말리는 것을 막기 위해 교전국과의 무기 거래나 금융 지원을 금지한 법이다.

려 했다. 하지만, 제2차 세계대전은 미국을 다시 세계사의 전면으로 끌어냈다. 전체주의에 맞선 자유 진영의 수호자라는 명분 하에 미국은 전쟁에 참전했다. 전후에는 NATO[7]와 유엔[8], 각종 원조 프로그램[9]을 통해 규칙 기반의 국제질서를 구축하는데 앞장섰다. IMF, GATT 등의 국제기구를 주도하며 자유무역과 다자주의[10] 국제질서를 설계하는 핵심 국가로 부상할 수 있었다. 이 시기 미국은 '자유주의 경제 질서'의 수호자를 자처하며, 관세 인하와 시장 개방을 통해 세계화를 이끌었다. 1945년 제2차 세계대전 종전 후부터 자리잡기 시작한 자유무역주의 세계질서가 트럼프 1.0 정부 출범시까지 약 80여 년간 지속되어 온 것이다.

냉전의 논리: '힘을 통한 평화'

냉전 시기 미국의 외교전략은 보다 복잡해진다. 소련과의 이념 대결 속에서 자유시장경제는 미국식 질서의 핵심 가치가 되었고, 마셜 플랜[11], NATO, 핵 억지 전략 등은 모두 이상과 현실을 절묘하게 결합한

---

7) 미국은 1949년 북대서양조약기구(NATO) 창설을 주도하며 서유럽 국가들과 군사동맹을 맺고 소련의 팽창을 견제하고자 했다. 이는 냉전 초기에 집단안보체제를 통해 자유진영의 결속을 강화하려는 전략이었다. 미국은 NATO를 통해 유럽 방위에 대한 핵우산과 군사적 리더십을 제공하며 중심축 역할을 수행했다.

8) 미국은 제2차 세계대전 후 국제 평화와 협력을 위한 새로운 국제기구 필요성을 주도하며 1945년 유엔(UN) 창설에 핵심적인 역할을 했다. 창설 목적은 전쟁 방지, 분쟁 해결, 인권 보호 등 국제 질서의 안정과 평화 유지였다. 미국은 유엔의 구조 설계와 운영 원칙에서 주도적 영향력을 행사하며 세계질서 재편을 이끌었다.

9) 미국은 냉전 초기 서방 진영 결속을 위해 마셜 플랜(1947)을 통해 서유럽에 대규모 경제원조를 제공해 공산주의 확산을 저지했다. 포인트 포(Four Point Program)(1949)는 개발도상국의 경제·기술 발전을 지원하며 미국식 자유주의 모델을 확산시켰다. 또한 트루먼 독트린(1947)에 따라 그리스·터키 등 전략 요충국에 군사·경제 원조를 제공하며 반공 체제를 강화했다.

10) 다자주의는 여러 국가들이 국제기구나 협약 등을 통해 공동의 규칙과 절차를 만들고 협력하는 체제이다. 이는 일방주의나 양자주의와 달리, 평화·안보·경제 문제를 다자간 협력으로 해결하려는 접근이다.

도구였다. 이 시기 미국은 국제무역에서도 일관되게 자유주의를 지향했으며, 자국 산업의 희생을 감수하면서까지 개방을 주도하는 모습을 보였다.

단극체제의 미국, 다시 '이상'에 무게를 싣다

소련의 붕괴[12]로 냉전이 종식되고 미국 단극체제[13]가 도래한 이후, 미국은 다시금 국제질서의 재설계를 시도한다. 걸프전[14]을 통해 '신세계질서'를 선언한 부시 정부, 그리고 민주주의·인권이라는 이상을 무역·외교의 기준으로 삼은 클린턴 정부는 '가치 외교'를 강화했다. 하지만 세계 각국에서 미국의 무력 개입의 정당성과 무역의 공정성에 대한 의문도 함께 제기되었다.

9·11테러 이후: 현실주의의 귀환

2001년 9월 11일, 뉴욕의 쌍둥이 빌딩이 무너진 그날 이후 미국 외교는 이상보다 현실을 우선하는 방식으로 본격적으로 선회하게 된다. 조지 W. 부시 미국 전 대통령의 당시 슬로건은 이랬다.

---

11) 마셜 플랜은 제2차 세계대전 후 미국이 유럽의 경제 저건을 지원하기 위해 1948년부터 시행한 대규모 원조 프로그램이다. 이를 통해 미국은 서유럽 국가들의 경제 회복을 돕는 동시에 소련의 공산주의 확산을 견제하려 했다.
12) 소련은 1980년대 말 고르바초프의 개혁 정책(페레스트로이카와 글라스노스트) 실패와 공산당의 통제 약화로 내부 분열이 심화되었다. 결국 1991년 12월, 15개 공화국이 독립을 선언하면서 소련은 공식적으로 해체되었다.
13) 단극체제는 한 국가가 군사·경제·외교 등 국제질서 전반에서 압도적인 영향력을 행사하는 세계질서를 말한다.
14) 1990년 이라크가 쿠웨이트를 침공하자, 미국은 다국적군을 결성해 1991년 걸프전을 벌여 이라크군을 격퇴했다. 이 전쟁을 통해 미국은 냉전 이후 세계질서에서의 주도권을 재확인했다.

Peace through Strength
- 힘이 있어야 평화를 지킬 수 있다.

이 말은 곧, 미국이 위협을 받으면 먼저 행동에 나설 수 있다는 선전 포고나 다름이 없었다. 그 이후 아프가니스탄 전쟁[15], 이라크 침공[16]이 잇따랐고, 국제사회의 질서보다 미국의 안보가 더 중요한 명제가 됐다.

이상과 현실의 균형을 추구한 오바마의 스마트 파워

버락 오바마 미국 전 대통령은 '스마트 파워'를 내세워 이상과 현실의 균형을 추구하려 했다. 군사 개입을 최소화하면서도 외교적 리더십과 경제 제재, 국제협력 등을 적극 활용하는 방식이었다. 특히 중동에서는 이라크와 아프가니스탄에서의 미군 철수를 추진하고, 이란과의 핵협상을 통해 외교적 해결을 시도하며 전쟁보다 대화를 선호하는 태도를 보였다. 아시아에 대해서는 '아시아 회귀(Pivot to Asia)' 전략[17]을 통해 중국 견제를 본격화했고, 환태평양경제동반자협정(TPP)을 통해 경제·안보 연계를 강화하려 했다. 이러한 접근은 미국의 도덕적 리더십을 회복하려는 시도였지만, 동시에 국제무대에서 미국의 영향력이 상대적으로 약화되었다는 평가도 받게 했다.

---

15) 2001년 9.11 테러 직후, 미국은 테러조직 알카에다와 이를 숨겨준 탈레반 정권을 제거하기 위해 아프가니스탄 전쟁을 시작했다. 장기화된 이 전쟁은 20년 만인 2021년 미군 철수로 끝났고, 탈레반은 다시 정권을 장악했다.
16) 2003년 미국은 이라크가 대량살상무기를 보유하고 테러를 지원한다는 이유로 침공을 단행했다. 그러나 무기는 발견되지 않았고, 전쟁은 장기화되며 중동 지역의 불안정을 심화시켰다.
17) '아시아 회귀(Pivot to Asia)' 전략은 오바마 행정부가 추진한 외교·안보 중심의 정책으로, 미국의 전략적 중심축을 중동에서 아시아·태평양 지역으로 이동시키려는 시도이다. 이는 중국의 부상 견제, 동맹 강화, 경제적 영향력 확대를 목표로 했다.

2 공화당 스타일 vs 민주당 스타일

동맹과 함께? 아니면 미국만 따로?

미국의 외교정책을 보면 마치 두 나라가 존재하는 것처럼 느껴질 때가 있다. 바로 민주당과 공화당이 국제정치를 바라보는 관점이 완전히 다르기 때문이다. 한쪽은 우리가 세계의 룰을 만들고, 동맹과 함께 그 룰을 지켜야 한다고 말한다. 다른 쪽은 기국부터 챙기고, 남들 눈치 볼 시간에 관세나 올리자고 외친다.

공화당 스타일, 미국이 먼저다(America First)

국제기구? 다자협력? 복잡하게 얽힌 외교전략보다는, 미국의 이익이 가장 중요하다는 현실주의가 핵심이다. 트럼프 미국 대통령이 그 대표적인 예다. 그는 자국 중심의 외교, 고립주의 경향, 강경 통상 정책을 밀어붙였다. 규칙에 기반한 국제질서보다는, 힘 있는 나라가 협상에서 이기는 거라고 믿는 쪽이다.

반면 민주당 스타일, 함께 가야 멀리 간다

민주당은 전통적으로 국제질서와 동맹 네트워크를 중시한다. 세계와 협력해야 미국도 안전하고 번영할 수 있다는 철학이 깔려 있다. 외교정책은 단순한 외부 문제가 아니라, 미국 내 경제·안보·기후 문제와도 직결된다고 본다. 트럼프 1기 행정부 시절을 돌아보며, 민주당은 이렇게 말했었다: 미국우선주의는 오히려 미국을 더 고립시켰고, 동맹을 멀어지게 만들었으며, 경제도 흔들렸다.

미국 유권자의 선택: 규칙이냐, 국익이냐?

2024년, 다수의 미국인들은 다시 한 번 미국우선주의를 선택했다. 공화당이 외친 힘 있는 미국, 자기 이익을 지키는 미국이 미국 유권자에게 통한 것이다. 그 결과, 세계는 이제 다시 자국 중심 외교와 보호무역주의가 판치는 시대로 접어들고 있다. 그리고 한국을 포함한 무역 파트너들은 이 선택이 어떤 후폭풍을 가져올지, 긴장 속에 지켜보고 있는 것이다.

3 트럼프 2.0 시대, 국제사회와 예고된 충돌

트럼프 1.0 시대: 이념보다 이익, 동맹보다 거래

트럼프 미국 대통령은 이념보다 이익이 중요하고, 동맹이라는 가치보다 거래가 더 중요하다는 흐름을 강력하게 만들어낸 인물이다. 그는 세계를 '선과 악'으로 나누지도 않고, 민주주의 확산에 대해 추상적인 감동도 갖고 있지 않았다. 그의 관심은 철저히 미국에 이득이 되느냐는 질문에 집중되어 있었다. 그에게 있어 NATO는 미국이 과하게 돈을 쓰는 집단으로 보였고, 동맹은 방위비 분담이 적으면 의미 없는 관계였으며, FTA조차도 무역적자라는 손해를 입는 경우 '재협상 대상'이었다.

그에게는 안보도 통상도, 결국 이익 계산의 문제였다. 트럼프 1.0[18] 시절, 미국은 안보 전략에도 관세와 통상 정책을 섞어 쓰기 시작했다.

---

18) 트럼프 1기 행정부를 트럼프 1.0으로 부르기로 한다.

대표적인 사례가 무역확장법 232조(Section 232)이다. 트럼프 1기 행정부는 이 조항을 근거로 철강·알루미늄에 고율 관세를 부과하며, 그것을 단순한 산업 보호가 아니라, 국가 안보상 필요하다는 논리로 포장했다. 즉, FTA와 관세, 무역적자조차도 미국의 안보를 위한 '전략 무기'로 동원된 것이다.

이렇듯 미국 외교는 겉으로는 '가치'를 이야기하지만, 속으로는 언제나 무엇이 미국에게 유리한가를 계산하는 공식이 적용되어 돌아가고 있다. 이상과 현실 사이에서 미국은 늘 철저히 계산된 선택을 해왔다. 그리고 트럼프 미국 대통령은 그 계산기를 공개적으로, 가감 없이 두드린 미국 최초의 대통령이라고 할 수 있다.

이제는 막을 수 없는, 트럼프 2기 행정부의 전면 질주

2024년 미국 대선은 세간의 예상을 뒤엎고 도널드 트럼프의 비교적 압도적인 승리로 끝났다.[19) 선거 전까지만 해도 '초접전'이라는 말이 돌았다. 박빙의 승부로 긴 개표전이 이어질 거라는 예측도 많았지만, 결과는 전혀 달랐다. 트럼프는 민주당 후보 카멀라 해리스를 상대로 거의 논란의 여지가 없을 정도의 격차로 승리했고, 개표도 놀랄 만큼 빠르고 조용하게 마무리됐다.

같은 날 치러진 의회 선거에서도 공화당은 상원과 하원을 모두 장악했다. 즉, 대통령과 의회를 한 정당이 모두 장악한 '단일정부(Unified

---

19) 도널드 트럼프는 2024년 11월 5일 대선에서 공화당 흑보로 재출마하여, 선거인단 312표 대 226 표로 승리했다.

Government)'[20]가 출범한 것이다. 2025년 1월, 트럼프는 다시 백악관에 입성하며 제2기 행정부를 공식 출범시켰고, 이번에는 어떤 정치적 견제도 받지 않는 독주 체제를 손에 넣었다.

그가 1기 때 추진하려다 제동이 걸렸던 정책들—관세 인상, FTA 재협상, 동맹 재편—이 이제는 눈치 볼 필요 없이 밀어붙일 수 있는 상황이 된 것이다. 트럼프는 이 기회를 자신의 정치적 유산(레거시)을 완성할 마지막 무대로 여기고 있을 것이다. 그리고 그의 눈앞에는 그가 추진할 정책의 속도를 늦출 브레이크도, 코스를 바꿀 핸들조차 없는 것처럼 보인다.

이제 트럼프 2기 행정부의 대외정책은 1기보다 훨씬 더 과감하고, 공격적이고, 단독 플레이에 가까운 방향으로 전개될 가능성이 높다. 그가 외치는 '미국 우선주의(America First)'는 이제 구호가 아니라 현실 그 자체가 되어가고 있다. 한국을 비롯한 동맹국과 무역 파트너들은 이러한 변화가 자신들에게 어떤 파장을 몰고 올지를 숨죽이며 주시하고 있다. 트럼프 2기, 그 전개는 강력한 보호무역을 통해서라도 자국 산업을 회복하려는 미국과 80여 년간 자유무역에 길들여진 세계와의 예고된 충돌이 될 것이다.

---

20) 대통령과 의회를 한 정당이 모두 장악한 정부를 단일정부 또는 단일 정당 지배 정부(Unified Government)라고 부른다. 반대로, 대통령과 의회를 서로 다른 정당이 장악한 경우는 분점정부(Divided Government)라고 한다. 미국 정치에서 이 구분은 정책 추진력과 정치적 갈등 수준을 가늠하는 중요한 개념으로 활용된다.

이득 없으면 안 한다는 트럼프의 거래 외교

트럼프 미국 대통령의 외교정책을 한마디로 요약하면 이렇다. 미국이 손해 보는 일엔 더 이상 나서지 않겠다. 그가 말하는 '미국 우선주의(America First)' 외교는 단순한 슬로건이 아니다. 기존의 국제 협력 중심 외교, 이른바 '글로벌리스트(globalist) 외교[21]'에 대해 완전히 선을 긋는 선언이다.

공화당, 특히 트럼프 2기 행정부는 이렇게 생각한다. '그동안 미국은 민주당이든 공화당이든 상관없이, 세계 문제에 너무 깊게 개입해왔고, 그 결과 미국은 계속 손해만 봤다.'

손해 보는 거래는 안 한다

트럼프 미국 대통령은 세상의 모든 문제를 '거래(Deal)'로 본다는 점이 특징이다. 미국이 비용을 지불할 때는 반드시 그에 상응하는 명확한 이익이 돌아와야 한다는 것이 그의 철학이다. 예를 들어, 트럼프 미국 대통령은 "군사 활동에서 왜 미국 납세자의 돈으로 세계 곳곳의 분쟁을 감당해야 하는가?" 라고 묻는다. 그는 또 "미국의 대외무역 구조에 대해서는 왜 우리는 매년 수천억 달러의 므역적자를 감수해야 하는가?" 라고 질문한다. 동맹국과의 방위비 분담에 있어서는 "왜 동맹국들은 미

---

21) 글로벌리스트 외교는 자국의 이익을 넘어서 국제 협력과 다자주의를 중시하며 세계 질서의 안정과 공동 번영을 추구하는 외교 방식을 말한다.

국의 안보 보호를 공짜처럼 받아야 하는가?"라는 질문을 던진다. 이런 관점에서 트럼프 미국 대통령은 '경제든 안보든, 미국이 일방적으로 손해 보는 구조를 바꿔야 한다'고 주장한다.

동맹은 자산이 아니라 '비용'?

전통적으로 미국의 외교 정책에서는 미국의 동맹을 힘을 키우는 자산(force multiplier)으로 봐왔다. 해리 트루먼 미국 전 대통령에서 조 바이든 미국 전 대통령까지, 모두 동맹은 미국 안보의 핵심 파트너라고 말해왔다.

하지만 트럼프 미국 대통령은 다르다. 그에게 동맹은 미국이 짊어진 '부담(burden)'이다.

- GDP의 2%도 국방비로 쓰지 않는 동맹국들,
- 방위비 분담 협상에서 소극적인 파트너 국가들,
- 미국 보호 아래 경제적 이익만 챙긴다고 여겨지는 국가들

이 모든 대상 국가들은 트럼프 미국 대통령의 외교에서는 '다시 협상할 대상'이 될 수밖에 없다. 그리고 그 대상은 중국이나 러시아 같은 적대국이나 경쟁국뿐만 아니라, EU나 한국·일본 같은 전통적 동맹국도 예외가 아니다.

트럼프 미국 대통령 외교의 핵심 공식

그는 미국의 국익에 직접 도움이 되는지 계산하여 'Yes'라면 계속 지

원하고, 'No'라면 군사 지원을 철수하거나 혹은 압박하여 국익에 도움이 되는 행위를 하도록 압박한다. 트럼프 미국 대통령에게 동맹은 선택 사항일 뿐, 무조건 지켜야 할 대상이나 가치는 아니다. 그래서 동맹국과의 거래에서도 손해를 보면 즉시 '재협상'에 들어간다.

이것이 바로 트럼프 미국 대통령이 말하는 미국 우선주의 외교의 핵심 공식이다. 그리고 이 공식은 단지 이론이 아니다. 실제로 관세, 방위비, 외교 관계, FTA 구조 전반에 걸쳐 관철되고 있다.

트럼프 미국 대통령의 미국 우선주의는 국제질서에 대한 신뢰보다는, 거래의 손익을 따지는 계산에 가깝다. 그에게 있어 외교는 가치나 이념의 문제가 아니라, '실익이 있는가 없는가'의 문제이다. 트럼프 2기 행정부는 이 철학을 더 날카롭고 강하게 추진하고 있다. 이는 한국을 포함한 모든 동맹국들에게 과거에 경험하지 못했던 새로운 선택을 요구하게 될 것이다.

5 트럼프 2.0 시대 핵우산의 종말

트럼프 2.0, 자유무역주의 국제질서 붕괴의 시작

2025년 1월, 트럼프 미국 대통령이 백악관에 다시 입성하면서 세계는 전혀 다른 외교·안보 시대의 문을 열게 되었다. 그의 미국 대통령 복귀는 단순한 정권 교체를 넘어, 2차 세계대전 이후 미국이 만들어온 자유무역주의에 바탕한 국제질서의 붕괴의 시작에 가깝다.

NATO 75주년, 그리고 균열의 시작

트럼프 미국 대통령 취임으로부터 불과 반년 전인 2024년 7월, 바이든 대통령은 NATO 창설 75주년 기념행사를 워싱턴DC에서 주관했다. 이 동맹은 지난 75년간 미국이 세계무대에서 보여준 글로벌 리더십의 상징이자, 냉전 시기부터 오늘에 이르기까지 서방 민주주의의 집단 방어체계의 핵심이었다.

하지만 백악관에 재 입성한 트럼프 미국 대통령은 NATO 창설 75주년 기념행사와는 전혀 다른 메시지를 던졌다. 그가 명확히 말한 취지는 이렇다. "미국인의 세금으로 더 이상 세계질서를 유지할 생각은 없다. 우리가 만든 자유무역 체제는 이제 고율 관세와 미국 우선주의로 대체되어야 한다."

우방국이 믿었던 핵우산, 사라지다

NATO든, 한미동맹이든, 일본과의 안보협력이든, 미국의 동맹국들은 그동안 미국이 제공하는 '핵우산[22]'에 국가안보를 의지해왔다. 즉, 미국의 핵전력이 동맹국들의 궁극의 방어 수단이자, 믿을 수 있는 최후의 보루였던 것이다.

그러나 트럼프 미국 대통령이 돌아오면서 미국이 보장하는 핵우산에 대한 동맹국들의 믿음은 점점 흔들리고 있다. 트럼프식 외교 아래에서

---

22) 핵우산(Nuclear Umbrella)은 핵무기를 보유한 동맹국이 비핵국에 대해 핵 보복 능력으로 안보를 보장하는 개념이다. 대표적으로 미국은 한국, 일본 등 동맹국에 대해 핵우산을 제공하여 억지력을 유지하고 있다.

핵우산은 동맹국에 대한 확실한 약속이 아니라, 미국의 이익에 따라 달라질 수 있는 변덕스러운 거래 조건이 되어가고 있는 것이다. "동맹국이 방위비 분담을 늘리지 않으면 미국의 보호도 없다." "동맹국을 위하여 미국이 대신 싸워줄 이유는 없다."고 말을 바꾸면서 말이다.

트럼프 2.0 시대에 동맹국들은 이제 더 이상 '믿고 의지할 수 있는 미국의 핵우산' 아래에 있지 않다는 것이 확실해지고 있다. 그 우산은 미국의 국익이나 필요에 따라 걷힐 수도 있는 협상 카드 중 하나로 바뀌어 가고 있는 것이다.

6 트럼프 2.0 시대가 초래할 한국의 난관

세 갈래 외교·경제의 덫

트럼프 2기 행정부가 출범하면서 중국과 일본은 물론 한국에 대해서도 관세 폭탄을 무기로 협상 테이블로 끌어 내어 압박을 가하고 있다. 트럼프 2.0 시대에 한국은 단순한 외교 현안만이 아니라 구조적 난제 세 가지에 직면하고 있다. 군사, 경제, 외교 세 영역 모두가 동시에 흔들릴 수 있는 복합 위기를 맞고 있는 것이다.

동맹이냐, 협상이냐: 한미동맹과 대북정책의 시험대

2025년 4월 트럼프 미국 대통령이 한국에 대한 방위비 분담 증액 압박을 재개했다. 그는 1기 때도 한국은 안보 무임승차자라는 표현을 서슴지 않았다. 이번에 EU에 제시한 바와 같이 GDP의 5% 수준의 국방비를 지출할 것을 요구하고 주한미군 주둔비용의 대폭적인 증액을 요구할 가능성이 높다. 여기에 더해 대북정책도 불확실성의 소용돌이에 빠질 수 있다. 트럼프 미국 대통령은 다시 김정은과의 '톱다운 딜'을 추진할 수 있으며, 그 결과는 과거와 달리 비핵화 없는 '거래형 타협'이 될 수도 있을 것이다. 트럼프 미국 대통령이 김정은과 대화는 이끌어 낼 수 있지만, 북한 핵은 여전히 유지되는 불행한 시나리오가 현실화될 우려도 무시할 수 없는 것이다.

무역의 부메랑: 한미 FTA 및 무역관계 재조정 압박

트럼프 2기에서 한국의 대미 무역흑자는 다시 표적이 되었다. 트럼프 미국 대통령은 한미 FTA를 '재협상'하거나 관세를 올리겠다고 직접 말해온 인물이다. 트럼프 미국 대통령은 한국과 FTA는 이미 체결했지만, "미국에 손해가 되면 한미 FTA는 언제든 다시 고칠 수 있다."는 확고한 입장을 가지고 있다.

게다가 트럼프 2.0 미국 행정부는 인플레이션 감축법(IRA)[23]을 축소하거나 전면적으로 재조정함으로 인해, 지금까지 한국과 미국 간에 협력해오던 배터리·전기차 분야의 경제안보 협력 구조도 흔들릴 수 있다. 이는 단순한 무역 갈등이 아니라, 한국의 핵심 수출 산업이 트럼프 2.0 미국 행정부가 시행하는 정책에 의해 직접 타격을 받을 수 있는 구조적 위기다.

---

23) 바이든 행정부의 인플레이션 감축법(IRA, 2022)은 기후·에너지 전환 및 의료비 절감을 목표로 청정에너지 및 전기차 생산 기업에 세제 혜택과 보조금을 제공하는 미국 내 산업 정책이다. 이를 통해 태양광, 풍력, 배터리 등 친환경 산업의 경쟁력을 강화하며, 공급망의 미국 내 재편(리쇼어링)을 촉진하도록 설계되었다. 동시에 처방약 가격 상한제 도입 등 의료비 인하 조치를 포함해 국민 가계 부담 경감에도 기여하고 있다.

미국인가, 중국인가: 압박의 줄타기 외교

미국은 트럼프 2기에서도 대중국 압박 전선을 계속 확장하고 있다. 그리고 한국에게는 이전보다 훨씬 더 분명한 입장 표명과 동참을 요구하고 있다. 문제는, 한국 기업들이 미국 요구에 따라 대중 기술수출 제한, 반도체 장비 통제, 공급망 차단 등에 동참할수록 중국에서의 보복조치 또는 중국에 대한 수출 타격이 불가피하다는 점이다. "한쪽의 눈치를 보면 다른 쪽에서 손해를 본다"는 딜레마 또는 외교적 줄타기가 본격화될 수밖에 없다.

트럼프 2기 시대에 한국은 안보는 협상의 대상이 되고, 경제는 관세 폭탄과 한미 FTA 재협상 압박 등으로 흔들리며, 외교는 미·중간 균형 외교에 실패한 채 미국에 줄서기를 하도록 강요받는 시대로 진입하게 될 것이다.

한국 정부와 기업은 이제 '위기관리'를 넘어 트럼프 2.0 시대에서 생존을 위해 전략적 사고를 하도록 요구받고 있다. 초강대국 미국과 강대국이 되어 버린 중국 사이에서, 한미일 등맹에 기대느냐 자주를 고수하느냐 하는 갈림길에서 한국은 불가피하게 선택의 대가를 치러야 할 것이다. 손실을 줄이고 기회를 살릴 절묘한 해법을 찾지 못하면, 생존조차 낙관하기 어려울 수 있다.

하지만 한국인은 어떤 민족인가? 전란과 가난이 끊이지 않았던 척박한 땅에서도 끝내 길을 찾아낸, 살아남는 데 그치지 않고 더 나은 내일을 만들어 온 불굴의 사람들이다. 트럼프 2.0 시대의 거센 파고 앞에서도 반드시 더 잘 살아 나갈 길을 다시 한번 찾아 낼 수 있을 것이다.

미국, 자유무역의 선봉에서 다시 관세 패권국으로

1 트럼프 1.0 이전 세계 무역정책

무역을 통한 금은 확보 시대로부터 출발

세계 무역정책의 뿌리는 멀리 16세기 후반까지 거슬러 올라간다. 16세기 후반 스페인이 신대륙에서 금과 은을 대량 확보하던 시기의 스페인 국왕은 필리프 2세(Philip II, 재위 1556~1598)다. 그는 스페인 제국의 전성기를 이끈 인물이다. 그는 유럽에서 가장 넓은 영토와 가장 많은 금·은을 소유한 황제였다. 그러나 동시에 역설적으로 세계 최초의 국가 부도(파산)를 선언한 왕이기도 하다. 오히려 아프리카 식민지에서 금이 과잉 유입되어 인플레이션을 유발한 결과였다.

중상주의 시대의 국가의 부

16세기 후반부터 18세기 중엽까지, 유럽의 나라들은 한 가지 믿음을 공유했다. '국가의 부는 얼마나 많은 금과 은을 모았는가에 달려 있다.' 이 믿음 아래에서 유럽의 각국은 수출은 장려하고, 수입은 막고, 식민지는 쥐어짜듯 활용했다. 하지만 18세기 후반, 중상주의 국가들이 가지고 있었던 이 금 본위의 경제 세계관은 결정적인 균열을 맞이한다.

금이 아닌, 사람과 분업이 진짜 부다 - 애덤 스미스의 등장(1776년)

1776년, 한 영국 스코틀랜드 학자가 『국부론』이라는 책을 내놓는다. 그의 이름은 애덤 스미스였다. 그는 이렇게 갈파했다: "진짜 부는 금도, 은도 아니다. 잘 조직된 분업과 생산성에서 나온다." 그리고 이렇게 주장했다: "무역은 '전쟁'이 아니라 '상호 이익'이다." "각 나라는 잘하는 분야에 집중하면 모두가 더 잘 살 수 있다." "국가는 시장에 지나치게 간섭하지 말고 '보이지 않는 손'에 맡겨라."

애덤 스미스의 국부론이 중심적인 이론으로 자리잡기 시작한 이후 유럽의 엘리트 지식인들은 금·은 중심의 중상주의를 시대에 뒤떨어진 이론으로 보기 시작하게 된 것이다.

영국 중심의 산업자본주의의 등장

18세기 후반, 유럽 사회는 조용하지만 강력한 혁명을 맞이하게 된다. 바로 산업혁명이다. 이 혁명은 단순히 기계가 등장하고 공장이 생겨난 사건이 아니라, 경제의 본질과 국가의 부의 개념을 완전히 바꿔버리는 대전환이었다. 이전까지는 금과 은을 얼마나 많이 보유하느냐가 국력을 결정했다면, 이제는 얼마나 '많이, 싸게, 빠르게' 생산하느냐가 나라의 부를 좌우하게 된다.

이 변화의 핵심은 산업자본주의의 출현이다. 산업자본주의는 말 그대로 '산업을 통해 자본을 축적하는 체제'다. 중상주의가 외부에서 금은을 가져와 국부를 쌓는 방식이었다면, 산업자본주의는 내부에서 기술, 기계, 노동, 자본을 조합해 스스로 부를 창출하는 방식이다. 부의 원천이 외부 정복이 아닌 내부 생산으로 바뀐 것이다.

영국은 이 체제를 가장 먼저 실현한 국가였다. 섬나라 특유의 해상무역과 석탄, 철 등의 풍부한 자원, 안정된 금융 시스템이 맞물리면서 영국은 '세계의 공장'으로 떠오르게 된다. 방직기계, 증기기관, 철도와 같은 기술혁신은 공장제 대량생산을 가능하게 만들었고, 이는 곧 해외시장 개척과 식민지 확장으로 이어졌다. 자본은 더 이상 금속덩어리가 아니라, 생산수단에 투자되어 더 많은 수익을 만들어내는 순환 구조가 되었다.

이처럼 산업자본주의는 자본의 개념을 '쌓는 것'에서 '굴리는 것'으로 바꾸어 놓았다. 돈을 창고에 모아두는 시대는 지나가고, 자본은 기계를 사고, 공장을 짓고, 사람을 고용하고, 더 큰 시장을 찾아 떠나는 에너지로 바뀌었다. 이윤은 단순한 차익이 아니라, 시스템이 만들어낸 결과물이 되었고, 국가는 더 이상 금고가 아니라 생산공장이 되었다.

또한 이 시기에 금융과 산업이 맞물려 돌아가는 자본시장이 본격적으로 형성된다. 영국의 증권시장, 네덜란드의 은행 시스템은 단지 자금을 보관하는 역할을 넘어, 투자를 유도하고, 기업의 성장을 촉진하는 동력이 되었다. 자본의 주인은 이제 왕이나 귀족이 아니라, 사업 아이디어를 가진 기업가와, 그를 믿고 자금을 대는 투자자가 된 것이다.

이렇게 해서 중상주의 시대의 금·은 중심 사고는 역사 속으로 사라지고, 산업과 금융이 함께 움직이며 국가의 부를 창출하는 산업자본주의 시대가 열리게 된다. 이 체제는 19세기와 20세기 내내 전 세계를 지배하게 되었고, 오늘날 글로벌 무역 질서와 경제구조의 뼈대를 이루는 핵심 이념으로 자리 잡았다.

산업이 만든 새로운 길, 자유무역이 답하다

산업혁명이 유럽을 바꾸어 놓은 지 얼마 지나지 않아, 또 하나의 거대한 전환이 찾아온다. 바로 '자유무역'이라는 새로운 경제 사상의 등장이었다. 중상주의가 국가의 개입을 전제로 무역을 통제했다면, 자유무역론은 '시장은 스스로 조절된다'는 믿음에서 출발한다. '무역은 이익을 나누는 것이다'라는 주장은 단순한 구호가 아니라, 시대가 요구한 합리적 해답이었다.

왜 그랬을까? 산업혁명 이후 각국은 막대한 생산능력을 갖게 된다. 기계는 사람보다 빠르게, 대량으로, 그리고 값싸게 제품을 만들어낸다. 문제는 '그 많은 상품을 누구에게 팔 것인가'였다. 좁은 자국 내 시장만으로는 도저히 감당이 안 되는 생산량이 쏟아지자, 유럽 각국은 자연스럽게 바깥으로 눈을 돌리게 된다.

그러나 문제가 있었다. 당시 대부분의 국가는 여전히 중상주의식 고율관세로 자국 시장을 보호하고 있었기 대문이다. 외국 상품이 들어오는 걸 막아야 국내 산업이 살아남는다는 생각이 강했고, 이는 서로서로 상대국의 상품을 배척하는 형태로 이어졌다. 이른바 '관세의 벽'이 시장을 가로막고 있었다.

바로 이 지점에서 자유무역론은 강력한 논리적 돌파구를 제시하게 된다. 애덤 스미스와 데이비드 리카도를 필두로 한 고전파 경제학자들은 모든 나라는 각자의 우위를 살려 특화하고, 서로 교환하면 모두가 이익을 본다고 주장한다. 보호주의 대신 경쟁, 폐쇄 대신 교환, 이것이 자유무역의 핵심 철학이었다.

특히 영국은 자유무역론의 대표주자였다. 이미 산업혁명을 선도하면서 세계에서 가장 많은 제품을 생산하던 영국은 이제 막대한 수출시장이 필요했고, 무역장벽은 이를 가로막는 장애물일 뿐이었다. 그래서 1846년, 영국은 자국 농민을 보호하던 곡물법(Corn Laws)[24]을 폐지하며 자유무역의 깃발을 가장 먼저 들게 된다. 이는 단순한 국내법 개정이 아니라, 세계경제에 보내는 강력한 신호였다. 우리는 시장을 열겠다, 너희도 함께하자는 선언이었던 것이다.

이러한 흐름 속에서 자유무역은 하나의 경제 철학을 넘어 외교 전략으로까지 확장된다. 무역을 열면 외교도 열리고, 외교가 열리면 자본과 기술이 함께 움직이게 된다. 자유무역은 단순한 물건의 교환을 넘어서, 국가 간의 관계를 재설계하는 도구로 자리 잡는다.

결국 산업혁명이 초래한 생산 과잉의 압력과 자유시장에 대한 이론적 확신, 그리고 이를 뒷받침한 영국의 정책적 결단이 맞물리면서, 자유무역은 19세기 중반 이후 유럽의 주류 사상으로 떠오르게 된다. 보호주의

---

24) 영국 곡물법(Corn Laws)은 1815년부터 1846년까지 국내 곡물 가격을 보호하기 위해 외국산 곡물의 수입을 제한한 법이다. 이는 지주 계급의 이익을 보호했지만, 산업계와 노동자 계층에게는 식량 가격 상승과 생활고를 초래하여 폐지 운동이 일어났다.

에서 자유주의로, 통제에서 개방으로의 전환이 본격적으로 시작된 것이다.

1930년대 대공황 시대 - 관세 장벽으로 스스로를 가두다

1929년, 뉴욕 증시의 붕괴로 시작된 대공황은 전 세계를 깊은 경제 침체의 늪으로 몰아넣었다. 기업은 무너지고, 실업자가 쏟아져 나왔으며, 사람들은 내일을 걱정하며 줄을 서서 빵을 기다려야 했다. 이 혼란 속에서 미국 정부는 절박한 해법을 꺼내든다. 그 해법은 바로 수입을 막아 자국 산업을 지키자는 것이었다.

그렇게 등장한 것이 1930년 제정된 스무트-홀리 관세법(Smoot-Hawley Tariff Act)이다. 이 법은 당시 미국 역사상 가장 공격적인 관세 정책이었다. 무려 20,000개 이상의 수입품에 최고 60%의 관세를 부과하는 내용이었다. 미국 정치인들은 이를 통해 국내 일자리를 지키고 경제를 회복시킬 수 있다고 믿었다. 하지만 현실은 정반대로 흘러갔다.

미국이 관세장벽을 높이자, 세계 각국은 곧바로 보복관세로 응수했다. 세계는 순식간에 무역전쟁의 소용돌이에 빠졌고, 국제 교역은 마비되기 시작했던 것이다. 수출은 붕괴하고, 미국의 기업은 더 큰 타격을 입었으며, 대공황은 더욱 깊고 길어졌다. 스스로 살아남겠다고 쳐올린 관세 장벽이 결국 자국 경제의 숨통을 조이는 족쇄가 되어버린 것이다.

이 시기는 오늘날에도 자주 회자되는 극단적 보호무역의 교훈으로 남아 있다. 단기적인 정치적 이익을 위해 무역의 흐름을 인위적으로 막으면, 결국 그 대가는 고스란히 자국 경제가 떠안게 된다는 뼈아픈 진실을 세계는 이때 처음으로 깨닫게 된 것이다.

1940~60년대 - 자유무역으로 평화를 설계하다

제2차 세계대전이 끝난 직후, 세계는 초토화된 경제를 복구해야 하는 숙제를 안고 있었다. 유럽은 폐허가 되었고, 아시아는 전쟁의 후유증에서 허덕였다. 하지만 미국은 달랐다. 본토가 전쟁 피해를 거의 입지 않은 채 전 세계의 병기창이 되었던 미국은, 막강한 생산력과 군사력을 바탕으로 단극 체제의 중심 국가로 부상하게 된다.

이때 미국이 선택한 전략은 단순한 승전국의 지배가 아니었다. 자유무역과 경제 재건을 통해 평화롭고 안정된 세계를 만들겠다는 거대한 구상이 펼쳐진다. 그 중심에 있었던 것이 바로 브레튼우즈 체제(Bretton Woods System)와 GATT(General Agreement on Tariffs and Trade, 1947)이다. 브레튼우즈 체제는 세계 금융의 질서를 재편하려는 시도였다. 미국 달러를 중심으로 고정환율제를 구축하고, 국제통화기금(IMF)과 국제부흥개발은행(IBRD)을 만들어 각국의 경제 회복을 지원하게 했다. 돈의 흐름을 안정시키는 시스템을 먼저 만든 셈이다.

그 뒤를 이은 것이 바로 GATT, 즉 관세와 무역에 관한 일반협정이다. 이는 나라 간에 관세를 줄이고 무역장벽을 없애면서 자유로운 상품의 이동을 보장하자는 합의였다. 무역을 더 이상 국가 이익을 빼앗기위한 전쟁터가 아니라 공동 번영의 통로로 만들겠다는 약속이었던 것이다. GATT는 이후 WTO의 전신이 되었으며, 수십 년간 자유무역주의 세계 무역 질서의 기둥이 되었다.

이 시기의 자유무역은 단순한 경제정책이 아니었다. 냉전이 시작되면서 자유무역은 '민주주의 진영의 경제 인프라'로 기능하게 된다. 소련을 중심으로 한 공산주의 진영에 맞서기 위해, 미국과 서방은 경제적 유대와 번영을 통해 자유주의 체제를 더욱 공고히 하려 했다. 자유무역은 곧 자유와 평화의 상징이자, 군사적 동맹을 넘어선 경제적 연대의 수단이 되었다.

이처럼 1940~60년대는 자유무역을 단순한 경제 논리를 넘어, 국제정치와 외교의 중심축으로 끌어올린 시대였다. 미국은 이 시기에 달러를 세계 기축통화로 만들었고, GATT 체제를 통해 규범 있는 다자무역의 틀을 만들며, 전후 질서를 설계해 나갔다. 무역이 전쟁을 낳았던 지난 시대와 달리, 이제 무역이 평화를 설계하는 시대가 도래한 것이다.

1970~80년대 - 적자와의 전쟁, 통상 압박의 시대

1971년, 미국 경제에 충격이 찾아온다. 바로 이른바 '닉슨 쇼크'라 불리는 사건이다. 당시 닉슨 대통령은 미국 달러의 금 태환을 일방적으로 중단해 버린다. 이는 곧 금본위제의 붕괴를 뜻했고, 제2차 세계대전 이후 유지되던 브레튼우즈 체제의 종말을 알리는 선언이었다.

배경에는 미국의 누적된 무역적자와 베트남전으로 인한 막대한 재정지출, 그리고 국제 금융시장에 쏟아진 달러에 대한 신뢰 위기가 있었다. 미국은 자국 경제의 부담을 줄이기 위해 달러 가치를 인위적으로 떨어뜨려 수출 경쟁력을 키우는 길을 선택한 것이다. 이를 계기로 전 세계는 변동환율제 시대로 접어들게 되고, 국제 무역 질서도 다시 큰 변화를 겪는다.

그러나 달러 약세에도 불구하고 미국의 무역적자는 점점 더 심화된다. 일본, 독일, 그리고 신흥공업국인 한국, 대만 등의 제품이 미국 시장을 빠르게 잠식하면서, 'Made in America'는 사라지고 'Made in Japan'과 'Made in Korea'[25)가 넘쳐나는 상황이 벌어진다. 자동차, 전자제품, 철강 분야에서 미국 기업들은 연달아 일본 기업에 밀려났고, 이에 따라 미국 사회 내부에서는 강한 보호무역 요구가 고조되기 시작한다.

이런 분위기 속에서 등장한 것이 바로 1988년 무역법 개정에 포함된 '슈퍼 301조(Super 301)'였다. 이 조항은 미국 무역대표부(USTR)에게 불공정 무역국을 지목하고 보복 조치를 할 수 있는 권한을 부여한 강력한 무기였다. 특히 일본과 한국, 대만 등이 주된 타깃이 되었고, 이는 사실상 자유무역이라는 명분 아래 자국 이익을 관철시키기 위한 정치적 통상 압박의 시발점이 되었다.

이 시기 미국은 자유무역은 좋지만, 우리에게 손해가 나는 자유무역은 안 된다는 내로남불식 통상 전략을 노골적으로 펼쳐나가기 시작했다. 수출 주도형 경제 모델을 채택한 아시아 국가들은 이 같은 통상 압력에 시달리면서, 자국 시장 개방과 구조조정을 강요받았다. 이 과정은 결국 1990년대 이후 미국식 시장경제 질서의 확산으로 이어지게 된다.

요컨대 1970~80년대는 미국이 경제적 패권의 균열을 느끼며, 관세

---

25) 'Made in Korea'는 '한국산' 또는 '한국 원산지'를 의미하며 본서에서는 필자가 처음으로 'K-Origin'으로 표현하기로 한다.

보다 정치적 통상 수단을 앞세우기 시작한 시기였다. 통상 마찰은 외교 갈등의 서막이 되었고, '무역 = 협력'이라는 공식은 '무역 = 경쟁과 보복'이라는 인식으로 점점 바뀌어가게 된 것이다. 트럼프 시대 통상정책의 원형도 이 시기에서 이미 모습을 드러내기 시작한 것이다.

1990~2000년대 - 글로벌화와 FTA의 황금기

냉전이 막을 내리고 소련이 붕괴하자, 세계는 새로운 질서를 모색하기 시작한다. 더 이상 이념 대립이나 군사 동맹이 중심이 아니었다. 대신 경제가 세계를 움직이는 중심축이 되었고, '글로벌화'라는 거대한 흐름이 모든 대륙을 휩쓸었다. 자본과 상품, 사람과 정보가 국경을 넘어 자유롭게 이동하는 것이 시대의 상식이 되었고, 국경은 더 이상 절대적인 장벽이 아니게 되었다.

이런 분위기 속에서 미국은 무역과 투자를 통해 세계를 재편하겠다는 전략을 본격적으로 추진하게 된다. 1994년 체결된 NAFTA(북미자유무역협정)는 그 신호탄이었다. 미국, 캐나다, 멕시코가 하나의 거대한 자유무역지대를 구축하면서, 지역 기반 통합이 급물살을 타기 시작한 것이다. 관세를 철폐하고 국경을 넘나드는 기업 활동이 활발해지자, 세계 각국은 경쟁적으로 FTA를 추진하게 된다. 이는 곧 전 지구적 FTA 네트워크의 출발점이 된다.

그 직후인 1995년, 또 하나의 역사적 전환점이 찾아온다. 바로 WTO(세계무역기구)의 출범이다. 이는 GATT 체제를 넘어선 다자무역 체제의 완성판이라 할 수 있었다. WTO는 단순히 관세 인하에 머물지 않고, 서비스무역, 지식재산권, 분쟁해결기구(DSB) 등까지 아우르는 포괄적이고 구속력 있는 국제 규범 체계를 갖추고 있었다. 그만큼 무역은 룰에 따라 움직이는 '게임의 세계'로 바뀌기 시작했다.

이 시기 미국은 글로벌 통상질서의 설계자이자 심판자로 부상한다. WTO 규범은 미국의 법적 사고방식과 자유시장 원칙이 깊이 반영되어 있었고, 각종 FTA 역시 미국식 규범 확산의 도구가 되었다. 무역은 미국이 세계를 리드하는 또 하나의 패권 수단이 된 것이다.

이처럼 1990~2000년대는 무역의 황금기이자, 규범과 질서를 앞세운 미국 주도의 '경제 세계화 시대'라 부를 수 있다. 하지만 이 번영의 이면에는 제조업 공동화, 노동자 양극화, 국가 간 불균형이라는 어두운 그림자도 함께 드리워지고 있었다. 이 겉과 속이 다른 글로벌화는 훗날 보호무역의 역풍으로 되돌아오게 되며, 트럼프 시대의 기저 정서로 이어지게 된다.

2000년대 후반~2010년대 - 중국의 부상, 내부 균열의 시작

1990년대의 세계는 미국이 주도하는 자유무역과 글로벌화의 황금기를 누렸다. 하지만, 2000년대에 들어서면서 그 화려한 외피에 균열이 서서히 나타나기 시작한다. 그 중심에는 '중국의 부상'이라는 거대한 변수가 있었다.

2001년, 중국은 마침내 WTO(세계무역기구)에 정식 가입하게 된다. 세계 최대의 생산기지이자 인구 대국인 중국이 본격적으로 세계 시장에 진입하면서, 글로벌 무역의 판도는 단숨에 바뀌게 된다. 저임금을 바탕으로 한 중국의 제조업은 세계 시장을 빠르게 잠식했고, 미국을 비롯한 선진국 기업들은 생산비 절감을 위해 속속 중국으로 공장을 옮겼다. 그 결과, '세계의 공장'이라는 타이틀은 더 이상 미국이나 일본이 아닌 중국의 몫이 되었다.

하지만 중국의 성장 이면에서 미국 내부에서는 불만과 분노가 자라나기 시작한다. 중서부의 러스트벨트(쇠락한 공업지대)에서는 일자리를 잃은 노동자들이 거리에 내몰렸고, '중국 때문에 내 직장이 사라졌다'는 원망이 커지기 시작했다. 값싼 중국산 저품이 넘쳐나는 미국의 대형마트는 소비자에게는 천국이었지만, 노동자와 제조업체에게는 생존을 위협하는 악몽이 되어갔다. 미국은 풍요를 누렸지만, 그 대가로 '공급망의 해외 이전'과 '제조업 공동화'라는 근본적인 산업구조의 변화를 감수해야 했다.

이런 흐름을 인식한 오바마 행정부는 중국 견제에 나선다. 단순한 무역보복이 아닌, 새로운 통상 전략의 틀을 만들려 했다. 그 대표적인 시도가 TPP(환태평양경제동반자협정)이다. 미국은 일본, 호주, 베트남 등 아시아-태평양 국가들과 함께 중국을 배제한 자유무역 지대를 구축하려 했고, 이를 통해 중국을 국제규범 안으로 끌어들이거나, 외부에서 압박하려는 전략을 구사했다.

하지만 미국 내부에서는 이미 글로벌화에 대한 회의가 번지고 있었다. 대기업과 월가 중심의 자유무역 체제가 중산층과 서민들에게는 더 이상 이익을 주지 못한다는 인식이 확산되기 시작했다. 자유무역 회의론자들에게 무역은 점점 '기회의 사다리'가 아니라 '불평등을 가속하는 도구'로 여겨지게 되었고, 글로벌화에 대한 반감은 차곡차곡 쌓이기 시작했다.

이 시기는 표면적으로는 여전히 자유무역의 시대처럼 보였지만, 그 속에서는 보호무역주의의 복귀를 알리는 조짐들이 태동하고 있었다. 그리고 이 균열은 훗날 트럼프 1.0이라는 거센 역풍으로 이어지게 된다. 이런 역사적 흐름 속에서 나온 트럼프 1.0과 2.0은 일시적 이벤트가 아닌 구조적인 변화라고 보는 것이 합리적이다.

2 트럼프 1.0과 2.0의 통상 정책

다자주의에서 America First로, 무역 패러다임을 뒤흔들다

2016년 11월, 도널드 트럼프가 미국 대통령으로 많은 이변을 일으키며 당선[26])되어 2017년 취임하면서 세계무역의 판도가 흔들리기 시작한다. 그는 미국이 더는 세계의 봉이 되어서는 안 된다고 외치며, 자유무역과 다자주의의 상징이던 WTO 체제를 정면으로 부정하기 시작한다. 그동안 미국은 GATT와 WTO 체제를 설계한 주역으로서, 자유무역의 수호자 역할을 자임해 왔지만, 트럼프는 이 모든 것을 뒤집어엎는 전략을 선택한다.

---

26) 정치 비전문가이자 논란 많은 인물이었던 도널드 트럼프가 여론조사와 전문가 예측을 뒤엎고 힐러리 클린턴을 격파하며 2016년 11월 8일 대통령에 당선되자 전례 없는 '업셋' 승리라고 평가되었으며, 각종 여론조사·선거 예측 모델이 클린턴 승리를 90% 이상 확신했으나, 막상 결과는 트럼프 쪽으로 완전히 기울었다는 점에서 빗나간 여론조사와 예측시장에서 이변으로 평가되었다.

'미국 우선주의(America First)'라는 기치는 단순한 선거 구호가 아니었다. 그는 다자협정보다 양자협상을 선호했고, 자국에 불리하다고 판단되면 과감히 협정을 파기하거나 재협상을 요구했다. 실제로 취임 직후 TPP(환태평양경제동반자협정)에서 탈퇴했고, 한미 FTA는 재협상 테이블에 올려 미국 자동차 산업의 이익을 추가로 반영하도록 만들었다.

관세도 더 이상 단순한 세금이 아니었다. 철강과 알루미늄에는 무역확장법 232조를 적용해 각각 25%와 10%에 달하는 고율 관세를 부과했고, 중국과는 대규모 관세 보복전쟁에 돌입했다. 미국산 기술 절취, 지재권 침해, 대미 무역흑자를 문제 삼으며, 트럼프는 수천억 달러 규모의 중국산 제품에 연쇄적으로 관세를 부과했다. 이에 맞서 중국도 보복관세로 응수하면서 세계 무역은 한순간에 '전쟁'이라는 이름의 긴장 국면으로 빨려 들어간다.

트럼프 1.0의 무역정책은 기존의 '자유무역=협력'이라는 상식을 깨뜨리고, 무역을 정치적 무기로 만든 전환점이었다. 무역과 통상은 더 이상 경제의 영역이 아니었다. 안보, 산업, 외교와 결합된 전략 수단으로, 트럼프는 무역을 지렛대 삼아 '강한 미국'을 되찾겠다는 새로운 교과서를 써 내려가기 시작한 것이다.

2021~2024 바이든 시대: 보조금과 동맹의 무역전략

트럼프의 강경하고 거친 미국 우선주의가 세계 무역 질서를 뒤흔든 뒤, 2021년 출범한 바이든 행정부는 보다 조심스러운 어조로 대외정책을 전개하기 시작한다. 그러나 말투만 부드러웠을 뿐, 그 내용은 여전히 강한 '미국 중심 보호주의'였다. 트럼프가 열어젖힌 보호무역의 문을 바이든은 닫지 않았고, 오히려 더 정교하게 관리하고 전략화해 나갔다.

대표적인 사례가 바로 IRA(인플레이션 감축법)와 CHIPS Act(반도체법)이다. IRA는 미국산 전기차와 배터리에만 대규모 보조금을 지급하는 법으로, 실질적으로는 외국 기업들을 차별하는 효과를 가져왔다. CHIPS Act 또한 미국 내 반도체 생산시설에 천문학적인 지원금을 제공하여, 글로벌 반도체 기업들이 미국으로 공장을 옮기도록 유도했다. 이 두 법은 명백히 '제조업 르네상스'를 통한 산업 패권 회복 전략이었고, 동시에 중국을 겨냥한 공급망 재편의 핵심 무기였다.

그럼에도 바이든 행정부는 이 정책들을 단지 '보호주의'로만 포장하지 않았다. 오히려 동맹과 함께하는 경제안보를 전면에 내세웠다. 한국, 일본, EU 등 주요 동맹국들과는 친환경 에너지·배터리·반도체 등의 첨단 산업 분야에서 공급망 협력 강화를 강조했고, 외교적으로는 공조와 협력을 부드럽게 요청하는 전략을 구사했다. 말은 협력, 행동은 자국 이익 최우선이었다.

하지만 문제는 여기서 끝나지 않았다. 미국이 휘두른 보조금 정책은 EU·한국·일본 등 주요 동맹국들의 산업을 정면으로 위협하는 결과로 이어졌고, 이에 따라 왜 동맹국까지 차별하느냐는 통상 갈등이 촉발되었다. 특히 유럽연합은 IRA에 대해 WTO 제소 가능성까지 거론했고, 한국과 일본도 보조금 차별 해소를 위한 협상 테이블에 잇달아 나섰다. 바이든 정부는 이를 동맹 간 이익 조율의 문제로 바라보며 수습하려 했지만, 본질은 미국 중심의 제조업 회복이라는 굳건한 산업 전략이었다.

결국 바이든 시대의 무역정책은 표면적으로는 외교와 공조를 강조하는 듯 보였지만, 그 속내는 여전히 산업 중심, 미국 중심의 이익 최우선 전략이었다. 트럼프가 관세를 무기로 삼았다면, 바이든은 보조금과 공급망을 무기로 사용한 셈이다. 보호무역주의는 바이든 정부에서 여전히 살아 있었고, 단지 그 방식만 더 영리해졌을 뿐이었다.

트럼프 2.0의 귀환, 관세정책이 다시 세계를 흔들다

2025년, 트럼프가 다시 돌아왔다. 트럼프 2.0 시대의 무역정책은 이전보다 더 정교하고, 더 거침없이 전개되고 있다. 겉으로는 미국 제조업의 부활과 일자리 창출을 말하지만, 그 속을 들여다보면 무역을 넘어 외교·안보까지 흔들겠다는 노림수가 숨겨져 있다.

가장 강력한 신호탄은 '상호관세(Reciprocal Tariffs 또는 Mirror Tariffs)'다. 이 전략은 간단하다. 미국에 무역적자를 보게 하는 등 나라에는 이를 환산하여 관세를 물리겠다는 것이다. 그러나 이 상호관세는 단순히 대등한 보복이 아니다. 국가별로 관세율을 다르게 매겨 '동맹국'과 '경쟁국'을 구분하겠다는 의도까지 담겨 있다. 관세 하나로 친구와 적을 가르고, 외교·안보의 경계선까지 재편하려는 셈이다.

이쯤 되면 관세는 더 이상 경제 정책이 아니다. 통상정책이 외교정책이 되고, 경제가 안보의 무기가 되는 시대가 열린 것이다. 트럼프 2.0의 접근은 보호무역주의라는 전통적 틀을 넘어, 전방위 전략도구로서의 무역정책을 보여준다. WTO와 FTA로 대표되던 자유무역 규범은 그 자체가 공격 대상이 되었고, 미국은 '규범을 따르는 나라'에서 '규범을 바꾸는 나라'로 역할을 바꾸고 있다.

그 결과, 세계 경제의 질서는 또 한 번 거대한 충격을 맞고 있다. 수출 의존도가 높은 한국과 같은 중견 무역국에게는 그 어느 때보다 중요한 선택의 기로가 찾아왔다. 단지 물건을 사고파는 차원의 문제가 아니라, 무역을 통해 살아남을 것인가, 주저하다 기회를 놓칠 것인가의 문제로 바뀌었다. 이제는 '무역정책'이 곧 '국가 생존 전략'인 시대가 도래한 것이다.

[표] 세계 및 미국 통상정책의 흐름 요약표

시기	기조	주요 정책	핵심 특징
1930년대	극단적 보호무역	스무트-홀리법	대공황 악화, 글로벌 보복
1940~60년대	자유무역 확산	GATT, 브레튼우즈	냉전 속 안정 추구
1970~80년대	통상보복 강화	슈퍼 301조	일본·한국 통상 압박
1990~2000년대	글로벌화	NAFTA, WTO	규범 기반 무역 질서 구축
2010년대	보호무역 회귀	TPP 탈퇴, 관세 전쟁	트럼프의 America First
2021~2024년	산업동맹 전략	IRA, 공급망 법	보조금 중심 산업 재편
2025년~	보호무역/고립주의 강화 (예상)	기본관세, 상호관세, FTA 재협상	다자자유무역체계 약화 전망

트럼프 2.0이 이끄는 미국, 자유무역주의 설계자에서 파괴자로

한때 미국은 자유무역의 설계자였다. 제2차 세계대전 이후 자유무역의 상징인 GATT 체제를 만들었다. WTO 체제를 주도하며, 전 세계가

공정한 경쟁을 할 수 있도록 무역의 '룰'을 제시해온 국가였다. 미국이 중심이 된 다자무역 질서는 자유주의 국제경제의 토대였고, 전 세계는 그 질서를 따르며 성장해 왔다.

하지만 시간이 흐르며 미국의 입장이 바뀌었다. 산업 패권이 흔들리고, 무역적자가 반복되고, 중국이 거대 지조국으로 부상하자, 미국은 더 이상 '공정한 심판자'가 아니었다. 오히려 경기장의 룰을 바꾸고, 자신에게 유리한 방향으로 경기를 이끄는 가장 노련한 선수가 되어버렸다. 트럼프 1.0의 보호무역주의, 바이든 시대의 산업보조금 전략, 그리고 트럼프 2.0의 국가별 차등 관세 구상은 고두 그 연장선에 있다. 자유무역의 이름으로 세운 규범을, 이제 미국 스스로가 가장 능숙하게 무너뜨리고 있는 것이다.

이제 무역은 더 이상 '협력의 장'이 아니다. 누가 더 많은 것을 얻고, 누가 덜 뺏기는지를 계산하는 게임의 장이 되었다. 국익이라는 이름 아래, 규범과 협약은 선택 사항이 되었고, 동맹조차 조건부라는 메시지가 분명히 전해지고 있다.

이제 세계는 스스로에게 묻는다. 우리는 미국과 거래할 준비가 되어 있는가? 이 질문은 단지 경제가 아니라, 외교, 안보, 산업 전략까지 포괄하는 묵직한 화두가 되었다. 미국과의 거래는 이제 기회이자 리스크, 동맹이자 시험대다. 그리고 한국을 비롯한 수출 의존 국가들에게, 이는 생존 전략의 핵심이 된 것이다.

트럼프식 경제안보주의: 공급기반 재편과 전략산업 주도

1 감세와 규제 완화 중심의 공급중심 경제정책

감세와 규제 완화는 왜 트럼프의 선택이었는가

트럼프 행정부의 경제정책은 단순명쾌하다. 세금은 줄이고, 기업은 풀어줘야 성장한다. 이것이 바로 트럼프가 내세운 성장 해법이다. 언뜻 보기에 단순한 이 주장은 사실 그가 집권하던 당시 미국의 경제적 조건과 불만, 그리고 글로벌 경제질서의 변화와 맞물려 나온 현실적인 대응이었다.

2016년 대선 직전, 미국 사회에는 두 가지 불만이 팽배했다. 하나는 '왜 내 일자리는 중국으로 갔는가?', 다른 하나는 '왜 내 월급은 제자리인가?'였다. 미국은 오랫동안 자유무역을 주도했지만, 그 대가로 제조업 일자리를 잃고 중서부의 러스트 벨트[27] 지역은 공동화되었다. 여기에 2008년 금융위기 이후 저성장과 양극화가 구조화되면서, 국민들의 분노는 '기성 정치' 전체로 번지게 되었다.

---

27) 러스트 벨트(Rust Belt)는 미국 북동부 및 중서부의 쇠퇴한 제조업 중심 지역으로, 과거 산업화의 중심지였으나 탈산업화로 인해 인구 감소와 경제 침체를 겪고 있다.

이처럼 실업과 소득 정체, 제조업 쇠토라는 대내적 위기와 함께, 글로벌 무대에서는 '중국의 급부상'이 트럼프의 눈에 거슬렸다. 미국은 과거처럼 G2의 품격을 유지하기보다는, 세계의 공장이 된 중국을 견제하고, 미국 중심의 제조업 생태계를 복원하는 전략을 선택하게 된다.

바로 이 지점에서 트럼프는 정부가 주도하는 경기부양보다 민간의 활력을 키우는 쪽이 정답이라고 판단한 것으로 보인다. 그는 공급 중심 경제학(Supply-Side Economics)에 따라, 법인세를 낮추고 규제를 풀어야 기업이 투자하고, 투자가 일자리를 만들며, 일자리가 소비를 늘려 경제가 살아난다는 논리를 강하게 밀어붙인다.

특히 2017년 단행된 감세 정책(TCJA)은 미국 법인세율을 35%에서 21%로 대폭 인하하며, 전 세계 기업들을 미국으로 불러들이겠다는 강한 신호였다. 미국에 투자하면 세금이 줄어들고, 규제가 덜하다는 환경을 만들기 위해 트럼프는 환경, 금융, 노동 등 거의 모든 분야의 규제를 철폐하거나 완화했다. 그는 "기업의 발목을 잡는 규제는 미국 일자리의 적"이라는 취지로 말했다.[28]

이러한 정책은 단순한 친기업 차원을 넘어, 미국 경제의 체질을 다시 '생산 중심'으로 바꾸겠다는 선언이었다. 한때 세계를 지배했던 미국 제조업을 되살려, 중국의 부상에 맞서겠다는 전략이기도 했다.

---

28) 2016년 9월 15일, 뉴욕 경제클럽 연설에서 트럼프는 "I will eliminate all needless and job-killing regulations now on the books"("난 현재 존재하는 모든 불필요하고 일자리를 죽이는 규제를 없앨 것이다")라고 선언하며 규제 철폐를 핵심 공약으로 내세웠다. 그 후 2016년 9월 23일, CNN 인터뷰에서 그는 EPA의 청정전력계획(Clean Power Plan)을 "job-killing regulation" ("일자리를 죽이는 규제")이라고 직접 지목하며 강하게 비판했다.

결국 트럼프의 감세와 규제 완화는 단지 이념이 아니라, 분노한 중산층을 달래고, 탈산업화의 피해 지역에 새로운 활력을 주며, 중국과의 힘겨루기에서 경제적 무기를 장전하기 위한 필연적인 선택이었다. 미국이 처한 대내외 구조적 상황 속에서, 트럼프식 경제정책은 단지 '그의 스타일'이 아니라, 시대가 요구한 전략이기도 했던 것이다. 이런 점에서 트럼프 2.0이 표방한 정책이 일시적 이벤트가 아니라 시대와 미국 국민이 요구한 정책으로 영향력이 상당기간 지속될 것을 예측할 수 있다.

트럼프는 왜 감세를 밀어붙였는가: 세금으로 기업을 미국으로 불러들이다

2017년, 트럼프 행정부는 미국 역사상 가장 대담한 세금 개혁안을 통과시킨다. 바로 '세금감축 및 고용법(TCJA)'이다. 이 법안의 핵심은 단순했다. 미국의 높은 법인세율을 세계 최저 수준으로 낮추자.

당시 미국의 법인세율은 35%로, 경제협력개발기구(OECD) 회원국 중 단연 최고 수준이었다. 반면 아일랜드는 12.5%, 한국은 22% 수준이었다. 이처럼 높은 세율 탓에 구글, 애플, 마이크로소프트 같은 미국의 글로벌 기업들은 수천억 달러의 수익을 해외에 묶어두고 본국 송금을 꺼리는 상황이었다.

트럼프는 이를 정면으로 겨냥했다. 그는 기업인 출신답게, 세금이 장벽이 되면 자본은 떠난다는 것을 누구보다 잘 알고 있었다. 그래서 법인세를 단숨에 21%로 인하하며, 세계 자본을 미국으로 다시 끌어들이겠다는 결단을 내렸다. 단순한 감세가 아니라, 글로벌 본사 유턴 유인 전략이었다.

특히 그는 다국적 기업의 해외 이익을 미국으로 들여올 수 있도록 유도하는 '일시적 저율 과세 프로그램'도 함께 시행했다. 이전에는 해외에 쌓인 이익을 본국으로 송금하면 35%의 세금을 물어야 했지만, TCJA는 이 송금에 대해 일회성 저율(15.5% 또는 8%)을 적용함으로써 미국으로의 자금 귀환을 대폭 유도했다.

실제로 이 조치 이후, 애플은 약 2,450억 달러에 이르는 해외 자산을 미국으로 송금하며 본국 재투자를 선언했고, 대규모 주주환원과 공장 재정비 계획을 동시에 발표했다.[29] 이는 단순한 세금 정책 이상의 의미였다. 미국이 다시 매력적인 투자처가 될 수 있다는 확신을 기업들에 심어주는 전략적 조치였다.

트럼프는 여기에 멈추지 않을 것으로 보인다. 2.0 시대에서 그는 상속세 폐지, 자본이득세 인하, 추가 감세 확대 등을 카드로 꺼내들 가능성이 높다. 모두 같은 맥락이다. 세금을 낮춰 민간을 활성화시키고, 그 에너지가 미국 경제 전체를 끌어올리게 하자는 철학이 깔려 있다.

이러한 감세 전략은 단순히 부자 감세로 비판할 문제가 아니다. 이는 트럼프식 공급중심 성장 전략의 중심축이며, 글로벌 제조업 복귀, 자본

---

29) 2017.12.22. 미국 법인세 개혁법(TCJA)이 서명 공도되자 2018년 1월 17일 애플은 해외에 묶여 있던 약 2,450억 달러를 미국으로 송금하고, 이 과정에서 380억 달러의 일회성 송금세(repatriation tax)를 납부할 것이라 밝혔다. 이때 공동 발표 내용으로는 5년간 미국 내 투자를 총 350억 달러 집행 예정, 새 캠퍼스 건설 및 기존 시설 재정비, 미국 내 고용 20,000명 창출 계획, 또한, 주주환원 정책의 일환으로 대규모 주식환매(stock buyback) 및 배당금 확대도 예고되었으며, 고위가 아닌 직원 전원에게 2,500달러 상당의 주식 보상금을 지급하겠다고 발표했다.

재편, 일자리 창출, 중국 견제까지 이어지는 거대한 경제 패러다임의 출발점이라고 읽어야 한다.

감세와 규제 완화, 외국 기업에게 기회인가 위협인가?

트럼프 행정부의 감세와 규제 완화는 단순히 미국 내 기업들만을 위한 정책이 아니었다. 글로벌 공급망 안에 있는 수많은 외국 기업들에게도 실질적인 압력과 유인을 동시에 주는 조치였다. 한국의 대기업은 물론, 중견·중소 K-수출기업에게도 그 영향은 생각보다 크고 깊다.

우선, 법인세율 인하와 각종 규제 완화는 미국 현지 투자에 매력을 부여하는 요인으로 작용한다. 실제로 2017년 세제개편 이후 삼성전자, 현대차, SK 등 주요 한국 기업들은 앞다투어 미국 공장 신설, 생산라인 증설, 배터리 합작법인 설립 등을 발표했다. 미국에 공장을 짓는 것이 경쟁력 있는 선택이 되었다는 말이 더 이상 수사적 표현이 아니라, 현실적인 전략이 된 것이다.

하지만 이 흐름은 단지 '기회의 창'만은 아니다. 트럼프식 경제정책이 주는 무언의 메시지는 분명하다. 미국에 수출만 하지 말고 미국 내에 공장 지으라는 것이다. 감세는 미국에 생산기지를 둔 기업에 돌아가고, 규제 완화는 미국 내 사업환경을 더욱 매끄럽게 만든다. 반면, 한국에서 제품을 생산해 미국으로 수출하는 과거의 방식은 트럼프 2.0 시대에서는 상대적으로 불리한 구조가 되어간다.

게다가 트럼프 2.0에서는 이 흐름이 더욱 노골화될 가능성이 높다. Made in America를 강조하며, 미국 내 생산을 하지 않는 외국 기업에 대해 불이익을 주는 '차등적 혜택 전략'이 강화될 것으로 보인다. IRA나 CHIPS Act처럼 '미국산 부품·미국 내 공정' 조건을 명시한 보조금 정책은 이미 그 시작점이었다. 한국 기업들이 배터리나 반도체 공장을 미국에 지을 수밖에 없었던 이유가 바로 여기에 있다.

즉, 감세와 규제 완화는 당근이면서도 채찍이 된다. 공장을 미국에 세우면 세금도 줄고 규제도 덜하다. 반면, 해외에서 만든 제품을 수출만 하려 한다면 보조금도 없고, 관세나 기술규제로 더 큰 장벽을 마주할 수 있다.

이처럼 트럼프식 경제정책은 외국 기업에게 미국 안에서 경쟁하라는 구조적 메시지를 던진다. 한국 기업으로서는 미국 시장을 포기할 수 없는 만큼, 점점 수출 중심 전략에서 현지 생산 중심 전략으로 이동하지 않을 수 없게 된다. 그것이 '트럼프 리스크'를 회피하는 현실적 선택이기 때문이다.

2 제조업 복귀 전략과 '중국 디커플링'

제조업의 귀환 - 트럼프, 다시 공장 굴뚝에 연기를 피우다

미국은 오랫동안 '세계의 공장' 자리를 뺏긴 채, 고부가가치 서비스업과 금융산업을 중심으로 성장해 왔다. 하지만 그 그림자에는 제조업의 붕괴라는 뼈아픈 현실이 자리 잡고 있었다. 2000년대 이후 급속한 세계화와 중국의 WTO 가입은 저임금 생산기지인 중국을 세계 공급망의 중심에 올려놓았다. 미국은 값싼 중국산 제품의 혜택을 누리는 대신 수많은 공장이 문을 닫고 미국 노동자들이 실업자로 내몰리는 고통을 감내해야 했다.

그 여파는 특히 중서부에 집중된 '러스트 벨트(Rust Belt)' 지역에서 극적으로 드러났다. 이 지역은 과거 자동차, 철강, 중공업으로 번창했지만, 이제는 일자리 감소, 지역 경제 침체, 마약 중독 등 사회적 문제의 상징이 되었다. 2016년 트럼프는 이 지역 유권자들의 분노를 정확히 읽어냈다. '미국을 다시 위대하게(Make America Great Again)'라는 구호는 단순한 감정 호소가 아니라, 미국 제조업의 부활을 약속하는 정치적 선언이었다.

트럼프 1.0 행정부는 미국 제품을 사고, 미국인을 고용하자(Buy American, Hire American)[30]는 원칙 아래, 대대적인 제조업 귀환 전략을 추진해 왔다. 대표적으로 애플은 중국 생산 의존도를 줄이기 위해 일부 제품의 미국 생산을 검토했고, 폭스콘은 위스콘신에 LCD 공장을 설립하겠다고 발표했다. 포드와 GM 같은 전통 제조업체들도 해외 이전 계획을 철회하거나 국내 공장 증설에 나서면서 백악관의 입김이 실제 산업에 영향을 미치고 있음을 보여주었다.

이러한 흐름은 단순한 공장 복귀를 넘어 미국을 공급망 중심지로 재설계하려는 시도로 이어졌다. 미국은 자국 내 제조기반을 강화하지 않으면 기술 경쟁력도, 경제안보도 유지할 수 없다는 판단 아래, 반도체,

---

30) 2017.4.18. 발표한 미국 대통령 행정명령(Executive Order 13788)의 제목이기도 하다.

배터리, 의약품 등 전략 품목의 국산화도 함께 추진했다.

트럼프 2.0이 출범하면서 이 흐름은 더욱 강화되고 있다. 이제는 단순히 '공장 복귀'에 그치지 않고, 동맹국 기업들에게도 미국 안에서 만들어야 살아남는다는 메시지를 분명히 던지고 있다. 한국을 포함한 수출국 기업들은 '중국에서 생산해 미국에 수출하던' 기존 모델 대신, '미국 현지 생산을 통해 정치·통상 리스크를 회피하는' 전략으로 전환하지 않으면 안 되는 시대가 다가오고 있는 것이다.

트럼프식 제조업 귀환 전략은 단순한 경제정책이 아니다. 그것은 '무너진 미국의 자존심을 다시 세우겠다'는 정치적 신호이자, 새로운 글로벌 공급망 전쟁의 시작을 알리는 경고탄이기도 하다.

트럼프의 중국 의존 탈피 전략 - '디커플링'이라는 이름의 분리 선언

트럼프 행정부가 던진 무역전쟁의 불씨는 곧 관세 갈등을 넘어선 전면적인 탈중국 전략, 즉 '디커플링(deccupling)[31]'으로 이어졌다. 그 시작은 단순했다. 미국은 2018년, '지식재산권 침해'와 '불공정 기술이전'을 이유로 중국산 제품에 대해 대규모 관세를 부과했다. 하지만 대규모 관세를 부과한 트럼프 정부의 내면에는 훨씬 더 본질적인 의문이 있었다. '미국은 왜 이토록 중요한 것들을 중국에 의존하고 있는가?'

이 물음은 곧 미국 내부의 경제안보 불안감과 맞닿아 있었다. 트럼프

---

31) 미국의 중국 디커플링 전략은 첨단 기술·핵심 공급망 분야에서 중국 의존도를 줄이고, 자국 또는 동맹국 중심의 생산체계를 재구축하려는 정책이다. 이는 국가 안보와 경제 패권을 지키기 위한 조치로, 반도체·AI·배터리·희귀광물 등 전략 산업 중심으로 집중 전개되고 있다.

대통령은 '중국은 더 이상 미국의 신뢰할 수 있는 파트너가 아니다'라고 판단한 것으로 보인다. 실제로 코로나19 초기, 미국이 마스크와 의료장비 수급에 어려움을 겪으며 중국발 공급망 붕괴를 경험한 것은 이 인식을 더욱 강화시켰다.[32) 코로나19 팬데믹은 '단순한 보건위기'가 아니라 '중국 중심의 글로벌 공급망에 대한 경고'였던 셈이다.

디커플링은 경제 논리가 아니라 안보 논리로 확산되기 시작했다. 미국은 더 이상 비용이 싼 곳에서 부품을 조달하는 '효율의 시대'에 머무를 수 없었다. 그 대신, '중요한 것은 반드시 미국 혹은 동맹국에서 확보한다'는 전략적 조달 시대가 열렸다.

대표적인 사례는 '반도체'다. 트럼프 행정부는 대만 TSMC와의 협의를 통해 애리조나에 반도체 공장을 유치했다. 인텔에도 미국 내 생산투자를 압박했다. '화웨이에 대한 제재[33)' 역시 이 같은 공급망 전쟁의 연장선이었다. 단순히 중국 통신기업을 때리기 위한 조치가 아니라, 중국의 기술 굴기를 억제하고 미국 중심 기술 생태계를 지키려는 전략적 계산이 담겨 있었다.

---

32) Worldometer에 따르면 2024년 4월 기준 미국내 코로나19 사망자는 1,219,487명으로 기록되어 있다.
33) 미국은 화웨이가 중국 정부의 영향 아래 있으며, 5G 인프라에 백도어(backdoor)가 있을 수 있어 정보 감시·사이버 스파이 행위에 이용될 수 있다고 판단했으며, 화웨이가 미국 기술을 이용해 이란 등 제재 대상 국가에 제품을 수출했고, 지식재산권 침해 및 기술 탈취 의혹을 제기하면서 제재를 시작했다. 구체적으로 2018년 화웨이와 계열사들은 미국 상무부의 'Entity List'에 등재되어, 미국산 장비·소프트웨어를 사용한 칩 설계·제조 시 사전 허가가 필요해졌다. 2019년 국방수권법(NDAA)에 따라 연방 정부 기관과 보조금 수혜자들은 화웨이 장비 사용이 금지되었으며, 2020년 FCC도 화웨이를 국가 안보 위협으로 지정하고 연방 자금 지원 장비에서 배제했다. 2020년 9월부터 미국은 포괄적 반도체 압박을 강화, 미국 기술이나 장비를 활용한 해외 공장(예: TSMC, SMIC)의 화웨이 칩 생산도 수출 통제 대상에 포함했다.

의약품과 배터리도 마찬가지다. 미국 정부는 미국 내 필수 의약품 생산기지를 확충하고, 배터리 산업 역시 LG, SK, 삼성 같은 한국 기업들에게 미국 내에서 만들라고 요구했다. IRA(인플레이션 감축법)나 CHIPS Act 같은 법률은 미국 내에서 제조하지 않는 한 보조금도 없다는 강력한 신호를 외국 기업에 보낸 셈이다.

이제 트럼프 2.0 시대에서 디커플링은 더 이상 예외적 조치가 아니라 새로운 표준이 될 것이다. 단순한 중국 대리기를 넘어, 모든 글로벌 기업에 어느 편에 설 것인가를 묻는 유사 이념화된 공급망이 자리 잡게 될 것이다. 한국을 비롯한 수출 중심 국가들은 미·중 어느 한쪽을 선택하는 것이 아니라, 양쪽에서 동시에 살아남을 전략적 유연성을 갖추지 않으면 안 되는 시대를 맞이하게 되는 것이다.

디커플링은 비용의 문제가 아니다. 그것은 안보, 기술, 산업, 동맹이 얽힌 복합 방정식이다. 그리고 이 방정식의 변수는 오직 하나다. 미국의 이익을 중심으로 재편된 세계 공급망에 당신은 준비되어 있는가?

3 IRA, CHIPS Act로 대표되는 산업보조금 전략

트럼프 2.0, 전략적 산업에 대한 전방위 지원

트럼프 1.0 시절, 경제정책의 핵심 키워드는 감세와 규제 완화였다. 기업의 숨통을 틔워주면 시장이 스스로 성장한다는 공급 중심 철학에 따라, 정부는 민간의 자유를 보장하는 쪽으로 방향을 잡았다. 그러나 트럼프 2.0에 접어든 지금, 미국 경제를 둘러싼 내외적 환경은 그때와는 완전히 달라졌다.

우선, 중국의 기술굴기와 공급망 잠식이 심각한 안보 이슈로 부상했다. 반도체, 배터리, 희귀광물 같은 전략물자가 중국에 지나치게 의존되어 있다는 사실이 팬데믹과 우크라이나 전쟁, 미중 갈등을 거치며 명확히 드러났다. 여기에 기후변화와 친환경 전환, 그리고 미국 내 일자리 위기와 중산층 붕괴 문제가 맞물리면서, 단순한 시장 기능만으로는 해결할 수 없는 구조적 도전에 직면하게 되었다.

이런 배경 속에서 트럼프 2.0에서는 미국 정부가 전략산업을 위해서 전략적으로 움직여야 한다는 새로운 접근을 택할 수밖에 없게 되었다. 과거 자유무역의 전도사였던 미국이 이제는 직접적인 산업 개입과 보조금 지급에 나서는 아이러니한 상황이 펼쳐진 것이다.

대표적인 사례가 IRA(인플레이션 감축법)와 CHIPS Act(반도체 산업법)다. 두 법은 바이든 행정부가 도입했지만, 그 철학과 실효성 면에서 공화당 내에서도 강한 지지를 받고 있다. 전기차·배터리·반도체 같은 핵심 산업에 대해 '미국 내 제조'라는 조건을 걸고 세액공제와 보조금을 지급하는 방식은, 트럼프식 '미국 우선주의'와 정확히 궤를 같이한다.

트럼프 2.0은 이 전략을 더욱 공격적으로 밀어붙일 가능성이 크다. 보조금은 단지 산업을 지원하는 수단이 아니라, 동맹국을 줄 세우고, 중국을 배제하며, 안보까지 관여하는 경제적 무기로 진화하고 있다. 이제 통상정책은 외교전략이 되고, 산업보조금은 지정학적 레버리지로 쓰이는 시대다.

전략적 산업에 대한 전방위 지원은 단순한 경기 부양책이 아니라, 미국이 글로벌 패권을 유지하기 위해 선택할 수밖에 없는 생존 전략으로 자리 잡고 있다. 트럼프 2.0은 이를 한층 노골적이고 체계적으로 밀어붙일 것이다.

IRA(인플레이션 감축법): 트럼프도 거스를 수 없는 '보조금의 정치학'

2022년, 바이든 행정부는 'IRA(Inflation Reduction Act)'라는 이름의 거대한 정책 패키지를 전격 발표했다. 처음엔 '감축'이라는 단어가 들어가 있어서 재정 건전성이나 인플레이션 대응에 초점이 맞춰진 것처럼 보였지만, 법안의 실체는 전혀 달랐다. 그 중심엔 전기차, 배터리, 청정에너지 산업에 대한 대규모 보조금이 자리 잡고 있었고, 이는 단순한 경기부양책이 아니라 글로벌 산업 패권을 재편하려는 미국식 산업 전략의 선언이었다.

무엇보다 이 법의 핵심은 미국에서 만들어야 혜택을 준다는 단순하지만 강력한 조건이었다. 전기차가 북미에서 최종 조립되고, 배터리에 들어가는 핵심 광물이 북미 또는 미국과 FTA를 체결한 나라에서 일정 비율 이상 가공되며, 배터리 부품이 북미에서 일정 비율 이상 생산된 경우에만 최대 7,500달러의 세액공제를 제공하는 조항이 그것이다. 겉으로는 기후 대응을 명분으로 내세웠지만, 실제로는 중국을 배제하고, 동맹국을 줄 세우며, 미국 내 생산을 강제하는 고도화된 무역 무기였다.

그렇다면 트럼프 2.0이 이 정책을 어떻게 다룰까? 아이러니하게도, 트럼프는 바이든의 정책을 결코 폐기하지 않을 것이다. 오히려 더 강화하고, 더 거칠게 사용할 것이다.

이유는 명확하다. 첫째, 전기차·배터리 산업은 미국의 미래 안보와 일자리, 기술 패권이 걸린 전략 산업이다. 코로나19 팬데믹 이후 전 세계가 공급망 위기를 경험하면서, 미국 내부에서도 '해외 의존형 경제 모델'에 대한 반성이 깊어졌다. 특히 중국산 배터리와 희귀광물에 대한 경계는 초당적 공감대를 형성하게 되었다. 미국 민주당도, 공화당도 이 부분에서는 의견이 다르지 않다.

둘째, 트럼프의 정치적 기반인 러스트벨트와 중산층 노동자들에게 IRA는 '미국 내 일자리 창출 장치'로 인식된다. 포드, GM, 테슬라 같은 기업들이 IRA 혜택을 받기 위해 미국 내 전기차 공장을 짓고, LG에너지솔루션, 삼성SDI, SK온 등 한국 배터리 기업들도 조지아, 테네시, 켄터키 등에 수십억 달러를 투자하면서 '보조금=고용'이라는 연결고리가 미국 전역의 국민들 마음속에 자리 잡게 되었다.

셋째, 트럼프는 이를 외교·안보 카드로도 활용할 수 있다. IRA는 단순한 산업 정책이 아니라, FTA 체결국에게만 혜택을 주는 차별적 구조를 갖고 있어, 미국과의 동맹 또는 협정 관계를 경제 인센티브로 조건화하는 정치적 무기로도 활용된다. 트럼프가 자주 사용해 온 '너희가 미국을 얼마나 도왔는지 보겠다'는 논리를 세제와 보조금으로 연결시킬 수 있는 것이다.

따라서 트럼프 2.0이 IRA를 없앨 가능성은 거의 없어 보인다. 오히려 이름은 바꾸되, 더 노골적으로 'Buy America'와 'Anti-China'를 강조하는 방식으로 이어갈 공산이 크다. 예컨대 세액공제 요건을 더 까다롭게 하거나, 'FTA 체결국' 중에서도 '진짜 동맹'에만 인센티브를 준다는 식의 선별 전략으로 확장될 수 있다.

결국 IRA는 바이든의 법안이지만, 트럼프식 미국 우선주의의 핵심 무기로도 손색이 없다. 자유무역 시대를 끝내고, 보조금으로 동맹을 관리하며, 생산기지를 국경 안에 가두는 새로운 보호무역의 간판이 된 것이다.

CHIPS Act: 트럼프도 손대지 못할 '반도체 주권의 성역'

미국의 반도체 산업은 미국에서 더 이상 단순한 경제 문제가 아니다. 그것은 안보이며, 전략이고, 패권 그 자체다. 코로나19 팬데믹과 미·중 갈등, 우크라이나 전쟁과 대만 해협 위기 등 세계를 뒤흔든 연쇄 충격 속에서, 미국은 이제 절박한 질문을 던지게 된다. '만약 반도체 공급이 끊기면 미국은 하루도 버틸 수 있을까?'

이 질문에 대한 미국 정부의 대답은 분명했다. 미국 내에서 반도체를 만들자. 그렇게 탄생한 법이 바로 CHIPS and Science Act, 흔히 CHIPS법(반도체 산업법)이라 불리는 정책이다.

왜 미국은 '반도체'를 직접 챙기기 시작했는가? 배경은 이렇다. 1990년대까지만 해도 미국은 세계 반도체 생산의 37%를 차지했지만, 2020년에는 12% 수준으로 떨어졌다. 그 사이 TSMC(대만), 삼성전자(한국)

같은 아시아 기업들이 최첨단 공정을 주도했다. 미국은 설계(팹리스)엔 강했지만 생산(파운드리)은 급속히 해외 의존이 심화되었다. 이 구조는 '설계는 미국, 생산은 아시아, 조립은 중국'이라는 글로벌 공급망의 전형이었다.

하지만 미·중 기술 패권 경쟁이 본격화되면서 상황이 달라졌다. 중국이 '반도체 자립'을 외치며 막대한 자금을 쏟아 붓자, 미국도 더 이상 설계만으로는 안된다는 판단을 내리게 된 것이다. 특히 TSMC 공장의 90% 이상이 중국과 군사적으로 민감한 대만에 위치한다는 점은, 미국에게 단순한 산업 리스크가 아니라 국가 안보 리스크로 다가왔다.

이제 미국은 결단을 내린 것이다. '반도체 생산기지를 다시 미국 본토로 옮기자'. 이것이 CHIPS법의 출발점이다. 미국은 약 527억 달러(약 70조 원)의 예산을 투입해 미국 내 반도체 제조공장 설립에 보조금과 세액공제를 제공하기로 결정했다.[34]

트럼프 2.0은 왜 이 법을 폐기할 수 없는가? CHIPS법은 바이든 행정부가 2022년에 통과시킨 법이지만, 그 철학과 방향성은 트럼프식 '미국 우선주의'와 매우 닮아 있다. 그래서 트럼프가 대통령은 결코 이 법을 뒤집지는 않을 것이다. 그는 CHIPS법의 기조는 유지하되 보조금 감액 등의 방법으로 미국에 더 유리하게 개편하려 할 것으로 보인다.

첫째, CHIPS법은 '안보가 곧 경제'라는 미국의 전략적 사고를 반영한

---

34) 미국에서 반도체 제조업체의 미국 내 설비 투자에 대해 약 527억 달러의 보조금을 제공하고, 최대 25% 세액공제를 시행하는 것을 골자로 한 CHIPS and Science Act를 2022년 8월 9일에 공식 서명·발효되었다.

다. 트럼프도 반도체 생산의 중국 의존을 경계해 왔고, 1.0 시절에도 화웨이 제재, SMIC 수출 제한[35] 등으로 중국의 반도체 산업을 정밀 타격한 바 있다. 트럼프 2.0은 CHIPS법을 '첨단기술의 디커플링 도구'로 적극 활용하려 할 것이다.

둘째, 이 법은 외국 기업을 미국으로 끌어들이는 인센티브 구조를 갖고 있다. 삼성전자는 텍사스 테일러시에 170억 달러를 들여 파운드리 공장을 짓고 있으며, TSMC 역시 애리조나에 대규모 투자를 진행 중이다. 미국은 이들 기업에 보조금, 세액공제, 인프라 우선 지원 등 다양한 혜택을 제공하며, 생산은 미국에서, 기술은 동맹에서라는 식의 공급망 재편을 유도하고 있다.

셋째, CHIPS법은 트럼프 지지층이 중시하는 '제조업 부활'과 직결된다. 애리조나, 텍사스 같은 스윙스테이트[36]에서 반도체 공장이 들어서는 것은 곧 일자리와 표로 이어지고, 이는 트럼프가 결코 외면할 수 없는 유권자 확보를 위한 동력이 되는 것이다.

---

35) 2020년 9월 및 12월, 미국 상무부는 SMIC를 전략 물자 수출 규제 대상인 *Entity List*에 등재하고, SMIC에 기술·장비를 공급하려는 미국 기업에는 사·전 허가를 요구하면서 반도체 제조장비·소프트웨어 수출을 사실상 금지했다.

36) 스윙 스테이트(Swing State)는 미국 대통령 선거에서 공화당과 민주당 어느 한쪽으로도 확실히 기울지 않아 결과를 예측하기 어려운 주(state)를 말한다. 이들 주는 선거 결과를 결정짓는 핵심 지역으로, 후보들은 집중적인 유세와 자원을 투입한다.

에너지 정책과 셰일혁명 재부상

에너지 독립에서 에너지 지배로: 트럼프식 에너지 패권 전략

트럼프 1기 행정부는 미국의 에너지 정책을 단순한 경제 이슈로 보지 않았다. 그것은 '국가안보'와 '패권 전략'의 일부로 받아들여졌고, 바로 이 지점에서 트럼프는 새로운 슬로건을 꺼내 들었다. 에너지 독립(Energy Independence)이 아니라 '에너지 지배(Energy Dominance)'를 외친 것이다.[37]

이는 단순한 언어의 수사로 끝나는 구호가 아니었다. 2000년대 초반까지만 해도 막대한 원유를 중동과 베네수엘라, 러시아 등에서 수입하던 미국은, 셰일혁명이라는 전환점을 맞이하면서 세계 최대 산유국이 되었다. 특히 2018년에는 75년 만에 에너지 순수출국 지위를 회복했다. 에너지 수입국에서 수출국으로의 반전은 단지 에너지 무역수지를 개선시킨 게 아니라, 미국이 더 이상 중동의 정세에 끌려가지 않아도 되는 지정학적 자유를 확보했다는 의미였다.

트럼프는 이 상황을 적극 활용했다. OPEC+[38] 산유국들이 석유 공

---

37) 2017년 6월 29일, 워싱턴 D.C. 'Unleashing American Energy' 행사에서 트럼프 미국 대통령은 "American energy dominance will be declared a strategic economic and foreign policy goal"라며 미국 에너지를 전략적·외교적 목적 달성을 위한 '에너지 지배' 목표로 공식 선언했다. 2025년 2월 14일, 백악관에서 'National Energy Dominance Council' 설립 행정명령 서명, 이 자리에서 "National Energy Dominance Council"의 창설을 통해 에너지 지배를 위한 국가 전략을 본격화했고, 허가 절차 간소화·규제 완화 등을 통해 에너지 생산 확대 의지를 공식화했다.

38) OPEC+는 2016년 미국 셰일오일 증산에 대응하기 위해 OPEC(이라크 등 13개 회원국)에 러시아, 멕시코 등 비회원 산유국이 참여한 연합체이다.

급량을 조절하면서 시장을 지배하는 구조에 반기를 들었다. 뿐만 아니라 "왜 미국이 중동에서 안보를 책임지면서도, 석유 가격은 사우디와 러시아에 끌려다녀야 하느냐"고 비판했다. 셰일가스와 셰일오일의 생산 확대는 이런 불만의 대안이자 해답이었다. 트럼프 행정부는 연방 토지에서의 시추 규제를 완화했고, 파이프라인 건설을 빠르게 허가했으며, 에너지 관련 인허가 과정을 대폭 간소화했다.

이런 '셰일 주도 전략'은 경제와 안보가 결합된 새로운 형태의 무기였다. 동맹국에게는 값싼 미국산 LNG와 석유를 공급하고, 적대국에게는 에너지 무기화를 통한 경제적 견제 수단으로 활용하려 한 것이다. 대표적인 예가 유럽이다. 러시아산 가스에 과도하게 의존하던 독일을 향해 트럼프는 왜 미국이 나토를 통해 독일 안보를 책임지면서, 독일은 러시아와 가스 거래를 하느냐고 공개적으로 비판했다. 이는 미국산 LNG 수출 확대와 유럽 내 에너지 시장 장악[39]으로 연결되었다.

이 같은 흐름은 바이든 행정부 들어 다소 후퇴하는 듯 보였으나, 우크라이나 전쟁 이후 러시아 에너지 의존의 리스크가 현실화되자, 트럼프 진영은 다시금 자신들의 전략이 옳았다고 강조하고 있다. 트럼프 2.0에서는 에너지 자급을 넘어 에너지 수출을 통한 지정학적 영향력 확대 전략이 더욱 강화될 것이다.

---

39) 2022년 3월, 바이든 행정부는 러시아 가스 의존도 탈피를 위해 유럽에 150억㎥ 규모의 미국산 LNG 수출을 약속하며, EU는 2030년까지 미국산 LNG 비중을 연간 500억㎥ 수준으로 확보하기로 했다. 2022-2023년, 미국 LNG 수출량은 유럽 대상이 중심이 되어 연간 560억㎥→630억㎥ 규모로 급증, 유럽 LNG 수입의 절반 이상을 미국이 차지하게 되었다. 2025년 현재, 미국은 첸이어(Cheniere)·Sempra 등 대형 수출사 중심으로 설비 확대(FID 승인 및 건설 시작)에 나서 유럽 시장 점유율을 공고히 하고 있다.

한국을 포함한 미국의 동맹국 입장에서는 미국의 '에너지 지배' 전략이 부담이자 기회가 된다. 러시아, 중동 의존을 줄이고 미국으로부터 안정적인 에너지를 공급받을 수 있다는 장점은 있지만, 동시에 미국산 LNG나 원유 구매 압박이 무역·외교 협상에서 카드로 등장할 수 있다는 점도 무시할 수 없다. 결국 트럼프의 에너지 정책은 '에너지의 상업화'가 아닌 '에너지의 정치화'라는 본질을 갖고 있는 것이다.

친(親)화석연료 기조 강화: 석유·가스 산업 규제 완화

트럼프 전 대통령은 기후변화보다 일자리가 먼저다는 신념을 숨기지 않는다. 이는 단순한 정치적 수사가 아니다. 그는 임기 초반부터 줄곧 화석연료 산업에 우호적인 '친화석연료 기조(pro-fossil fuel policy)'를 내세웠고, 이러한 기조는 트럼프 2.0에서도 변함없이 지속될 것이다.

트럼프 1.0 시절, 미국의 에너지 정책은 하나의 구호로 요약됐다. 드릴, 베이비, 드릴(Drill, baby, drill). 즉, 미국 땅 어딘가에서 석유와 가스가 나올 수 있다면, 그것을 파내는 것이야말로 미국 경제를 살리는 길이라는 믿음이었다.

이런 철학에 따라 연방 정부는 공공토지에 대한 시추 허가를 대폭 확대했고, 파이프라인 건설 허가 절차를 대폭 간소화했으며, 환경영향평가(EIA) 기준도 느슨하게 조정했다. 대표적인 사례가 키스톤 XL 파이프라인 건설 재추진이었다. 이 프로젝트는 캐나다산 원유를 텍사스 정유단지까지 실어 나르기 위한 전략적 기반시설이었지만, 환경단체들의 반발로 오바마와 바이든 행정부 하에서는 제동이 걸렸던 사업이다. 트럼프는 이를 불필요한 녹색 테이프(Green Tape)라 비판하며 즉각 재 승인에 서명했다.

또한, 트럼프는 대통령령을 통해 환경청(EPA)의 규제 권한을 축소하고, 메탄가스 배출 기준을 완화했다. 이는 천연가스 시추 비용을 줄여 셰일가스 산업의 경쟁력을 끌어올리는 정책이었다. 메탄은 이산화탄소보다도 훨씬 강력한 온실가스지만, 트럼프는 중소 셰일기업을 숨막히게 하는 규제는 철폐돼야 한다고 강조했다.

전략적 에너지 수출 확대: 동맹·무역 파트너를 향한 수출 무기화

트럼프 행정부는 에너지를 단순한 자원으로 보지 않는다. 그것은 경제 성장의 엔진이자, 외교 전략의 핵심 카드였다. 이른바 '에너지 지배(Energy Dominance)'라는 슬로건 속에는 미국의 자원을 세계 정치판에서 무기로 활용하겠다는 의도가 깔려 있다.

트럼프 1.0 시절, 미국은 셰일혁명을 바탕으로 세계 최대의 천연가스 (LNG) 생산국이자 수출국으로 부상하였다. 이처럼 풍부해진 에너지 자원을 단순히 국내 소비에만 머물게 할 이유는 없었다. 트럼프는 오히려 미국의 LNG와 석유를 전략적 무기처럼 활용해, 동맹국에 공급하고, 경쟁국을 견제하려 했다.

대표적인 사례가 유럽의 러시아산 천연가스 의존을 줄이기 위한 미국산 LNG 수출 확대였다. 특히 독일과 프랑스 등 유럽 주요국은 과거부터 러시아 가스에 대한 높은 의존도를 보여 왔고, 이는 미국이 보기엔 '안보 리스크'로 여겨졌다. 트럼프는 유럽을 향해 너희는 나토(NATO)

방위비는 제대로 안 내면서, 왜 적국인 러시아에게 에너지 돈을 퍼주고 있느냐고 공개적으로 비판했다.

이와 함께 트럼프 행정부는 독일의 '노르드스트림 2' 프로젝트—러시아에서 독일까지 연결되는 해저 가스관—를 강하게 압박하며, 미국산 LNG 구매 확대를 요구했다. 이런 흐름은 트럼프 2.0에서도 더욱 강화될 것으로 보인다. 왜냐하면 유럽뿐만 아니라 한국·일본·대만 등 인도·태평양 지역의 동맹국들도 미국의 에너지 수출 전략 대상이 되기 때문이다.

실제로 2018년, 트럼프는 한국 대통령과의 정상회담 자리에서 한국은 미국산 LNG와 셰일에너지를 더 수입해야 한다고 직접 언급한 바 있다. 이는 단순한 수출 확대가 아닌, 무역 불균형 해소와 동맹 유지의 조건처럼 제시된 외교적 메시지였다. 한미 FTA 개정협상에서도 이러한 기류는 곳곳에 반영되었다.

뿐만 아니라, 트럼프 행정부는 한국 정유업계에 미국산 원유 및 정제유 수입을 늘릴 것을 지속적으로 요청해 왔다. 한국은 사우디, 쿠웨이트, 이란 등에 대한 에너지 의존도가 높았기 때문에, 이를 '미국 우선주의'적 공급망으로 바꾸는 것이 트럼프의 목표였다.

트럼프 2.0에서도 이러한 에너지 수출 압박은 경제적 요구와 정치적 외교 메시지가 결합된 형태로 나타날 가능성이 크다. 미국 내 에너지 생산량은 여전히 세계 최고 수준이고, 이를 통해 경제 성장과 무역적자 해소, 동맹국에 대한 영향력 확대라는 세 마리 토끼를 동시에 잡고자

하는 의도는 계속될 것이다.

한국 기업과 정부 입장에서 보면, 미극산 에너지 수입은 단순한 거래가 아니라, 통상 압박이자 외교 균형의 문제로 다가오게 된다. 이는 앞으로의 무역 전략에서 '에너지 안보'가 경제 안보의 연장선에 있다는 것을 분명히 보여주는 대목이다.

이처럼 트럼프 행정부는 에너지 정책을 친환경 패러다임이 아닌 경제 성장과 자국 우선주의 관점에서 접근했다. 기후 위기에 대한 대응보다는 탄탄한 에너지 산업 기반이야말로 미국을 강하게 만든다는 믿음이 중심에 있었다.

트럼프 2.0에서도 이 흐름은 오히려 더 강해질 것이다. 바이든 행정부 하에서 강화된 기후변화 대응 규제, 파리기후협약 복귀, 전기차 전환 보조금 확대 정책 등은 트럼프 2.0에서 철회 또는 무력화될 수 있다.

그는 이미 수차례 파리협정은 미국 노동자에게 '부당한 굴레'였다고 비판한 바 있고, 전기차 전환 정책에 대해서도 중국만 좋게 해주는 일방적 전환이라며 반대 입장을 밝혀왔다. 이는 석유·가스 산업을 핵심 지지기반으로 둔 '에너지 벨트' 지역 유권자들과 정치적 코드가 일치하기 때문이다.

한국을 포함한 에너지 수입국 입장에서 보면, 트럼프식 친화석연료 정책은 국제 유가 하락과 안정적 에너지 공급이라는 측면에선 긍정적일 수 있지만, 동시에 기후 공동 대응이나 친환경 무역 규범과는 충돌할 수밖에 없는 복합적인 도전이 될 것이다.

5 디지털 플랫폼 규제와 기술 안보

빅테크 견제와 보수 진영의 SNS 규제 움직임

트럼프 진영이 다시 백악관을 움직이는 지금, 미국 정치의 디지털 전장은 단순한 기술 이슈가 아니라 정치적 존립의 문제로 변모하고 있다. 그 중심에는 구글, 메타(페이스북), 유튜브, X(舊 트위터) 등 이른바 '빅테크(Big Tech)' 플랫폼이 자리하고 있다.

2020년 미국 대선 이후 트럼프와 그의 지지자들은 빅테크가 보수 진영의 의견을 의도적으로 억압하고, 정치적 표현의 자유를 침해했다고 주장해 왔다. 특히 트럼프 본인이 트위터에서 영구 정지된 사건은 상징적인 계기가 되었고, 이후 보수 진영에서는 디지털 독점에 의한 검열이라는 담론이 급속히 확산되었다.

이 논의의 중심에는 바로 통신품위법 230조(Section 230 of the Communications Decency Act)가 있다. 이 조항은 인터넷 플랫폼이 사용자 콘텐츠에 대해 법적 책임을 지지 않도록 면책해 주는 역할을 해 왔다. 즉, 트위터나 페이스북은 게시물의 내용에 대해 언론사가 아닌 단순 '중개자'로 간주되어 왔으며, 이는 디지털 플랫폼의 급속한 성장과 자유로운 이용자 표현을 가능케 한 기반이 되었다.

그러나 트럼프 진영은 이 조항을 정반대로 해석한다. "플랫폼이 정치적 편향을 갖고 보수 성향의 콘텐츠를 의도적으로 차단하거나 알고리즘상 불리하게 노출시켜도 책임을 지지 않는다는 점에서, Section 230

은 검열의 방패막이에 불과하다"고 주장한다.

이에 따라 트럼프 2.0 시대에는 이 조항의 폐지 혹은 개정이 재추진될 가능성이 높다. 실제로 트럼프 1.0 말기에도 이 조항을 폐지하는 행정명령이 시도되었으며, 2023년 이후 곧화당 주도의 의회에서도 관련 개정안이 연이어 발의되고 있다.

디지털 플랫폼에 대한 불신은 단지 표현의 자유 차원에 그치지 않는다. 트럼프 진영은 플랫폼 알고리즘의 불투명성과 조작 가능성, 그리고 선거 개입 가능성까지 문제 삼고 있다. 특히 2020년 대선 과정에서 일부 보수 성향 뉴스 콘텐츠가 소셜미디어에서 검색되지 않거나 노출이 제한된 사례는, 공화당 내부에서 디지털 공정성 법제화를 요구하는 목소리를 키웠다.

이러한 흐름은 결국 트럼프 2.0이 추구하는 디지털 플랫폼 규제의 방향성을 명확히 보여준다. 플랫폼 기업은 중립적인 기술 제공자여야 하며, 정치적 편향이 있는 플랫폼에는 법적 책임을 부과하겠다는 주장이다. 알고리즘에 대한 투명성 공개, 플랫폼의 정치적 중립성 확보, 사용자 차단 결정에 대한 이의제기 절차 보장 등은 트럼프 행정부가 추진할 주요 의제가 될 가능성이 크다.

이와 같은 정책은 단지 트럼프의 개인적 정치 복귀를 위한 수단에 그치지 않는다. 이는 보수층 유권자들이 디지털 플랫폼을 정치적 적으로 간주하는 문화적 배경, 그리고 점점 더 언론보다 SNS를 통해 정보를 소비하는 시대의 흐름 속에서 '디지털 정치영역을 둘러싼 주도권 경쟁'이라는 시대적 흐름의 결과로 이해해야 한다. 결국 트럼프 2.0 시대의 디지털 플랫폼 규제는 언론 자유의 확대라는 표현의 옷을 입은 플랫폼 권한 제한과 알고리즘 개입의 정치화 전략이 될 가능성이 높다.

이는 한국을 포함한 해외 디지털 콘텐츠 제공자, 플랫폼 기업에게도 시사하는 바가 크다. 정치적 중립성 유지, 콘텐츠 검열의 기준 명확화, 미국 내 이용자 정보 보호 기준 강화 등 새로운 규제 환경을 맞이하게 될 수 있다. 한미 FTA나 데이터 이전 협정이 있다고 해도, 미국 내 플랫폼 활동은 '미국 정치의 눈'을 의식하지 않을 수 없는 시대로 접어든 것이다.

중국 IT 기술과의 분리: 틱톡·화웨이 제재의 지속과 확대

트럼프 행정부는 국가안보를 이유로 경제를 재편하고 기술을 봉쇄하는 새로운 패러다임을 만들어 왔다. 그 중심에는 단연 중국 IT 기술과의 단절, 다시 말해 디지털 기술 영역의 '디커플링' 전략이 자리하고 있다.

트럼프 1.0 시절, 미국은 중국산 소셜미디어 앱과 통신장비 기업을 전례 없이 강력하게 제재했다. 대표적인 사례가 바로 틱톡(TikTok)과 화웨이(Huawei)였다.

틱톡은 단순한 숏폼 콘텐츠 앱이 아니었다. 10대 미국인들의 여론 형성에 막대한 영향을 끼치는 정보 플랫폼으로 부상했고, 사용자 데이터가 중국 정부와 공유될 가능성이 제기되자 트럼프 행정부는 '미국 내 사용 금지' 또는 '미국 기업에의 강제 매각'을 추진하게 된다. 실제로 마이크로소프트와 오라클 등이 틱톡 인수를 논의한 바 있으며, 이는 민간 기업 간 거래처럼 보이지만 사실상 '안보 명령에 의한 기술 압박'이었다.

또 하나의 상징적 제재 대상은 화웨이였다. 미국은 화웨이를 국가안보에 위협이 되는 '블랙리스트' 기업으로 지정하고, 미국산 반도체·소프트웨어 접근을 전면 금지했다. 이에 따라 구글 안드로이드 OS 사용도 차단되었고, TSMC 같은 글로벌 파운드리 업체도 화웨이에 대한 반도체 공급을 중단했다. 이는 단순한 미·중 무역갈등이 아니라, 기술 주도권을 둘러싼 국가 안보 경쟁이 본격화될 것을 의미한다.

트럼프 2.0 시대에서는 이러한 디지털 안보 중심의 대중국 견제는 단순한 재현이 아니라 업그레이드된 전략으로 발전하고 있다. 틱톡에 대한 금지 조치 재추진, 화웨이뿐 아니라 ZTE, DJI(중국 드론 기업) 등 다른 중국 기업까지도 규제 범위에 포함될 수 있으며, 제3국(예: 동남아, 중동, 중남미)에서의 기술 확산까지 차단하려는 움직임이 예상된다.

이러한 디지털 디커플링은 통신장비와 소셜미디어를 넘어, 클라우드, 반도체, 인공지능(AI), 양자기술 등 핵심 기술 전반으로 확대될 조짐을 보이고 있다. 예컨대, 미국 정부는 중국계 클라우드 기업이 미국 데이터를 저장·처리하는 행위에 대한 우려를 지속적으로 제기하고 있으며, 트럼프 2.0에서는 이를 '국가정보 인프라 보호'라는 명분 아래 금지하거나 제한할 수 있다.

이러한 흐름은 미국 국내 여론의 뒷받침을 받는다. 중국 정부의 영향력을 우려하는 정서가 강해졌고, 공화당뿐만 아니라 일부 민주당 의원들까지도 중국산 기술은 미국 민주주의에 대한 위협이라는 인식을 공유하고 있다. 여기에 미 국방부와 국가안보국(NSA), 사이버사령부 등이 적극 개입하면서, 디지털 기술이 '제4의 국방산업'이자 '외교무기'로 자리매김하게 된 것이다.

결국 트럼프 2.0의 디지털 전략은 단순한 자국 기업 보호를 넘어, 글로벌 기술질서의 재편을 의도한다. 미국 중심의 안전한 공급망을 구축하고, 중국의 기술 부상을 견제하며, 동맹국에게도 미국식 기술질서에 동참하라는 압력을 가하게 된다.

이러한 움직임은 한국을 포함한 글로벌 IT 강국에게 기회이자 도전이 된다. 미국 중심의 기술 규제 틀 안에 편입되면 미국 시장에서의 신뢰를 얻고 기술 협력을 강화할 수 있는 기회가 되지만, 반대로 중국과의 협업이나 투자 확장에는 제약이 따를 수밖에 없다.

특히 한국 기업 입장에서는 AI·반도체·통신 장비 등에서 미국의 기술 동맹 요구와 중국 시장 의존 사이에서 끊임없는 선택과 줄타기를 해야 하는 새로운 시대를 맞이하고 있다. 이는 단순한 경제 문제가 아닌, '기술 안보 시대의 외교·산업 전략'이라는 복합적 문제로 확장되고 있다.

6 동맹·안보를 연계한 통상·투자 압박

동맹은 공짜가 아니다: 경제안보 중심의 통상 정책 전환

트럼프 전 대통령은 취임 직후부터 동맹국들에게 분명한 메시지를 던지기 시작하였다. "미국은 더 이상 세계의 '봉'이 아니다." 그는 미국이 안보를 제공해온 대가로 제대로 된 경제적 보상을 받아오지 못했다는 인식을 강하게 드러냈다. 이른바 '동맹은 공짜가 아니다(No Free Riders)'라는 트럼프식 외교 철학이 등장한 배경에는, 미국의 지속적인 무역적자 확대, 방위비 분담 불균형, 그리고 중산층 일자리 유실에 대한 정치적 불만이 자리하고 있었다.

트럼프 1.0 시절, 그는 이 같은 문제의 원인을 '불공정한 동맹 구조'와 '느슨한 통상 체계'에서 찾았다. 그리고 해법으로는 안보와 통상을 연계한 새로운 거래 방식, 즉 경제안보 중심의 통상 정책을 꺼내 들게 된다. 이는 기존 자유무역주의에 기반한 다자주의적 접근과는 달리, 동맹국에게 무기 구매, 에너지 수입, 미국 내 공장 투자와 같은 구체적 경제 보상을 요구하는 방향으로 전개되었다.

예를 들어, 2019년 트럼프 행정부는 한미 방위비 분담금 협상에서 기존의 2~3배 인상을 요구했고, 동시에 한국 기업들의 미국 내 투자 확대, 한국산(K-Origin) 자동차에 대한 관세 면제 여부, 무기 구매를 묶어 협상 카드로 활용하였다. 또한 일본 정부에는 F-35 등 고가의 무기 시스템 구매 확대를 압박하면서, 자동차 무역협정을 지렛대로 삼았다. 심지어 북대서양조약기구(NATO) 동맹국들에게도 2025.1. 미 대통령 취임 후부터 GDP의 5% 이상을 방위비로 지출하지 않으면 미국이 지켜주지 않을 수도 있다는 식으로 압박을 가하고 있다.

이러한 행보는 단순히 협상의 기술이 아니라, 미국 우선주의(America First)를 실현하기 위한 경제안보 전략의 핵심 축으로 작동하고 있다. 트럼프 2.0에서는 이러한 접근은 더욱 노골적이고 체계적으로 강화될 것이다. 한미 동맹 안에서도, 북핵 위협에 대한 핵 우산을 조건으로 한국의 반도체·배터리·에너지 분야 대미 투자를 요구할 가능성도 제기된다.

결국 트럼프식 경제안보 전략은 다음과 같은 질문으로 요약된다. "미국이 당신을 지켜주는 대가로, 무엇을 줄 수 있는가?" 그리고 이 질문은 한국을 포함한 모든 동맹국들에게 점점 더 직접적이고 구체적인 통상·투자 압박으로 다가올 것이다.

주요 타깃이 된 무역적자 동맹국 겨냥: 한국, 독일, 일본 등

트럼프 대통령은 적자에 민감한 기업인 출신이라 그런지 '무역적자'라는 단어에 유독 민감하게 반응해 왔다. 그는 무역수지를 단순한 경제지표가 아니라, 패배와 굴욕의 상징으로 받아들였다. 미국이 수입을 많이 하고 수출은 적게 한다면, 그것은 곧 상대국이 미국을 이용하고 있다는 증거라는 것이다.

이러한 인식은 트럼프 1.0 시절의 대외정책 전반에 깊이 스며들었으며, 특히 무역흑자를 기록하는 동맹국들—한국, 독일, 일본—이 주요 타깃이 되는 배경이 되었다. 그중에서도 트럼프는 자주 한국 자동차가 미국 시장을 점령하고 있다고 언급하면서, K-Origin(한국산) 자동차에 대해 고율의 관세 부과를 예고하거나 실제로 검토한 바 있다. 이는 단순한 협상 압박 카드가 아니라, '무역적자 해소'를 내세운 트럼프식 통상정책의 본질적 목적을 드러내는 장면이었다.

트럼프식 무역정책의 특징은 이해하기 힘들지만 매우 감성적이면서도 전략적이라는 데 있다. 그는 "우리가 너희를 지켜주는데, 너희는 미국 일자리를 빼앗는다"는 논리를 내세우며 안보 프레임과 무역 프레임을 결합하여 동맹국을 압박하는 방식을 선호한다. 이는 단순한 무역 분쟁이 아니라, 정치적·심리적 지렛대로 작용하며, 상대국으로 하여금 차라리 미국에 투자하자는 결론을 끌어내도록 유도한다.

특히 트럼프 2.0에서는 한국의 배터리 반도체, 철강, 자동차 등 주요 수출 품목이 다시 한번 도마 위에 오를 가능성이 크다. 예컨대, 미국 내 전기차 제조업체들이 한국 배터리 기업에 의존하는 구조에 대해 미국 일자리를 외국 기업에 넘긴 것이라고 비판하면서, 현지 공장 건설 또는 미국 내 R&D 투자를 조건으로 규제를 완화해 주는 식의 '거래'가 제안될 수 있다.

이러한 흐름은 독일과 일본에서도 유사하게 적용되어 왔다. 독일 자동차 기업 BMW, 일본의 도요타는 트럼프 1.0 시절 수차례 공격의 대상이 되었으며, 결국 미국 내 공장 신설과 고용 창출 계획을 발표함으로써 관세 회피를 도모해야 했다. 결국 트럼프식 무역정책은 다음과 같은 메시지로 요약된다. "미국에서 돈을 벌고 싶다면, 미국에 투자하라. 아니면 그 대가를 치러라."

한국을 비롯한 주요 동맹국 기업들은 이 같은 프레임 속에서 단순히 가격 경쟁력만으로는 살아남기 어려운 시대를 마주하고 있으며, 정치적 리스크 관리와 현지화 전략이 더욱 중요해지는 배경이 바로 여기에 있다.

'중국과의 거리 두기' 요구: 동맹국의 줄 세우기 전략

트럼프 2.0이 본격화되면서 세계는 또 한 번 "미국이냐, 중국이냐"라는 양자택일의 질문 앞에 서있다. 이는 단순한 외교적 선호의 문제가 아니다. 미국은 실질적인 경제적 압박과 유인책을 동원하여, 동맹국 기업의 선택을 강제하는 전략을 구사하고 있기 때문이다.

트럼프 진영은 이미 1.0 시절부터 중국과 기술을 나누는 기업은 미국의 혜택을 누릴 자격이 없다는 입장을 분명히 해왔다. 이 기조는 바이든 행정부에서도 일정 부분 계승되었고, 트럼프 2.0에선 더욱 노골적이고 광범위하게 적용되고 있다. 예를 들어, 미국이 제공하는 반도체 산업 보조금은 단순히 생산기지 이전이나 고용 창출만을 조건으로 하지 않는다. 중국과의 기술협력 금지가 전제가 되어야만 보조금과 세제 혜택을 받을 수 있다. 이는 미국이 산업정책을 통해 사실상 기업의 거래 상대국을 지정하는 셈이다.

대표적인 사례가 네덜란드의 ASML과 일본의 니콘(Nikon)에 대한 미국 정부의 압박이었다. ASML은 고성능 반도체 노광장비(EUV)를 독점 생산하는 기업으로, 중국 시장은 매력적인 수요처였다. 하지만 2023년 미국은 네덜란드 정부와의 외교 채널을 총동원해 ASML이 중국에 최첨단 장비를 수출하지 못하도록 막아야 한다고 요구했고, 결국 네덜란드 정부는 수출 통제에 나섰다. 같은 시기, 일본 역시 미국의 요청에 따라 자국 기업의 반도체 장비 대중 수출을 제한하는 규제를 강화했다. 이것은 미국이 단순히 자국 내 통제를 넘어서, 동맹국의 기술 주권에까지 영향력을 미치고 있는 사례라 할 수 있다.

트럼프 2.0은 이처럼 동맹국 기업이 중국과 어느 정도까지 거래하는지를 주시하면서, 일정 기준 이상이면 코조금 배제, 미국 내 정부조달 계약 제외, 기술 협력 차단 등의 제재성 조치를 가할 수 있다. 예컨대, 한국의 배터리 기업이 미국 내 공장을 세우고 IRA 보조금 수혜를 노리면서도 동시에 중국산 핵심광물을 일정 비율 이상 사용하거나 중국 업체와 기술협력 계약을 체결할 경우, 세액공제 대상에서 배제되거나 제약을 받을 수 있다. 이는 단순한 '경쟁력' 문제가 아니라, 정치적 신뢰도와 연계된 경제적 보상 구조로 작동하게 되는 것이다.

그 결과, 한국, 대만, 독일, 일본과 같은 미·중 사이의 전략적 중간지대에 위치한 국가들은 점점 더 선택의 압박을 받게 된다. 한쪽을 선택하면 다른 한쪽의 시장, 협력, 기술 접근을 포기해야 하는 구조 속에서, 기업과 정부 모두 전략적 판단을 수시로 조정해야 하는 불안정한 상황에 직면하게 된다.

미국이 이런 방식을 '경제안보' 또는 '공급망 신뢰성'이라는 이름으로 포장하고 있지만, 실상은 지정학적 편가르기를 경제 도구로 전환한 것이다. 이제 한국 기업은 단순히 수출 전략만 잘 짜는 것으로는 부족하다. 정치적 리스크, 기술 공급망의 이중 규제, 동맹국으로서의 정치적 위치까지 고려한 총체적 대응 전략이 필스인 시대가 오고 있는 것이다.

트럼프 식 관세 전쟁의 귀환

: 한미 통상질서의 재편

PART 2

트럼프 1.0 관세 정책 및 한미 FTA 영향 리뷰

1 한국 수출산업과 통상정책에 대한 중대한 시험

지난 2024년 11월 미국 대선에서 압도적 표차로 선출된 도널드 트럼프 전 대통령이 2025년 1월 20일 다시 백악관에 입성하였다. 트럼프 대통령은 1기 정부 때부터 미국의 무역정책 기조를 완전히 전환시켰고, 이번 재집권을 통해 2기 정부에서 그 기조를 더욱 강화할 것이다. 트럼프가 내세운 미국 우선주의(America First)는 앞서 제1장에서 살펴본 바와 같이 단순한 정치 슬로건이 아니라, 미국의 산업을 보호하고 무역수지를 개선하여 제조업이 공동화되어 무너져 가는 미국을 살려 보겠다는 실질적인 통상정책의 방향이었다.

1기 행정부 시절, 트럼프는 다음과 같은 세 가지 축을 중심으로 무역질서를 재편하려 했다. 첫째, 고율 관세 부과를 통해 수입을 억제하고 자국 산업을 보호하고자 하였다. 둘째, FTA 재협상을 통해 기존 협정의 조건을 미국에 유리하게 수정하고자 했다. 셋째, 전략산업 보호 조치를 이유로 안보를 빌미로 한 통상 압력을 행사하였다. 한국도 그에 대한 예외는 아니었다. 한미 FTA 재협상 요구, 철강·알루미늄에 대한 무역확장법 232조(Section 232)에 근거한 고율 관세 조치는 한국 수출기업에 직접적인 충격을 안겨주었다.

이제 트럼프 2.0 시대가 열리며, 한국의 수출 산업과 통상 정책은 다시 한 번 중대한 도전에 직면하고 있다. 따라서 본 장에서는 트럼프 1기 당시 관세정책이 한미 통상질서에 미친 영향을 돌아보고, 트럼프 2기의 정책 전개를 전망해 보며, 한미 통상질서가 영향 받게 될 법적·경제적 파장을 살펴보자.

2 트럼프 1기 주요 보호무역 조치

트럼프 행정부 1기는 미국 산업 보호를 명분으로 대규모 보호무역 조치를 단행한 시기였다. 미국을 다시 위대하게(Make America Great Again)라는 구호 아래, 그는 자국의 고용과 제조업 부활을 최우선 과제로 삼았고, 그 첫 번째 칼날은 수입품에 대한 고율 관세로 향했다. 여기에는 미국 국내 산업의 재건뿐만 아니라 중국의 기술굴기 견제, 우방국으로부터의 경제적 양보 유도라는 정치·외교적 의도가 복합적으로 작용하였다.

무역법 201조(Safeguard)를 통한 세탁기·태양광 제품 세이프가드 발동

2018년 1월, 트럼프 행정부는 무역법 201조를 근거로 K-Origin(한국산) 세탁기와 태양광 셀·모듈에 대해 전격적으로 세이프가드[40] 조치

---

40) 세이프가드는 특정 수입품의 급증으로 인해 자국 산업기 심각한 피해를 입거나 그 우려가 있을 경

를 단행하였다. 이 조치는 트럼프가 미국산 제품을 보호하기 위해 무역 법상 긴급 수입제한 권한을 실제로 발동한 첫 번째 사례로 기록된다. 그 중심에는 삼성전자와 LG전자, 그리고 미국의 대표적 가전업체인 월풀 (Whirlpool) 간의 치열한 시장 점유율 경쟁이 있었다. 좀더 구체적으로 살펴보자.

● 미국 월풀의 불만과 청원

사건의 시작은 2017년 5월로 거슬러 올라간다. 미국의 세탁기 제조 업체 월풀은 미국 국제무역위원회(ITC)에 청원을 제출하였다. 월풀은 수 년간 삼성과 LG가 미국 시장에 대형 세탁기를 덤핑 가격으로 판매 하고 있으며, 이로 인해 자국 기업이 심각한 피해를 입고 있다고 주장 하였다. 특히 이들은 한국 기업들이 처음에는 한국 또는 중국에서 세탁 기를 생산하다가 미국의 반덤핑 조치가 강화되자 베트남, 태국 등 제3 국에 생산 기지를 옮겨 우회 수출을 계속하고 있다고 비판하였다.

● ITC의 조사와 트럼프의 승인

이에 ITC[41])는 무역법 201조에 따라 공식 조사에 착수하였다. 2017년 10월, ITC는 세탁기 수입 급증이 미국 내 산업에 심각한 피해를 주었 다는 최종 판정을 내렸고, 대통령에게 세이프가드 발동을 권고하였다.

우, 이를 일시적으로 보호하기 위해 긴급히 수입을 제한하는 무역구제 조치이다. WTO 협정과 각 국의 무역법(예: 미국 무역법 201조)에 근거해 발동되며, 관세 인상이나 수입물량 제한 등의 방식 으로 시행된다. 보통 산업의 회복 시간을 벌어주기 위한 임시적 조치이며, 발동 시 피해 산업의 구 조조정 계획 제출이 요구된다.

41) 미국 ITC(International Trade Commission, 미국 국제무역위원회)는 미국의 무역 관련 불공정 행위 조사 및 산업 피해 판정을 담당하는 독립적인 연방 기관이다. 주로 특허 침해, 덤핑, 보조금 등의 사안을 조사하여 수입 제한 조치(예: 수입 금지 명령)를 권고할 수 있다. ITC는 특히 무역법 337조 조사를 수행하며, 미국 기업의 지식재산 보호와 산업 경쟁력 강화에 핵심적 역할을 한다.

2018년 1월 22일, 트럼프 대통령은 이 권고를 수용하고 수입 세탁기와 세탁기 부품에 대해 첫 해 50%의 고율 관세를 부과하는 결정을 내렸다. 관세율은 이후 매년 5%씩 낮춰져 책정되었다. 단, 완제품 연간 120만 대와 부품 5만 톤까지는 면세 범위를 두었고, 그 이후부터는 관세가 적용되도록 하였다.

트럼프는 백악관 성명을 통해 "이번 조치는 미국 제조업 근로자들을 보호하기 위한 정당한 대응이며, 더 이상 외국 기업들이 무임승차하는 것을 용납하지 않겠다"고 발표하였다. 당시 트럼프는 이 결정을 '미국 산업의 부활 신호탄'이라 표현하기도 했다.

● 삼성·LG의 대응과 멕시코·미국 내 투자 확대

세이프가드 조치 직후 삼성전자와 LG전자는 발 빠르게 대응에 나섰다. LG전자는 이미 2017년부터 미국 티네시주에 세탁기 공장을 건설하고 있었고, 삼성전자 역시 사우스캐롤라이나주에 3억 8천만 달러를 들여 세탁기 공장을 설립해 가동을 앞두고 있었다. 이들 기업은 우리는 이미 미국에 투자하고 고용을 창출하고 있다는 입장을 강조하며, 고율 관세는 오히려 소비자 부담만 키우는 조치라고 반발하였다.

실제로 LG전자는 세이프가드는 소비자 가격 상승과 선택권 제한으로 이어질 것이라며, 일부 세탁기 모델의 가격을 최대 50달러까지 인상하겠다고 발표하기도 했다.

● 태양광 셀·모듈에도 세이프가드 확대 적용

세탁기와 함께 또 하나의 타깃이 된 품목은 태양광 셀과 모듈이었다.

미국 태양광 제조업체인 선이바(Suniva)와 솔라월드(SolarWorld)가 중국과 한국 등지에서 대량 수입되는 셀·모듈로 인해 자국 산업이 몰락하고 있다고 주장하며 보호 조치를 요청하였다.

이에 따라 트럼프 행정부는 태양광 셀과 모듈에 대해 첫 해 30%, 이후 매년 5%씩 감축하여 4년간 총 15%까지 단계적으로 낮추는 세이프가드를 적용하였다. 단, 태양광 셀은 연간 2.5GW까지는 면세되도록 조정되었다. 이 조치는 한화큐셀, LG에너지솔루션 등 한국 태양광 기업들에도 타격을 주었으며, 동시에 미국 내 태양광 설치 비용 상승, 친환경 에너지 확산 속도 둔화라는 부작용도 낳았다.

무역확장법 232조(Section 232)를 활용한 철강·알루미늄 관세

2018년, 트럼프 행정부는 수십 년간 거의 사용되지 않던 미국 무역확장법 232조(Trade Expansion Act Section 232)[42]를 전격 발동하였다. 이 조치는 미국이 외국으로부터 수입되는 특정 품목이 '국가안보에 위협이 된다'고 판단될 경우, 대통령이 독자적으로 관세 또는 수입제한 조치를 취할 수 있도록 한 규정이다. 무역정책에 안보 논리를 결합시킨 이 방식은 당시 세계무역기구(WTO) 체제의 상식을 뒤흔드는 파격적인 접근이기도 했다.

트럼프 대통령은 2017년 4월, 윌버 로스 상무장관에게 철강과 알루

---

42) 미국 무역확장법 232조(Trade Expansion Act Section 232)는 특정 수입품이 국가안보를 위협한다고 판단될 경우 대통령이 관세 부과 또는 수입 제한 조치를 취할 수 있도록 한 조항이다. 상무부가 조사 보고서를 제출하면 대통령은 관세·쿼터 등 무역 조치를 단독으로 결정할 수 있으며, 철강·알루미늄 등 전략 물자에 자주 적용된다.

미늄 수입이 국가안보에 미치는 영향을 조사하라는 명령을 내렸고, 미 상무부는 이듬해 초 외국산 철강과 알루미늄이 미국의 군수 산업과 기반 제조업에 심각한 위협을 초래한다고 결론지었다. 이를 근거로 2018년 3월 8일, 트럼프 대통령은 전 세계로부터 수입되는 철강에는 25%, 알루미늄에는 10%의 고율 관세를 부과한다고 전격 발표하였다.

이 조치는 즉각 국제사회의 거센 반발을 불러일으켰다. 미국의 가장 가까운 동맹국들—한국, 일본, 유럽연합, 캐나다, 멕시코 등—모두가 어떻게 안보 동맹국에 안보 위협을 이유로 관세를 부과하느냐며 강하게 반발하였다. 특히 한국은 처음에는 여외국으로 간주되는 듯했지만, 실제로는 관세 면제 대신 쿼터(수입할당량) 제도라는 또 다른 형태의 수출 제한에 직면하게 되었다.

한국 정부는 고위급 협상단을 급파해 미국 측과 협상을 벌였고, 결국 2018년 4월 말, 미국은 K-Origin(한국산) 철강에 대해 관세 부과는 철회하되, 최근 3년 평균 수출량의 70% 수준으로 수출량을 제한하는 쿼터 협정을 체결하게 된다. 이는 미국의 '관세폭탄'은 피했지만, 대신 철강 수출을 스스로 억제하는 이른바 '양보형 면제'였다.

이 조치로 인해 포스코, 현대제철 등 한국의 주요 철강기업들은 미국으로 수출하는 물량을 대폭 줄여야 하는 상황에 직면하였다. 특히 미국 수요가 많은 자동차용 강판, 에너지용 강관 등 고부가 제품에서 큰 타격을 입게 되었다. 일례로, 현대제철은 기존에 미국 에너지업체에 납품하던 송유관 강재의 물량을 줄이고, 일부는 중남미 시장으로 방향을 선회해야만 했다. 포스코 역시 쿼터 소진 이후에는 기존 고객사와의 납기 문제로 곤란을 겪었다.

하지만 역설적이게도, 이 조치는 미국 내에서도 적지 않은 비판을 불러왔다. 철강재를 원재료로 사용하는 미국의 자동차, 조선, 가전 등 제조업체들이 원가 상승 압박에 직면했기 때문이다. 특히 포드, GM 등 미국 자동차 제조사들은 국내 철강 가격이 치솟아 경쟁력이 약화됐다며 백악관에 공식적으로 문제를 제기하였다. 실제로 미국 철강 가격은 조치 이후 수개월 만에 약 40% 가까이 상승하는 등 제조업 전반에 부담으로 작용하였다.

더불어, 철강 수출 물량이 줄어든 한국 기업들은 글로벌 수출 전략을 다시 짜야 하는 상황에 놓이게 되었다. 일본, 유럽, 동남아시아 등 관세 영향이 덜한 지역으로 수출선을 돌리는 노력이 이어졌고, 일부 기업은 미국 현지 생산설비를 확장하거나 멕시코, 베트남 등 제3국 우회 전략을 적극적으로 검토하였다.

무엇보다 중요한 점은, 트럼프 행정부가 안보라는 이름으로 경제적 압력을 행사한 첫 선례를 만들었다는 것이다. 이후 무역확장법 232조는 자동차, 희토류, 배터리 원료 등 여러 전략 품목에 대해 확대 적용 논의가 이어졌으며, 트럼프 2기에서도 다시금 동맹국을 압박하는 통상 도구로 활용될 가능성이 크다.

무역법 301조(Section 301)를 활용한 대중국 보복 관세

트럼프 행정부 1기의 무역정책 중 가장 세계적으로 주목받고, 또 가장 강력한 여파를 남긴 조치가 바로 미국 무역법 301조(Section 301)

를 활용한 대중국 보복관세 부과였다. 이는 단순한 관세 정책이 아니었다. 미국의 경제 안보와 기술 패권을 둘러싼 근본적인 전략 전환이었고, 중국과의 전면적인 무역전쟁의 신호탄이 되었다.

그 시작은 2017년으로 거슬러 올라간다. 미국 무역대표부(USTR)는 당시 대통령 트럼프의 지시에 따라 중국의 불공정 무역 관행에 대한 조사에 착수하였다. 주된 조사 내용은 중국이 미국 기업에 기술 이전을 강요하거나, 지식재산권(IP)을 침해하고 있으며, 정부 보조금을 통해 자국 기업을 부당하게 지원하고 있다는 혐의였다. 이 조사는 약 8개월간 진행되었고, 2018년 3월 USTR은 공식적으로 중국의 관행이 미국 경제에 심각한 피해를 주고 있다는 결론을 내렸다.

이에 따라 트럼프 행정부는 무역법 301조에 따라 중국산 제품에 고율 관세를 부과하는 보복조치를 단행하였다. 이 관세 조치는 총 4단계에 걸쳐 순차적으로 시행되었다. 그 규모와 방식은 다음과 같다:

- 1단계 (2018년 7월): 약 340억 달러 규모의 중국산 수입품에 대해 25% 관세 부과. 대상 품목에는 산업기계, 항공 부품, 로봇 부품 등 첨단 제조분야가 포함되었다.
- 2단계 (2018년 8월): 추가로 160억 달러 규모 제품에 25% 관세 부과. 이 단계에서는 반도체, 화학제품 등 기술 집약적 품목이 다수 포함되었다.
- 3단계 (2018년 9월): 약 2,000억 달러 규모의 제품에 대해 10% 관세 부과 후, 2019년부터 25%로 인상. 소비재, 가전, 식료품 등 일반 소비재가 주를 이루었다.

- 4단계 (2019년 9월 및 12월): 약 1,200억 달러 규모의 스마트폰, 노트북, 의류, 장난감 등 민감 소비재에 15% 관세를 부과하였고, 나머지 약 1,600억 달러 규모에는 관세 부과를 유예하였다.

이렇게 총 3,700억 달러에 달하는 중국산 제품이 관세 대상이 되었고, 평균 관세율은 25%에 이르렀다. 이 조치는 미중 간의 단순한 무역 마찰을 넘어, 글로벌 공급망 전체에 충격을 가하는 전방위 무역전쟁으로 비화되었다.

중국 역시 즉각적으로 보복 조치에 나섰다. 미국산 농산물, 자동차, 화학제품 등에 대등한 수준의 관세를 부과하며 맞대응에 나섰고, 이로 인해 세계 경제는 불확실성과 관세 리스크 속으로 빠져들게 되었다.

한국 기업에게도 그 파장은 적지 않았다. 특히 중국에 공장을 두고 미국으로 수출하던 기업이나, 중국에 부품이나 원자재를 납품하는 중간재 중심 산업군은 직격탄을 맞았다. 예컨대, 한국의 디스플레이, 반도체, 전자부품 기업들은 중국 내 생산 라인에 의존하던 구조였기 때문에, 이 제품이 고율 관세를 부과받자 미국 내 가격경쟁력이 급락하였던 것이다.

대표적인 사례로는 LG전자와 삼성전자가 중국에서 생산하던 가전제품 일부 라인을 베트남, 멕시코 등지로 이전한 사건이 있다. 더불어, 미중 갈등이 격화되면서 관세와 별개로 미국의 수출통제 규제가 강화되었다. 반도체 장비 업체들은 중국 고객사에 제품을 수출할 때 미국 부품이 10% 이상 포함되면 수출 승인을 받아야 하는 제약에 직면하면서 납기 차질이 잦아졌다.

자동차에 대한 232조 조치 검토

2019년, 트럼프 행정부는 국가안보를 명분으로 한국, 일본, 독일 등으로부터 수입되는 자동차에 대해 무역확장법 232조(Section 232)를 적용하는 방안을 공식적으로 검토하기 시작하였다. 이 조치는 단순한 통상 정책이 아니라, 국가안보와 무역을 결합한 고강도 압박 수단이라는 점에서 글로벌 자동차 업계에 엄청난 충격을 안겨주었다.

트럼프 대통령은 이미 전년도부터 한국차가 미국 시장을 점령하고 있다는 발언을 수차례 공개적으로 해왔다. 실제로 2018년 당시 현대차와 기아차의 미국 내 시장 점유율은 약 8%에 달했으며, 독일의 BMW·벤츠, 일본의 도요타·혼다 등과 함께 미국 자동차 시장의 수입 비중은 꾸준히 상승세를 기록하고 있었다.

이에 따라 2019년 초, 미 상무부는 트럼프 대통령의 지시에 따라 자동차와 부품 수입이 미국 국가안보에 미치는 영향을 조사한 232조 보고서를 백악관에 제출하였다. 비공개로 처리된 이 보고서에서 상무부는 지속적인 수입 증가는 미국 자동차 산업의 경쟁력과 기술 기반을 약화시키며, 이는 장기적으로 군사력 유지에도 부정적 영향을 줄 수 있다는 결론을 도출하였다. 자동차 산업은 단순한 민간 산업이 아니라, 미국 방위산업의 공급망 일부로 간주된다는 논리가 사용되었다.

이에 따라 트럼프 대통령은 수입산 자동차에 최대 25% 관세 부과를 검토하겠다고 공언하였다. 대상은 한국, 일본, 독일을 비롯한 주요 자동차 수출국이었으며, 이들 국가의 대미 수출 규모를 고려하면 단일 업종으로서는 사상 최대 규모의 관세 부과 가능성이 제기된 셈이었다.

그러나 이 관세는 실제로 발효되지는 않았다. 그 이유는 복합적이다. 첫째, 미국 내 자동차 유통업계와 소비자들의 거센 반발이 있었다. 수입차에 의존하는 미국 소비자는 차량 가격 상승을 우려하였고, 유통 딜러들도 영업 타격을 이유로 반대하였다. 둘째, 미 의회와 자국 내 자동차 제조사조차도 수입차와 부품이 전체 산업 생태계의 일부이며, 관세 부과는 자충수가 될 수 있다는 우려를 제기하였다. 셋째, 가장 중요한 이유는, 트럼프 행정부가 이를 협상용 지렛대(card)로 활용하려는 전략적 판단을 내렸기 때문이다. 당시 트럼프 대통령은 한일 무역협상, 미-EU 자동차 관세 협상, USMCA 협정 비준 등 복잡한 통상 지형 속에서 자동차 관세 위협을 외교적 카드로 적절히 활용하였다. 즉, 자동차 관세는 언제든지 발효시킬 수 있는 준비가 되어 있다는 메시지를 반복적으로 던지며 상대국으로부터 양보를 이끌어내는 전술적 도구로 삼은 것이다.

한국의 경우, 2018년 한미 FTA 개정 협상 과정에서 미국산 자동차의 한국 인증 기준을 완화해 주는 양보를 이미 한 차례 제공하였다. 이를 두고 한국 정부와 업계는 자동차 관세 위협에 대한 방어막을 마련한 셈이라고 평가하기도 하였다. 그러나 이는 일시적인 유예였을 뿐, 트럼프 2기 행정부가 재집권하면서 자동차에 대한 관세 카드를 다시 꺼내 들었다는 점에서 기업과 정부 모두 긴장을 늦출 수 없게 되었다.

이러한 사례는 트럼프 행정부가 국가안보, 산업 보호, 기술 패권 유지를 명분으로 무역정책을 무기화하고, 이를 통해 동맹국에 경제적 양보를 강요하는 방식을 택했음을 보여준다. 특히 한미 FTA 체결국이자 전략적 동맹국인 한국도 예외가 아니었으며, FTA 체결 사실 자체가 미국의 보호무역주의 앞에서는 방패막이 되지 못할 수 있다는 현실을 여실히 드러낸 사건이었다.

요약하자면, 2019년 자동차에 대한 232조 조치는 실제 관세로 이어지지는 않았지만, 무역 협상의 압박 카드로서 강력한 위력을 발휘한 선례가 되었다. 트럼프 2기에서도 이러한 방식의 전술은 반복될 가능성이 높으며, 한국 자동차 산업은 단순한 가격 경쟁력뿐만 아니라 외교, 로비, 지역 투자와 같은 종합 전략을 병행해야 하는 상황에 놓여 있다고 할 수 있다.

3 트럼프 1기 한미 FTA 개정 협상 경과 및 평가

도널드 트럼프 대통령은 2016년 대선 후보 시절부터 줄곧 한미 자유무역협정(FTA)을 끔찍한 협상(a horrible deal)이라고 비판해 왔다. 당시 미국은 한미 FTA가 발효된 2012년 이후 한국과의 상품 교역에서 무역적자가 확대되었다는 통계를 근거로 제시하며, 협정 자체의 구조적 문제를 지적하였다. 특히 자동차 산업과 철강 수입 급증이 미국 제조업의 경쟁력을 갉아먹고 있다는 불만이 정치권과 노동계에서 동시에 제기되었다.

트럼프 행정부는 이러한 여론을 바탕으로 출범 직후인 2017년부터 한미 FTA 재협상 압박에 본격적으로 착수하였다. 당시 미국 내 보호무역주의 기류가 급격히 고조되면서, 트럼프는 미국 우선주의(America First)를 실현하는 첫 시험대로 한미 FTA를 지목했던 것이다.

2017년 6월 ~ 재협상 요구 공식화

2017년 6월, 로버트 라이트하이저 미 무역대표부(USTR) 대표는 한국 측에 FTA 공동위원회 개최를 요청하며, FTA 개정 협상의 공식 시동을 걸었다. 이는 미국 행정부가 기존 FTA의 무역적자 및 자동차 분야 불균형을 시정하겠다는 명백한 의지의 표현이었다.

그에 앞서 트럼프 대통령은 직접 한미 FTA는 미국에게 재앙(a disaster)이라고 언급하며, 필요 시 탈퇴도 불사하겠다는 초강수를 던졌다. 한국 정부는 이러한 미국의 압박을 협정 파기 위협으로 받아들이고, 방어적 협상에 돌입하게 되었다.

2018년 1월 ~ 2018년 3월: 3차례 공식 협상 진행

한미 양국은 2018년 1월, 2월, 3월 세 차례에 걸쳐 개정협상을 진행하였다. 협상 과정에서 미국은 다음과 같은 핵심 요구를 관철하려 하였다.

- 화물자동차(픽업트럭) 관세 유예 연장: 원래 2021년 철폐 예정이던 25%의 고율 관세를 2041년까지 20년 연장하고자 함.
- 자동차 안전 및 배출기준 완화: 미국차가 한국 시장에 쉽게 진입할 수 있도록, 미국 기준 충족 시 한국 기준 자동 인정.
- 농산물 및 철강 분야의 추가 시장 개방 요구: 미국 농업단체와 철강 업계의 수출 확대 요청 반영.

한국은 이에 맞서 다음과 같은 방어와 제안을 내놓았다.

- ▶ ISDS(투자자–국가 분쟁해결제도) 개선: 외국인 투자자 우위라는 비판을 반영하여 남용 방지를 위한 절차 개선을 요청.
- ▶ 무역구제 조사 절차의 투명성 확보: 반덤핑·상계관세 등의 무역 구제에 대해 한국 측 정보 접근성 확보.
- ▶ 섬유산업 원산지 요건 완화: 한국 섬유 기업의 실무적 어려움을 반영한 제도적 유연성 확보.

2018년 9월: 협상 타결

2018년 9월, 한미 양국은 개정 협상에 합의하고, 2019년 1월 개정의정서를 정식 발효하였다. 주요 합의 내용은 다음과 같다.

- 화물자동차 관세 철폐 유예: 미국은 2021년 예정이던 관세 철폐를 2041년으로 연기하였다. 이는 K-Origin(한국산) 픽업트럭의 미국 시장 진출을 20년간 차단하는 효과를 가져왔다.
- 자동차 안전 기준 유연화: 연간 5만 대까지 미국 기준을 만족하면 한국 기준을 별도 인증 없이 수용하기로 하였다. 이는 포드, GM 등 미국 완성차 기업의 한국 진입 장벽을 낮추는 조치였다.
- 친환경차·중소업체 지원 명시: 글로벌 환경 기준을 반영하면서도 한국 중소업체 보호와 친환경차 인센티브 확대가 포함되었다.
- 투자 및 무역구제 투명성 확대: 한국 측은 ISDS 남용 제한, 반덤핑 협의 확대, 섬유 원산지 완화 등 실무적 개선을 확보하였다.

협상 이후의 반응 및 평가

2019년 초 트럼프 대통령은 협상 결과에 대해 한국이 진정성 있는 노력을 보여주었다고 평가하며, 한미 동맹을 강조하는 발언을 이어갔다. 같은 시기 현대자동차, SK, 삼성 등은 대미 투자 확대 계획을 발표하며 우호 분위기를 조성하였다.

하지만 언론과 전문가들 사이에서는 비판적 목소리도 적지 않았다.

- 실익이 낮은 관세 연장: K-Origin(한국산) 픽업트럭은 미국 내 판매 실적이 거의 없어, 관세 철폐 유예가 실질적으로 불필요한 양보라는 지적이 제기되었다.
- 자동차 시장 개방의 일방성: 미국차에 대한 안전기준 완화는 한국 자동차 산업의 규제 일관성을 흔들 수 있다는 우려로 이어졌다.
- 철강 등 핵심 분야는 미국의 요구가 대부분 수용된 구조라는 평가도 존재하였다.

트럼프
2.0 관세정책의 실체

1 2024년 대선 공약 및 통상 관련 발언 정리

2024년 미국 대선은 단순한 권력 교체의 문제가 아니었다. 그것은 곧 미국의 경제 전략이 어떤 노선을 다시 택할 것인가에 대한 국민투표의 성격을 띠고 있었다. 그리고 도널드 트럼프 전 대통령은 "다시 한 번 미국을 위대하게(Make America Great Again)"라는 익숙한 슬로건을 들고 무대에 복귀하였다.

이번 대선에서 트럼프는 다시 한 번 관세를 주된 경제·통상 정책 수단으로 삼겠다는 강한 의지를 드러냈다. 그는 "관세(tariff)는 내가 가장 좋아하는 단어이자 사전에서 가장 아름다운 단어"라고 강조하며, 수입품 전반에 걸쳐 일괄적인 고율 관세 도입을 공약으로 제시하였다.

2023년 하반기: 경기둔화와 제조업 공백 우려 확산

트럼프의 이런 관세 드라이브는 미국 내부의 경제적 불안정성과 긴밀히 연결되어 있다. 2023년 하반기 미국 경제는 코로나19 이후의 재정 확장과 금리 인상의 여파로 경기 둔화와 고금리 장기화가 겹치면서 고용과 생산성 회복에 제동이 걸렸다. 특히 중서부 러스트 벨트 지역의 제조업 기반 붕괴와 일자리 해외 유출에 대한 국민적 불만이 고조되자, 트럼프는 보호무역주의라는 정치적 해법을 다시 꺼내 들게 된 것으로 보인다.

2024년 1월: 관세 일괄 부과 공약 선언

2024년 1월, 트럼프는 유세 연설에서 다음과 같이 선언하였다. "모든 수입품에 대해 기본적으로 10%의 관세를 부과할 것이다. 중국 같은 불공정 무역국에는 60% 이상의 관세도 검토하겠다." 이는 전통적인 관세 정책의 틀을 뛰어넘는 '전면적 관세체계' 구상으로, WTO 체제에 대한 사실상의 도전이기도 하였다.

또한 트럼프는 상호주의 관세(Reciprocal Tariff) 개념을 들고 나왔다. 상대국이 미국산 제품에 20%의 관세를 부과하고 있다면, 미국도 그 국가의 제품에 동일한 20%를 부과하겠다는 것이다. 이러한 방식은 한국, 일본, EU 등 동맹국조차 '관세 대상국'에서 제외되지 않는다는 메시지로 읽혔다.

중국에 대한 초강경 대응 기조 유지

대중국 정책에서도 트럼프는 여전히 중국은 미국을 경제적으로 착취하고 있다는 인식을 고수하였다. 그는 중국은 미국의 일자리를 빼앗고, 기술을 훔치며, 공정한 경쟁을 파괴한다고 주장하며 무역·기술·공급망 차원의 대중 고립 전략을 강조하였다.

그는 특히 다음과 같은 점을 강조하였다.

- 중국산 제품에 대해 60% 이상의 고율 관세 부과
- 중국 기업이 미국 내 정부조달 시장에서 퇴출되도록 규제 강화
- 중국과 협력하는 제3국 기업에 대해서도 제재 가능성 검토

이러한 입장은 단순한 보호무역을 넘어, 통상 정책을 안보 전략과 결합한 '경제 안보 중심주의'로의 전환을 상징하는 것이었다.

다자무역에서 양자협상으로의 회귀

트럼프는 1기 때와 마찬가지로, TPP와 같은 다자협상에는 복귀하지 않겠다는 뜻을 분명히 했다. 그는 다자간 협정은 미국의 이익을 침해하고, 유리한 조건을 만들 수 없다고 비판하며, 미국은 양자협상에서 훨씬 더 나은 거래를 얻을 수 있다고 강조하였다. 실제로 트럼프 1기 때 체결된 USMCA(미국-멕시코-캐나다 협정)는 그의 양자 중심 전략의 대표적인 산물이었다.

관세 수입으로 재정 확충, 제조업 부흥 주장

트럼프는 고율 관세를 단순한 보호 장벽이 아니라, 미국 재정 보강과 일자리 창출의 열쇠라고 주장하였다. 그는 "외국 기업이 미국 시장에 접근하려면 비용을 지불해야 한다. 그 비용은 곧 미국 국민을 위한 투자로 돌아갈 것이다"라고 말했다. 이는 단기적으로 수입 대체효과와 재정 수입 증대, 장기적으로는 국내 제조업의 부활과 공급망 자립화를 달성하겠다는 야심찬 구상이었다.

2 트럼프 2.0 무역정책 기조

트럼프 대통령은 재임 초기부터 관세를 미국을 되살릴 수 있는 가장 강력한 수단이라고 강조해 왔다. 2024년 대선에서 재집권에 성공한 이후, 그는 다시금 '미국 우선주의(America First)'를 경제정책의 핵심 기조로 내세우며 본격적인 보호무역 강화에 나서게 된다.

① 미국 우선주의 무역정책 발표 (2025.1.20.)

2025년 1월 20일, 취임 연설에서 트럼프 대통령은 공정하고 상호적인 무역 질서(Fair and Reciprocal Trade Order)를 확립하겠다며 통상정책의 방향을 명확히 밝혔다. 그는 미국이 지난 수십 년간 자유무역을 추구하면서 무역적자에 시달리고, 산업 기반을 중국 등 저임금 국가에 넘겨주었다고 지적하였다. 특히 제조업이 붕괴되고 러스트벨트 지역의 일자리가 줄어든 배경에 불공정한 관세 시스템과 보조금 정책, 그리고 일방적인 환율 조작이 있다고 주장하였다.

이날 발표된 '미국 우선주의 무역정책(America First Trade Policy)'은 단순한 보호무역 선언이 아니었다. 그는 무역을 국가안보, 산업보호, 재정확충, 공급망 안정화 등 다양한 정책 수단과 연결시켰으며, 이 같은 조치가 동맹국에게도 예외가 될 수 없음을 분명히 하였다. 이에 대해서는 PART 3.에서 상세히 살펴보기로 한다.

② 공정하고 상호적인 계획에 대한 대통령 각서 발표 (2025.2.13.)

이어 2025년 2월 13일, 트럼프 대통령은 무역에 대한 대통령 각서

(Presidential Memorandum on Fair and Reciprocal Plan)를 발표하며 더욱 구체적인 관세 산정 기준을 제시하였다. 이 각서에는 관세뿐만 아니라 외국 정부가 미국 제품에 부과하는 세금, 보조금, 환율정책, 비관세 장벽까지 모두 반영하여 '종합적 보복 관세율'을 산출하라는 지시가 담겨 있었다.

이는 단순히 수입품 가격을 올려 미국 기업을 보호하려는 목적을 넘어, 상대국의 전반적인 산업·재정·통화정책까지 통제의 대상으로 삼겠다는 의미였다. 각서에는 다섯 가지 평가 기준이 명시되었다.

- [1] 상대국의 관세 수준: 예컨대 미국산 자동차에 대해 25%의 관세를 부과하는 국가에 대해서는, 동일하거나 그 이상의 보복 관세를 부과하겠다는 논리이다. 이는 EU 및 일본, 한국 등이 해당 대상이 될 수 있다는 점에서 우방국조차 안심할 수 없는 구조였다.
- [2] 불공정한 세금: 특히 부가가치세와 같은 간접세가 미국 기업에 불리하게 작용할 경우, 이를 관세 수준으로 환산해 보복 수단으로 삼겠다는 의지를 보였다.
- [3] 산업보조금 및 규제 장벽: 유럽연합(EU)의 탄소국경조정제도(CBAM)나 중국의 수출 보조금처럼, 보이지 않는 규제들도 미국 기업에 부담을 준다고 판단되면 관세로 응징하겠다는 것이다.
- [4] 환율 정책: 중국의 위안화 절하 정책이나 일본의 엔저 유도 등은 미국 상품의 경쟁력을 떨어뜨린다는 이유로 보복 대상이 될 수 있으며, 이에 대한 평가 및 대응 수단을 미 재무부와 공조하여 강화하겠다고 밝혔다.

- [5] 기타 불공정 관행: 미 무역대표부(USTR)가 판단하는 모든 비시
  장적 요소들을 포함해 종합 관세수준을 결정하겠다는 내용도 포함
  되었다.

구체적인 사례로 보는 파급 효과

이러한 기조는 실제로 여러 국가에 영향을 주기 시작했다. 예를 들어,
K-Origin(한국산) 전기차는 미국 IRA 보조금 대상에서 제외된 데 이
어, 트럼프 2기에서는 생산기지와 배터리 공급망이 중국과 얽혀 있다는
이유로 고관세 대상으로 검토되었다.

또한 유럽산 화장품과 농식품은 탄소배출 규제에 따른 미국 내 제조
업 역차별 논란 속에서 보복 관세 검토 대상에 올랐다. 멕시코산 철강
은 미세한 원산지 오판을 이유로 갑작스레 고율 관세가 부과되었고, 베
트남산 섬유제품도 중국 원사 사용 여부에 따라 추가 제재가 가능하다
는 메시지를 받게 되었다.

이처럼 트럼프 행정부의 관세 정책은 단순한 '수입품 가격 인상'이 아
니라, 상대국의 산업 정책 전반을 문제 삼고 이를 통상 보복 도구로 활
용하는 전방위 압박 수단으로 진화하고 있다.

③ 국가별 무역장벽 보고서 발표 (2025.3.31.)

2025년 3월 31일, 미국 무역대표부(USTR)는 매년 발표하는 『2025
년 외국 무역장벽 보고서(National Trade Estimate Report on
Foreign Trade Barriers)』를 통해 각국의 무역장벽 실태를 공식 발표
하였다. 이 보고서는 미국 기업과 노동자에게 불리하게 작용하는 전 세

계 주요 국가들의 무역장벽 사례를 체계적으로 정리한 자료로, 향후 미국의 통상정책 수립과 보복관세 대상 선정에 중요한 기초자료가 된다.

이번 보고서에서 특히 눈에 띄는 점은, 단순한 관세 장벽뿐만 아니라 디지털 규제, 데이터 현지화, 보조금, 기술 이전 강제, GMO 규제[43], 재활용 의무 등 비관세 장벽까지 매우 세세하게 다루었다는 것이다. 미국은 이를 통해 자국 기업이 겪는 각종 불이익을 다방면으로 조명하고 있으며, 향후 트럼프 2기 행정부의 무역 보복 및 협상 카드로 활용될 가능성이 높다.

예를 들어, 중국은 국영기업에 대한 대규모 보조금 지급과 외국 기업의 기술 이전 강제, 지식재산권 침해 등으로 비판을 받았다. 이는 섹션 301조 보복관세 조치의 근거가 되었던 대표 사례들이기도 하다. 미국은 이러한 중국의 행위를 지속적이고 광범위한 불공정 행위로 규정하고 있으며, 이에 따라 대중국 고율 관세나 탈중국 공급망 재편 조치를 정당화하고 있다.

유럽연합(EU)에 대해서는 유전자변형작물(GMO) 승인 지연, 플라스틱 재활용 의무 확대, 디지털시장법(DMA) 등으로 대표되는 플랫폼 규제 등이 문제로 지적되었다. 미국 빅테크 기업들은 이러한 규제로 인해 EU 내에서 불이익을 받는다고 주장하고 있으며, 트럼프 2기에서는 EU와의 디지털 무역 갈등이 본격화될 가능성이 있다.

---

43) GMO(유전자변형작물) 규제는 식품·환경·안전성을 이유로 유전자변형 작물과 식품의 개발, 생산, 유통에 대해 정부가 승인, 표시, 허가 또는 금지 등의 관리 체계를 적용하는 제도이다.

인도의 경우 복잡한 수입 인증제도, 높은 관세율, 비관세 장벽 등 전통적인 보호주의 정책 외에도 데이터 현지화 의무 및 전자결제 관련 규제가 강화되고 있는 점이 지적되었다. 이는 미국 IT 및 전자상거래 기업의 인도 진출을 어렵게 하는 요소다.

한국에 대해서도 구체적인 지적이 있었다. 위생 및 식물검역 기준, 특히 30개월 미만 미국산 소고기 수입 제한 조치가 주요 무역장벽으로 언급되었고, 최근 논의되고 있는 '망 사용료 부과 법안'도 디지털 서비스 기업에 대한 부담 요소로 지적되었다. 이러한 내용은 향후 한미 FTA 검토 시 미국 측 협상 요구사항으로 떠오를 가능성이 있다.

이번 보고서는 트럼프 2기 행정부가 추진하는 상호관세 정책 및 보복관세 적용 대상 국가와 품목을 사전에 정비하는 목적도 포함하고 있으며, 향후 각국과의 양자 통상협상에서 강력한 협상 지렛대로 활용될 것이다.

이러한 국가별 장벽은 단순한 시장 보호 차원을 넘어 각국의 정책 방향과 산업 전략을 반영한 결과로 해석할 수 있으며, 트럼프 2기 행정부가 무역정책에서 어떤 국가를 어떤 방식으로 압박할지에 대한 사전 신호로도 활용될 수 있다. 특히 미국과 FTA를 체결한 국가조차 예외가 아니라는 점에서, 한국 기업과 정부의 면밀한 대응이 필요한 시점이다.

국가/지역	주요 무역장벽 유형	주요 내용 요약
중국	보조금, 기술 이전 강제, 지식재산권 침해	극영기업 보조금, 기술 이전 요구, 지재권 침해 및 온라인 위반 증가
유럽연합	기술 장벽, 디지털 규제	GMO 승인 지연, 플라스틱 포장재 규제, DMA 통한 빅테크 규제
인도	수입 정책, 기술 장벽, 디지털 규제	복잡한 인증 기준, 높은 관세, 데이터 현지화 및 전자결제 규제
캐나다	농산물 수입 제한, 고관세	유제품·계란 등 공급관리제도 운영, 쿼터 외 고율 관세
일본	기술 장벽	식품 라벨링·인증 요건 강화로 수출 지연 유발
베트남	디지털 규제	데이터 현지화 및 감시 강화 조치
한국	위생·식물검역, 디지털 규제	30개월 미만 소고기 수입 제한, 망 사용료 부과 법안

3 대외수입청(External Revenue Service) 신설 발표 – 급진적 변화의 서막

2025년 1월 14일, 트럼프 대통령은 전격적으로 대외수입청(External Revenue Service, ERS)이라는 새로운 정부기관의 신설 계획을 발표하였다. 이는 미국 역사상 전례를 찾기 어려울 만큼 급진적인 세입체계 개편으로, 기존 세관 및 국세청 기능을 뛰어넘는 독립적 관세·세수 전담기구의 출범을 예고한 것이다.

트럼프 대통령은 이날 백악관 브리핑에서 미국은 이제 외국으로부터 들어오는 모든 경제적 수익(tariffs, duties, and all other foreign revenue)을 철저히 관리할 기관이 필요하다고 강조하며, ERS 신설을 통해 모든 관세와 외국 유래 수익을 일괄적으로 징수하고 집행하는 통합 시스템을 구축하겠다는 입장을 밝혔다.

이러한 구상은 단순한 세무 행정의 재편을 넘어, 미국의 무역 정책과 세수 정책을 통합하고 실시간으로 '적대국'에 대응할 수 있는 하이브리드형 무역전쟁 기구를 만들겠다는 전략에 가깝다. 관세가 더 이상 단순한 수입세가 아니라, 정치적 압박 수단이자 통치 레버리지로 기능하게 된 것이다.

ERS 설립의 배경과 의도 – 왜 지금인가?

트럼프 행정부가 이러한 과감한 조직개편을 추진한 데에는 다음과 같은 복합적인 대내외 요인이 있었다.

● 미국의 만성적인 무역적자 구조

특히 대중국 무역적자가 3,000억 달러를 상회하며 정치적 부담으로 작용해 왔다. 트럼프는 이를 '부당한 돈의 유출'로 규정하며, 관세를 통해 되돌려 받아야 한다는 입장을 고수해 왔다.

● WTO 체계의 무력화와 양자주의의 대두

WTO 상소기구 기능이 정지된 상황에서 미국은 다자간 규범이 아닌 일방적 조치에 의존하는 통상정책을 택하고 있다. 이와 함께 관세 부과 권한과 징수 실효성을 강화할 조직이 필요해졌다.

- 기존 세관 및 국세청 시스템의 분절성

현재 관세는 관세국경보호청(CBP), 세수는 국세청(IRS), 산업분석은 상무부, 정책 결정은 무역대표부(USTR) 등으로 분산되어 있다. 트럼프는 이렇게 분산된 구조로는 신속한 대응도, 제대로 된 징수도 어렵다며 '강력한 관세집행 기관'의 필요성을 역설하였다.

백악관의 후속 정책 문서 - ERS의 기능 및 기대효과

2025년 4월 3일, 백악관은 「미국 우선주의 무역정책 요약보고서」를 통해 ERS의 구체적 설계 방향과 기대효과를 공표하였다. 이 보고서에 따르면 ERS는 다음과 같은 세 가지 핵심 기능을 수행하게 된다.

- 관세 징수의 정밀화

ERS는 미국에 수입되는 모든 외국산 둘품에 대해 세율 적용, 품목 분류, 납세 검증 등을 전담한다. 현재의 세관 행정에 디지털 추적 시스템 및 실시간 데이터분석 기능을 접목시켜 누락·탈세 방지를 강화하겠다는 것이다.

- 불공정 무역관행에 대한 단기 대응

특정 국가가 미국 기업에 불리한 조치를 취할 경우, 즉시 보복 관세를 부과할 수 있는 집행 권한을 보유한다. 예컨대 중국의 희토류 수출 제한이나 한국의 디지털세 신설과 같은 조치에 신속한 대응이 가능하다.

- 세수 극대화

미국산 제품을 차별하거나 외국 정부로부터 보조금을 받는 수입품에 대해서는 자동으로 추가 관세를 산정한다. 상무부·재무부·국토안보부 협업을 통해 정보 공유와 정책 실행의 효율성을 제고한다.

향후 변화 예측 - 새로운 통상 체계의 출발점

ERS 신설은 단순한 행정기구 추가가 아니다. 이는 미국이 WTO의 틀을 넘어서 독자적인 통상 질서를 재구축하려는 상징적인 조치라 할 수 있다. 한마디로, 미국의 이익을 미국이 직접 계산하고 바로 징수하겠다는 선언인 것이다.

이러한 변화는 동맹국을 포함한 모든 무역 상대국에 긴장감을 주고 있으며, 특히 한국, 일본, 독일 등 미국 시장 의존도가 높은 국가들은 미국의 관세정책을 실시간으로 추적하고, ERS가 어떤 기준으로 관세를 산정하고 시행하는지를 면밀히 분석할 필요가 있다.

앞으로 ERS가 시행령과 포고령을 통해 어떻게 작동하게 될지, 또 어떤 국가에 얼마나 가혹한 관세징수 잣대를 들이댈지에 따라 세계 무역 질서가 큰 방향 전환을 맞이할 가능성도 배제할 수 없다.

이처럼 ERS는 미국에서 관세 징수의 효율화를 넘어서, 미국의 경제적 주권을 강화하고 대외통상에서의 협상력을 극대화하려는 트럼프 행정부의 핵심 전략이자, 향후 보호무역주의의 제도적 기반이 될 수 있는 중요한 제도가 될 것이다.

트럼프 2.0 상호관세 부과

Liberation Day - 전 세계에 10% 기본 관세 선언

2025년 4월 2일, 워싱턴 백악관 장미정원에서 트럼프 대통령은 Liberation Day라는 이름의 행정명령(EO 14257)을 발표하며 모든 국가로부터의 수입품에 대해 4월 5일부터 일괄적으로 10% 관세를 부과하고 주요 적자국에 11~50% 수준의 맞춤형 상호관세를 추가로 부과한다고 선언하였다. 이는 '미국 경제 독립 선언'이라는 의미를 담고 있으며, 세계무역기구(WTO)의 '최혜국(MFN)' 원칙에 대한 사실상의 도전이었다. 기본관세는 한국과 같은 FTA 체결국에는 적용되지 않고, FTA에서 정한 특혜 관세율이 적용된다.

[표] 국가별 상호관세

Reciprocal tariffs by country (April 2, 2025)[44]	
Country or territory	Rate
Algeria	30%
Angola	32%
Bangladesh	37%
Bosnia and Herzegovina	35%
Botswana	37%
Brunei	24%
Cambodia	49%
Cameroon	11%
Chad	13%

Reciprocal tariffs by country (April 2, 2025)[44]	
Country or territory	**Rate**
China	34%
Democratic Republic of the Congo	11%
Equatorial Guinea	13%
European Union	20%
Falkland Islands (United Kingdom)	41%
Fiji	32%
Guyana	38%
India	26%
Indonesia	32%
Iraq	39%
Israel	17%
Ivory Coast	21%
Japan	24%
Jordan	20%
Kazakhstan	27%
Laos	48%
Lesotho	50%
Libya	31%
Liechtenstein	37%
Madagascar	47%
Malawi	17%
Malaysia	24%
Mauritius	40%
Moldova	31%
Mozambique	16%
Myanmar	44%

Reciprocal tariffs by country (April 2, 2025)[44]	
Country or territory	Rate
Namibia	21%
Nauru	30%
Nicaragua	18%
Nigeria	14%
North Macedonia	33%
Norway	15%
Pakistan	29%
Philippines	17%
Serbia	37%
South Africa	30%
South Korea	25%
Sri Lanka	44%
Switzerland	31%
Syria	41%
Taiwan	32%
Thailand	36%
Tunisia	28%
Vanuatu	22%
Venezuela	15%
Vietnam	46%
Zambia	17%
Zimbabwe	18%
All other non-exempt countries	10%

44) 미국의 연간 상품 무역수지 적자를 초래하는 불공정한 무역관행을 바로잡기 위한 상호관세 기반 수입규제 - 백악관, 2025년 4월 2일 발표, 2025년 4월 3일 열람

무역적자 큰 국가엔 추가 상호 관세: 동맹도 예외 없다

특히 수입 규모는 크지만 무역적자를 지속하는 국가들―중국, 한국, 일본, EU 등 57개국―은 4월 9일부터 '기본 10%+'α 비율의 상호관세 (Reciprocal Tariffs)가 추가로 부과되었다. 예컨대 중국은 34%, EU 나 한국도 25% 수준의 상호 관세를 부과받게 되었다.

● 관세율 계산법: 불공정 관행 + 무역흑자 반영

이 관세율 결정은 앞서 설명한 바와 같이 다음 요소들의 종합적 분석에 기반한다.

1. 상대국이 미국 제품에 부과하는 관세,
2. 미국 기업·소비자에 부과하는 간접세(VAT 등),
3. 비관세장벽·보조금·규제 등의 간접 비용,
4. 환율 조작의 영향,
5. USTR이 지목하는 기타 불공정 관행.

예를 들어, 미국과의 무역흑자가 큰 국가의 경우, 자동으로 개별 추가 상호관세 적용 대상으로 분류된다.

● 보호·압박 수단으로서의 관세 전환

정부는 이를 미국 제조업의 회복, 일자리 창출, 산업·안보 기반 강화의 수단으로 제시했다. 동시에 일부 품목(철강·자동차 및 반도체 등)은 기존 Section 232 관세 체계를 유지하며, '이중 과세'를 방지하기 위해 상호관세 대상에서 제외되었다.

● 정책 효력과 항소 소송

이 조치는 즉시 효력을 발생했지만, WTO 및 미국 내 법적 쟁점도 동반되었다. 특히 IEEPA(국제비상경제권한법)를 근거로 한 권한 남용 시비가 제기되어 5월 말 연방무역법원은 다수 상호관세에 대해 중단 명령을 내렸으나, 항소심에서 중단 명령이 집행정지 됨에 따라 그 효력이 유지되고 있다.

[표] 트럼프 2.0 관세 핵심 효과 요약

구분	핵심 내용
기본관세	모든 수입에 10% 적용(4월 5일 시행)
상호관세	적자 국가 57개 대상, 11~50% 부과(4월 9일 시행, 90일간 유예)
유예 품목	기존 Section 232 대상 품목, 일부 전략산업은 면제
제도적 변화	관세 = 산업·재정·안보 정책의 종합 도구로 탈바꿈

2025년 7월, 트럼프 미 대통령은 자신의 소셜미디어 플랫폼인 트루스소셜을 통해 한국과 일본 등 주요국에 대해 전면적인 '상호관세(Reciprocal Tariffs or Mirror Tariffs)' 부과 조치를 통보하는 서한을 전격 공개하였다. 트럼프 대통령은 이번 조치의 배경으로 한국과 일본의 관세, 비관세 장벽, 정책 지원 등이 미국 무역 적자의 원인이며 미국의 경제안보를 해친다는 점을 들었다. 이에 따라 2025년 8월 1일부터 한국과 일본산 모든 제품에 대해 일률적으로 25%의 고율 관세를 부과하겠다고 천명하였다.[45]

---

45) 2025.7.23. 일본에 대한 상호관세는 일본이 쌀 시장 등을 개방하고, 5,500만 달러 이상을 대미 투자하는 것을 제안하여 15%로 확정되었다고 발표되었다.

특히 한국의 경우 이미 지난 4월 25% 관세 부과가 유예되었기에 세율에 큰 변화는 없지만, 일본은 기존 24%에서 1%p 인상된 25%로 조정되었다가 15%로 확정되었다. 여기에 말레이시아, 카자흐스탄은 25%, 남아프리카공화국은 30%, 라오스와 미얀마는 무려 40%의 고관세가 적용되면서, 미국은 본격적인 다국적 관세 압박을 시작하였다.

트럼프 미 대통령은 "해당 국가의 기업들이 미국 내에서 직접 제조와 생산을 하면 무관세 혜택을 부여하겠다"고 밝히며, 이는 사실상 자국 내 제조업 유턴(리쇼어링)을 강제하려는 조치로 해석된다. 더불어 "미국의 이번 결정에 대해 상대국이 보복 관세로 대응할 경우, 상호관세 외에 추가적인 보복관세도 부과할 것"이라고 경고하였다. 미국으로 생산을 이전할 경우 각종 인허가 절차도 신속히 처리하겠다는 입장을 밝혀, 친기업적인 행정지원 약속도 함께 내걸었다.

트럼프 미 대통령은 협상의 여지를 열어두기도 했다. 한국과 일본이 무역 불균형을 해소하려는 태도를 보이면, 이번 관세율은 상향도 하향도 가능하다고 언급하였다. 이는 명시적인 '협상용 압박 카드'로 활용하려는 의도가 읽힌다.

이처럼 트럼프 2.0의 상호관세 체계는 단순한 관세 정책을 넘어 미국이 특정 국가에 대한 경제·안보적 우위를 확보하려는 전략적 방식이다. 한국은 물론 동맹국들조차 예외가 될 수 없는 변화다. 이제 한국 기업과 정부는 공급망 재조정, FTA·관세 협상 전략, 재정·조세 역량 강화 등을 통해 대응해야 할 긴박한 과제에 직면하게 되었다.

상호관세 적용 제외 대상: 미국이 말하는 '예외의 논리'

트럼프 2기 행정부는 2025년 4월 9일, 모든 국가의 수입품에 대해 기본 10%의 상호관세(Reciprocal Tariffs)를 부과하겠다고 발표하면서도, 일부 품목에 대해서는 '예외'라는 단어를 꺼내들었다. 이러한 예외 설정은 미국의 산업 보호와 무역 전략의 실리를 동시에 추구하기 위한 일종의 '유연한 보호주의' 전략으로 이해할 수 있다. 다시 말해, 무차별적 관세 폭격이 아닌 '선택적 관세 폭격'인 셈이다.

이 장에서는 미국이 어떤 품목을 상호관세에서 제외했는지, 그리고 그 배경에는 어떤 경제적·외교적 이해관계가 숨어 있는지를 흥미롭게 들여다보자.

● 50USC 1702(b)의 적용을 받는 물품

우선, 미국은 자국 안보를 명분으로 규정한 법률인 국제비상경제권법[46](IEEPA, 50 U.S.C. §1702[b])의 적용을 받는 물품을 상호관세에서 제외하기로 하였다. 이 법률은 특정 국가에 대한 제재나 군사적 긴급조치 시 수출입을 제한하거나 보호할 수 있도록 설계된 법인데, 여기에는 군사 장비, 통신 보안장치 등 민감한 전략물자가 포함된다. 예를 들어, 이란이나 북한처럼 제재 대상국에 대한 특정 기술 수출은 여전히 금지되며, 미국 역시 이를 역으로 수입 제한의 명분으로 삼지 않겠다는 것이다.

---

46) IEEPA(1977년 제정)는 대통령이 "이상하고 비정상적인 위협"(국가안보·외교·경제)을 근거로 국제 거래·자산 동결·수입·수출 제한 등 긴급 경제 조치를 단독으로 취할 수 있도록 권한을 부여한 법이다. 긴급 선언 필요하며, 의회에 6개월마다 보고해야 하고 연 단위 재승인이 필요하며, 식량·의약품 등 인도주의 제외 조항이 있다. 전통적으로 제재 수단으로 사용되었으나, 최근 트럼프 전 대통령은 이를 근거로 전례 없는 글로벌 관세 조치를 시행하면서 법적 논란과 소송이 이어지고 있다.

- 무역확장법 232조(Section 232)에 따라 이미 관세가 부과된 철강·알루미늄, 자동차 및 부품

이미 관세를 부과한 품목에 중복으로 상호관세를 덧씌우는 건 '정치적 부담'과 'WTO 분쟁'을 동시에 유발할 수 있기 때문에, 미국은 철강, 알루미늄, 자동차 및 부품을 상호관세 부과 대상에서 제외하였다. 예컨대, 한국 철강과 알루미늄의 경우 이미 50% 고율 관세 또는 수입쿼터가 적용 중이며[47], 일본·독일 자동차 역시 232조에 따라 '국가안보' 명분 하에 조사·통제되고 있다.

즉, 미국은 한 번 때린 나라에게 다시 한 번 관세를 매기기보다는, 이미 제재를 가한 품목에 대해서는 중복 규제를 피하고 있다. 이는 정치적 협상 여지를 남겨두고, WTO의 보복 가능성을 줄이려는 전략으로 해석된다.

- 구리, 의약품, 반도체, 목재 제품

미국은 구리·의약품·반도체·목재 같은 전략물자와 필수품에 대해서도 상호관세를 적용하지 않겠다고 밝혔다. 특히 반도체는 글로벌 공급망 재편 과정에서 미국이 한국, 대만, 일본 등의 동맹국과 '함께 가자'는 메시지를 보내고 있는 분야이다. 미국 내 TSMC, 삼성전자, 인텔의 투자도 이와 무관하지 않다.

---

47) 트럼프 미국 대통령은 2025..5.30.(현지시간) 미국으로 수입되는 외국산 철강·알루미늄 제품에 부과 중인 25%의 관세를 50%로 인상하겠다고 밝힘에 따라 현재 25%의 관세로 타격을 받고 있는 한국의 철강업계의 수출 상황은 더욱 힘들어질 전망이다.

한편 의약품의 경우 미국 내 수급 불안과 고령화 문제, 코로나19의 경험 등이 반영되어 있다. 자칫 관세를 매겼다가는 국민 건강 문제로 번질 수 있기 때문에, 정치적 부담을 줄이고자 한 조치로 해석된다.

● 향후 232조 대상이 될 수 있는 품목

상호관세 예외 대상에는 다소 모호한 표현도 포함되어 있다. 바로 향후 무역확장법 232조의 적용 대상이 될 수 있는 품목이다. 이것은 한마디로 '미래를 위한 보험조항'이라 볼 수 있다.

이를 통해 미국은 필요한 경우에는 언제든지 전략산업에 대해 232조를 다시 꺼내들 수 있도록 여지를 남기면서, 현재는 상호관세에서 제외함으로써 명분과 실리를 모두 확보하는 유연한 자세를 취한 셈이다.

● 금괴 (Gold Bullion)

의외로 '금괴'도 예외 대상에 포함되었다. 이는 국제 금융시장과 연결된 전략적 판단에서 비롯된 것이다. 금괴는 국제결제, 중앙은행 준비자산, 자산방어 수단 등으로 널리 활용되며, 국가 간 이동이 잦은 품목이다.

이러한 금에 일괄적으로 관세를 매긴다면 국제 금융시장의 불안정성이 커질 수 있고, 미국 달러의 기축통화로서의 위상에도 영향을 미칠 수 있다. 따라서 금은 관세 부과에서 예외로 분류되었다.

● 미국에서 구할 수 없는 에너지 및 특정 광물

셰일오일로 에너지 지배를 선언한 미극이지만, 리튬, 희토류, 니켈, 코발트 같은 일부 핵심 광물은 여전히 외국에 의존하고 있다. 특히 이들 광물은 전기차 배터리, 반도체, 인공지능 컴퓨터 등에 사용되는 필수 재이다.

따라서 미국은 자국 내 생산이 어렵거나 기술적으로 불가능한 에너지 및 특정 광물에 대해 상호관세를 면제하면서, 공급망 안정성을 확보하려 하고 있다. 한국·호주·캐나다 등 동맹국에서 수입되는 광물에 대한 부담을 줄여야 산업전략이 무너지지 않기 때문이다.

● 90일간 상호관세 유예 조치

미국 정부는 2025년 4월 9일, 상호관세 발표와 함께 '90일 유예 기간'을 선언하였다. 즉, 국가별로 즉시 관세를 적용하지 않고 기본 10% 관세만 일괄 적용한 뒤, 협상을 통해 개별 조정하겠다는 의도를 보였다.

이는 단순한 유예가 아니라, '관세를 무기로 한 외교 협상'의 출발점이다. 각국은 이 90일 안에 미국과의 무역 흑자, 보조금, 세금 제도 등을 조율하거나 양보해야 상호관세율을 낮출 수 있는 기회를 얻는다. 반대로 아무런 협상을 하지 않으면 더 높은 상호관세율이 부과될 가능성도 있다는 경고가 된다.

정리하자면, 트럼프 2기 상호관세 정책은 모든 국가에 똑같이 적용되는 '획일적 보호주의'가 아니다. 오히려 예외를 설정하고, 유예 기간을 주면서 외교적 공간을 마련하는 전략적 조합이다. 이는 미국이 스스로의 공급망과 산업생태계, 외교관계를 세밀하게 조정하고 있다는 방증이며, 한국을 비롯한 동맹국 기업들은 이 같은 '예외의 논리' 속에서 살아남을 전략을 세워야 하는 시점에 다다른 셈이다.

5 철강·알루미늄 관세 부과

2025년 3월 12일 자정, 미국은 다시 한 번 세계 무역 질서를 흔드는 중대한 조치를 단행하였다. 미국 상무부와 무역확장법 제232조에 근거하여, 모든 국가로부터 수입되는 철강·알루미늄 및 그 파생 제품에 대해 25%의 고율 관세를 부과하기로 발표한 것이다. 또한 트럼프 대통령은 2025년 6월 3일 외국산 철강, 알루미늄 제품에 대한 관세율을 25%에서 50%로 인상하는 포고문에 서명하였으며 이 관세는 포고문에 적시된 대로 6월 4일부터 공식 발효됐다.

이 조치는 단순한 보호무역 정책이 아니다. 미국은 '국가 안보'를 전면에 내세웠다. 트럼프 행정부는 미국 내 제강(steelmaking)과 제련(smelting) 산업의 쇠퇴가 군수산업, 인프라, 에너지, 반도체 등 핵심산업의 공급망 안정성을 위협한다고 주장했다. 즉, 철강과 알루미늄이 단순한 산업재가 아닌 '국가안보를 지탱하는 전략물자'라는 논리를 들고 나온 것이다.

미국산 '제강·제련 제품'만 예외

이번 조치에서 특이한 점은 미국 내에서 제강(melt and pour), 주조(cast and smelt)된 제품만 관세 예외를 적용한다는 점이다. 다시 말해, 미국에서 철을 녹이고 부어 만든 철강, 미국에서 알루미늄을 제련한 제품만이 관세 부과에서 자유로울 수 있다.

이는 해외 생산품을 국내 생산으로 대처하려는 트럼프 행정부의 뚜렷

한 의지를 반영한다. 미국에서 생산한 제품은 살리되, 해외 공급망에 의존하는 구조는 '벌금(관세)'을 물리겠다는 것이다.

기존 면제는 유지, 새로운 면제는 없다

미국 상무부는 이번 조치를 발표하면서 앞으로 추가 면제는 승인하지 않겠다고 천명하였다. 다만 과거에 개별 기업이 신청해 승인받은 제품별 면제(product exclusion)는 유효기간이 끝나거나 면제된 수입량이 소진될 때까지만 유지된다. 따라서 기존 면제 대상 기업들도 조만간 관세 부담을 피할 수 없게 된다.

일반 허가 예외조항(GAE)도 전면 폐지

이보다 더 큰 파장은, 그동안 국방, 자동차, 반도체, 항공 등 미국 산업에 꼭 필요한 품목에 적용되던 '일반 허가 예외(General Approved Exclusion)' 조항을 전면 폐지한 점이다.

이전에는 '미국에서 대체 공급이 어려운 제품'의 경우, 일부 철강·알루미늄 품목은 관세를 면제받을 수 있었다. 하지만 이제 이런 예외 규정은 폐지되었으며, 미국 공급망에 맞추지 않으면 누구든 관세를 내야 하는 구조로 바뀌었다.

90일 내 파생 제품 확대…맥주 캔, 세탁기도 예외 아냐

상무부는 3월 12일자 포고령에서 90일 이내에 추가 파생 제품 목록을 발표하겠다고 밝혔다. 즉, 단순히 철강과 알루미늄 원자재에 그치지 않고, 이 원자재를 이용한 2차 가공품까지 관세 대상이 확대될 수 있다는 의미다.

실제로, 4월 2일 미국 산업안보국(BIS)은 맥주 및 빈(empty) 알루미늄 캔도 관세 대상에 포함한다고 발표했다. 이 조치는 4월 4일부터 시행되며, 알루미늄을 사용하는 식음료 산업 전반에도 파급력을 미치게 되었다.

또한 2025년 6월 12일 냉장고와 건조기, 세탁기, 식기세척기, 냉동고, 조리용 스토브, 레인지, 오븐, 음식물 쓰레기 처리기 등이 파생상품에 포함되었으며 6월 23일부터 철강 및 알류미늄 파생상품에 대한 관세가 적용되었다.

[표] 2025.6.23. 철강 파생제품 목록에 추가된 가전제품 8개 품목군

연번	추가품목군	미국 관세 품목분류번호
1	냉장고 (combined refrigerator-freezer)	8418.10.00
2	건조기 (small and large dryers)	8451.21.00 / 8451.29.00
3	세탁기 (washing machines)	8450.11.00 / 8450.20.00
4	식기세척기 (dishwashers)	8422.11.00
5	체스트형 직립형 냉장고 (chest and upright freezers)	8418.30.00 / 8418.40.00
6	쿠킹 스토브, 레인지, 오븐 (cooking stoves, ranges, and ovens)	8516.60.40
7	음식물처리기 (food waste disposals)	8509.80.20
8	용접 와이어 랙 (welded wire rack)	9403.99.9020

관세국경보호청(CBP)의 강력한 집행 예고

미국 관세국경보호청(CBP)은 이 조치를 뒷받침하기 위해, 수입 철강 및 그 제품에 대한 품목분류 심사를 강화하겠다고 예고했다. 만약 관세를 회피하거나, 품목을 잘못 분류한 사례가 적발될 경우 최대한도의 벌금을 부과하겠다는 방침이다.

[표] 트럼프 2.0 철강 알루미늄 관세 부과 조치 경과

날짜	주요 조치 내용
2025.03.12.	철강·알루미늄 및 파생 제품 전체에 대해 25% 관세 전격 부과 시행 시작
2025.03.12.	미국 내 제강·제련 제품만 예외 적용 발표
2025.03.12.	GAE(일반 허가 예외) 전면 폐지 공표
2025.04.02.	알루미늄 캔(맥주 포함)에 25% 관세 부과 발표
2025.04.04.	알루미늄 캔 관세 조치 발효
2025.06.04.	철강·알루미늄 및 파생 제품 전체에 대해 25% 관세 상향(도합 50%)
2025.06.12.	냉장고 등 제품 파생제품 목록 추가
2025.06.~	추가 철강·알루미늄 파생제품 목록 발표 예고

이처럼 트럼프 2기 행정부는 안보 논리를 방패로 내세워 철강·알루미늄에 대한 고율 관세를 무차별적으로 확대 적용하고 있다. 이번 조치의 핵심은 '미국에서 만들어야 살아남는다'는 메시지를 모든 외국 기업에게 던지고 있다는 점이다. 한국의 포스코, 현대제철, 롯데알루미늄을 비롯한 수출기업은 이러한 움직임에 능동적으로 대응할 필요가 있으며, 공급망의 미국 내 이전 또는 현지 생산 확대를 전략적으로 검토해야 하는 시점이다.

6 자동차 및 부품에 대한 관세 부과

트럼프 2기 행정부는 '미국 우선주의(America First)' 기조를 더욱 강하게 밀어붙이며, 자동차 산업을 국가안보와 제조업 부흥의 핵심 산업으로 규정하였다. 그 결과, 2025년 4월 3일을 기점으로, 수입 자동차와 자동차 부품에 대해 대대적인 관세 부과 조치를 단행하게 되었다.

이 조치는 단순히 특정 국가를 겨냥한 것이 아니라, 미국 외 모든 국가에서 생산되어 수입되는 승용차, SUV, 크로스오버, 미니밴, 경트럭, 카고밴 등 각종 승용차와 더불어, 엔진, 변속기, 파워트레인 부품 등 주요 자동차 부품까지 포함하는 포괄적인 조치였다. 기본 세율은 25%로 책정되었으며, 이는 트럼프 대통령이 과거 2018년에도 시사했던 자동차에 대한 '무역확장법 232조 적용' 계획을 실현한 것이다.

1단계: 4월 3일 시행 - 완성차 관세 부과 개시

2025년 4월 3일 0시를 기해, 자동차 완성품에 대한 관세 부과가 시작되었다. 자동차 업계에서는 즉각적인 대응이 어려웠다. 미국 소비자들의 주요 수입 모델인 일본, 독일, K-Origin(한국산) 차량들이 대부분 관세 대상에 포함되었고, 이에 따라 딜러들은 가격 인상과 수요 위축이라는 이중고를 겪게 되었다.

한국의 현대·기아차는 미국 내 생산 비중을 높이고 있었지만, 여전히 SUV 등 일부 모델은 국내 공장에서 생산되어 수출되는 구조였기에 직접적인 타격을 받았다. 특히 '팰리세이드', '투싼' 등의 인기 수출 차종이 대상에 포함되며, 미국 시장 내 경쟁력이 하락하게 되었다.

2단계: 5월 3일 한도 - 부품 관세 확대 적용

자동차 부품에 대한 관세는 약간의 유예기간을 두고 적용되었다. 연방 관보(Federal Register)에 명시된 일정에 따라, 늦어도 2025년 5월 3일까지는 모든 수입 자동차 부품에 대해 25%의 고율 관세가 일괄적으로 부과되도록 조치가 이행되었다.

부품 수입에 의존하던 미국 내 조립공장들은 즉각 반발했다. 미국 내 완성차 공장들도 상당수 부품을 멕시코, 한국, 일본 등지에서 수입하고 있었기 때문이다. 하지만 트럼프 행정부는 예외를 인정하지 않았다.

USMCA 예외 및 '미국산 내용물' 기준 도입

다만, 미-멕시코-캐나다 협정(USMCA)[48]을 통해 수입되는 자동차 및 부품에 대해서는 예외 조항이 설정되었다. 완성차 기준으로 미국산 부품의 가치가 일정 기준 이상이면 관세를 면제하고, 그 미만인 경우 비미국산 내용물(value of non-U.S. content)에만 관세를 부과하는 방식이다.

예를 들어, USMCA를 충족하는 캐나다, 멕시코산 자동차 중 미국에서 일부 부품을 생산하고, 나머지부품을 비 미국산으로 제조한 차량이

---

48) USMCA(미국-멕시코-캐나다 협정)는 NAFTA(북미자유무역협정)를 대체하여 2020년 발효된 새로운 무역협정으로, 자동차 원산지 기준 강화, 디지털 무역 규정 신설, 노동·환경 기준 강화 등을 핵심 내용으로 담고 있다. 미국은 이를 통해 자국 산업 보호와 무역 균형 회복을 목표로 하며, 특히 자동차·농업·지식재산권 분야에서 자국에 유리한 규정을 도입하였다.

라면 비 미국산 가치 부분만 관세가 적용된다. 그러나 이마저도 까다로운 심사 기준이 동반된다.

미국 관세국경보호청(CBP)은 수입자가 미국산 부품의 비중을 부풀려 신고하는 사례를 방지하기 위해, 신고 내용이 부정확하다고 판단되면 전체 차량 가치에 대해 관세를 부과하고, 소급 적용도 가능하다는 방침을 명시하였다. 이는 사실상 신고자의 책임을 극단적으로 강화한 조치이며, 기업들의 위험 회피 행위를 강하게 경고한 셈이다.

트럼프식 논리와 자동차 산업의 변화

트럼프 전 대통령은 이 같은 고율 관서 정책에 대해 우리는 더 이상 공정하지 않은 무역을 받아들이지 않겠다며, 미국 내 자동차 생산 비율을 높이는 것이 궁극적인 목표임을 분명히 했다. 그는 특히 일본과 한국, 독일을 지목하며 미국 시장은 그들에게 열린 시장인데, 그들은 우리에게 그렇게 하지 않는다고 주장하였다.

실제로 일본은 2023년 기준 미국산 차량에 2.5%의 관세를 부과하고 있었으며, 미국산 자동차는 한국에서 시장점유율이 낮은 반면, 한국산 자동차는 미국 시장에서 판매가 많은 상황이었다. 이러한 불균형을 시정한다는 명분으로 상호관세(Reciprocal Tariff)라는 개념이 등장하였고, 이는 전통적인 자유무역 원칙과 정면으로 배치되는 조치였다.

이처럼 트럼프 2기 행정부의 자동차 및 부품에 대한 관세 조치는 단순한 무역정책이 아니라, 대내적으로는 제조업 회복과 고용 확대를, 대외적으로는 통상 압박과 협상 지렛대로 활용되는 복합적 수단이었다.

한국을 비롯한 동맹국 기업들에겐 명확한 메시지였다. 미국에서 만들거나 관세를 내라는 것이다. 그리고 이는 향후 한미 FTA 운영과 산업 전략에까지 큰 영향을 미칠 수밖에 없다.

7 자동차 부품에 대한 관세 인하 혜택 발표 – 숨통을 틔운 4월 29일의 조치

2025년 4월 3일, 트럼프 2기 행정부는 수입 자동차와 부품에 대한 전면적인 고율 관세 부과를 전격 시행하였다. 미국 내에서 조립되든, 해외에서 조달되든 자동차 산업 전반은 막대한 부담을 안게 되었고, 글로벌 공급망에 의존해 온 현대·기아차, 도요타, BMW 등 주요 완성차 제조업체들은 곧바로 원가 상승과 소비자 가격 인상이라는 난제를 떠안게 되었다.

하지만 그로부터 한 달도 채 되지 않은 2025년 4월 29일, 백악관과 상무부는 뜻밖의 완화 조치를 발표하게 된다. 일정 조건을 만족하는 자동차 부품에 한해 관세 인하 혜택을 제공하겠다는 내용이었다. 트럼프 행정부는 '미국 내 조립을 유도하겠다'는 목표는 유지하되, 자동차 산업 전체가 무너지는 것을 막기 위해 부분적 숨통을 열어준 셈이었다.

미국에서 조립된 자동차를 기준으로 한 새로운 인센티브

핵심은 '미국 내에서 조립된 자동차'였다. 정부는 미국 내에서 생산 또는 조립된 자동차에 한해, 그 자동차를 구성하는 수입 부품의 가치

중 일정 부분에 대해 관세 인하 혜택을 제공하겠다고 발표하였다.

정확히는 다음과 같다.

- 2025년 4월 3일부터 2026년 4월 30일까지는 미국에서 조립된 자동차에 사용된 부품 중 총 가치의 15%에 해당하는 부품에 대해 부과된 관세를 3.75%만큼 상계할 수 있는 신청 자격을 부여하였다.
- 이어서 2026년 5월 1일부터 2027년 4월 30일까지는 동일한 방식으로 2.5%의 관세 상계 혜택을 연장 적용하겠다고 발표하였다.

즉, 미국 내 생산시설을 운영하거나 조립 라인을 돌리고 있는 제조업체들은 해당 조건을 충족시키는 경우, 일정 비율만큼 관세 부담을 덜 수 있게 되었다. 이는 고율 관세에 따른 충격을 흡수할 수 있는 재정적 쿠션 역할을 기대한 조치였다.

제조업체를 위한 신청 절차와 보완 조치

하지만 이 인센티브가 무조건적인 혜택은 아니었다. 상무부와 재무부, 그리고 관세국경보호청(CBP)은 이어 대한 엄격한 절차와 감시 체계를 곧바로 수립하였다.

1. 제조업체는 신청서를 30일 이내에 제출해야 하며, 미국 내에서 조립된 자동차의 MSRP(제조사 권장 소비자 가격)를 기준으로 관세 인하분을 계산하게 된다.
2. 상무부 장관은 이러한 신청을 접수·검토하고, 적절한 경우 관세국경보호청(CBP)에 수입 조정 상계 금액(adjustment offset amount)

을 통보하여 실제 관세 부담을 조정하도록 하였다.

3. 만약 수입자가 실제 승인받은 금액보다 과도하게 조정 금액을 청구하거나 부당하게 수령한 경우, 관세국경보호청(CBP)은 법이 허용하는 최대 수준의 벌금을 부과할 수 있다고 명시하였다.

이러한 체계는 트럼프 행정부가 보조금이나 관세 혜택을 남용 없이, 정확한 산업 활성화 목적에만 쓰도록 하기 위한 장치였다. 자칫 자동차 산업에 대한 관세 면제로 비칠 수 있는 조치를 사전 차단하려는 계산도 깔려 있었다.

미국 자동차산업 보호냐, 글로벌 공급망 유지냐

이번 조치는 자동차 산업의 글로벌화 현실을 감안한 현실적 절충안이었다. 전면적인 고율 관세로 산업을 압박하되, 미국 내에서 조립된 차량에 대해서는 인센티브를 제공함으로써, 글로벌 기업들에게 미국 내 공장 확대를 유도하겠다는 것이다.

결국 이 조치는 단기적으로는 수입 부품 의존도가 높은 기업들의 숨통을 틔워주면서도, 장기적으로는 미국 내 생산기지 확대를 압박하는 정책적 도구로 활용될 가능성이 높다.

트럼프식 무역정책의 핵심은 항상 같았다. 무조건적인 시장 개방이 아니라, 공정하고 상호적인 거래, 그리고 '미국에서 생산할수록 혜택이 커진다'는 구조적 유도가 핵심이었다.

이러한 관세 인하 혜택은 수입 자동차 부품에 의존하는 글로벌 자동차 기업들에겐 일종의 '당근'이자 '감시된 자율권'이었다. 무조건 막는 것이 아니라, 조건을 달고 허용하는 방식. 이것이 바로 트럼프 2기의 자동차 산업 대응 전략이자, 한미 무역질서 재편에 중대한 영향을 미치는 복선으로 작용할 것이다.

8 중국산 소액 수입품에도 예외 없다 – 드디어 종료된 '800달러 면세'

2025년 4월 2일, 트럼프 2기 행정부는 중국과 홍콩발 소액 수입품에 대한 면세 혜택을 공식적으로 종료한다고 전격 발표하였다. 그간 800달러 이하의 수입품은 세관 신고 없이 세금도 면제되는 'De Minimis (소액면세)' 제도 덕분에, 중국산 저가 물품이 수많은 전자상거래 플랫폼을 통해 미국 소비자에게 쏟아져 들어왔다. 대표적으로 Shein, Temu, AliExpress 등 중국계 플랫폼은 이 제도를 십분 활용하여 빠르고 싸게 미국 시장을 공략해 왔다.

그러나 트럼프 행정부는 중국산 저가 물품이 미국 내 제조업과 소매업을 위협하고 있다며, 이 면세 제도가 더 이상 '미국의 이익'을 보장하지 못한다고 판단하였다. 그렇게 2025년 5월 2일부로, 중국과 홍콩에서 수입되는 모든 제품은 800달러 이하라도 더 이상 면세되지 않도록 조치가 내려졌다.

왜 De Minimis 종료가 '중국만' 겨냥되었을까?

De Minimis 제도는 본래 물품 가액이 적고 복잡한 통관 절차가 필

요 없는 경우를 대상으로 한 간편한 면세 방식이었다. 미국 소비자에게
는 가격 메리트가 컸고, 관세당국 입장에서도 소액물품에까지 인력을
들여 정식 통관 절차를 진행하는 건 비효율적이었다.

하지만 이 제도를 가장 공격적으로 활용한 국가가 바로 중국이었다.
미국 정부는 이 점을 명확히 지적했다.

- 중국은 De Minimis를 통해 수많은 저가물품을 미국에 수출함으로
  써 공정 경쟁을 훼손하고 있다.
- 중국산 제품은 면세 혜택을 이용해 미국산 제품보다 압도적으로 싼
  가격에 유통되고 있으며, 이는 미국 내 소규모 제조업체와 유통업
  체에 심각한 타격을 주고 있다.

이에 따라 미국 정부는 더 이상 관세 회피 루트를 방치할 수 없다는
입장을 고수하였고, 중국 및 홍콩을 제외국으로 설정하여 가장 먼저
De Minimis 종료를 단행하게 되었다.

시행 내용과 절차: 우편물이냐, 일반화물이냐에 따라 달라지는 관세

미국 정부는 물류 경로에 따라 두 가지 기준을 적용하였다.

1. 국제우편망(International Postal Network)을 통하지 않은 경
   우 → 중국·홍콩발 모든 800달러 이하 물품에도 관세가 전면 부
   과되며, 통관절차가 필요하다.
2. 국제우편망을 통한 수입물품의 경우 → 기존에는 완전 면세였으
   나, 가치의 54% 또는 품목당 $100 중 운송업체가 선택한 방식에

따라 관세를 부과하게 되었다.

즉, 이제 소비자는 800달러 이하라그 하더라도 관세를 납부해야 하고, 해당 품목에 대한 정식 신고도 필요하게 된 것이다.

또한 우편물 운송업체는 배송 정보를 관세국경보호청(CBP)에 실시간으로 보고해야 하며, 일정 보증금을 납부해야 관세 통과가 허용된다. 관세국경보호청(CBP)은 필요시 모든 우편물에 대해 정식 통관(Formal Entry)을 요구할 수 있게 되었다. 사실상 중국발 소액 전자상거래 물품은 이제 '세금 없는 천국'이 아닌 엄격한 과세 대상이 된 셈이다.

향후 확대 가능성 - 마카오산 제품까지?

이번 조치의 여파는 중국과 홍콩에만 국한되지 않을 가능성이 제기되고 있다. 미국 상무부 장관은 대통령 명령에 따라 90일 이내에 본 조치가 시장에 미치는 영향을 평가한 뒤, 마카오산 제품에까지 확대 적용할 수 있을지를 판단하여 대통령에게 보고할 예정이다. 이는 중국과의 사실상 '관세 전면전'의 확장 신호로 해석되며, 향후에는 동남아시아산 제품에까지 적용 범위가 넓어질 가능성도 배제할 수 없다.

미국 소비자 중심에서 미국 산업 중심으로

트럼프 2기 행정부의 De Minimis 종료 조치는 단순한 관세 정책 변경이 아니라, 무역 질서 자체를 재설계하는 상징적 조치로 읽힌다. 저가 수입품을 값싸게 즐기던 소비자 편익보다, 장기적으로 미국 내 제조 기반을 살리는 산업 전략에 초점을 맞춘 것이다.

이러한 흐름은 결국 미국에 생산거점을 두고, 미국 노동자를 고용하고, 미국 소비자에게 파는 기업에 유리한 방향으로 정책이 설계되고 있다는 것을 뜻한다. 이는 미국과 FTA를 체결한 한국 기업에게도 단순히 물건을 수출하는 것을 넘어, 미국 안에서 생산·조립·고용까지 고려하는 전략이 필수가 되고 있음을 보여준다.

이처럼 2025년 De Minimis 종료는 관세정책 그 자체를 넘어서, 미국 통상정책의 방향 전환을 알리는 이정표로 기록될 것이다.

트럼프 2.0 관세 정책의
충격파와 불확실성

1 관세 부과에 대한 지지와 반대가 공존하다

트럼프 행정부의 관세 정책은 명백한 목적을 갖고 출발했다. 미국 우선주의(America First)라는 슬로건 아래 미국 내 제조업을 부흥시키고, 외국의 불공정 무역 관행을 바로잡겠다는 강력한 의지가 담겨 있었다. 하지만 실제 관세 부과가 단행되자, 미국 내 산업계 반응은 결코 일방적이지 않았다. 오히려 지지와 반대의 목소리가 팽팽히 맞섰다.

철강협회는 전폭 지지를 표명하다

먼저 가장 강력한 지지자는 미국 철강산업계였다. 미국철강협회(AISI)는 철강 25% 관세 부과를 '미국 철강산업 생존의 분기점'이라고 평가하며, 관세가 없었다면 중국과 같은 외국 철강이 값싼 가격으로 미국 시장을 장악했을 것이라고 주장했다. 철강협회 회장은 다음과 같은 메시지를 내놓았다.

"관세는 단기적인 수단이 아닌 전략적인 조치이며, 특정 국가나 품목에 국한되지 않고 미국 전체 산업을 보호하는 올바른 방향이다. 미국 철강산업이 다시 숨을 쉬기 시작했다."

이러한 반응은 관세 이후 미국 내 철강공장이 재가동되거나 생산량이 증가하는 흐름을 반영한 것이기도 하다. 실제로 미국 내 일부 철강 생산업체는 2019~2021년 사이 감산 기조에서 벗어나 신규 채용을 늘리기도 했다.

알루미늄 업계는 신중한 우려를 표명하다

반면, 알루미늄 업계의 반응은 달랐다. 미국 내 알루미늄 가공업체와 사용자 기업들은 관세로 인해 가격이 상승하면서 원가 부담이 증가했다고 호소했다. 특히 포장재와 캔 산업에 관세가 직접 영향을 미쳤다. 미국 캔제조협회(CMI)는 알루미늄 관세로 인해 맥주, 청량음료 등의 캔 포장 비용이 상승했고, 이는 결국 소비자 가격 인상으로 이어졌다고 비판했다. "알루미늄 관세는 소비자에게 숨겨진 세금이다. 우리는 더 비싼 자재를 써야 하고, 이는 미국 국민이 부담하게 된다."는 입장이다. 또한 중소 제조업체들은 "대체재가 없거나 적은 알루미늄 부품의 경우, 관세가 그대로 생산비용 상승으로 이어져 경쟁력을 잃을 수 있다"고 우려했다.

항공우주산업은 관세 제외를 요청하다

항공기 제작과 정비 분야에서도 반발이 적지 않았다. 항공사, 정비소(MRO)[49], 항공기 부품 공급업체들을 대표하는 산업단체는 트럼프 행

---

49) 정비소(MRO, Maintenance, Repair and Overhaul)는 항공기나 산업 설비 등의 유지보수, 수리, 정비 및 개조 작업을 전문적으로 수행하는 시설 또는 서비스를 말한다.

정부에 "항공우주 부문만큼은 관세 대상에서 제외해달라"고 요청했다.

그들은 알루미늄이 항공기 제작의 핵심 원자재임을 강조하며, 멕시코와 캐나다 등에 위치한 부품 생산 네트워크가 붕괴될 경우 항공산업 전체가 큰 타격을 받을 것이라고 경고했다. 실제로 AeroDynamic Advisory는 관세로 인해 항공우주 산업의 연간 비용이 최대 50억 달러까지 증가할 수 있다고 분석했다.

이외에도 다양한 산업이 찬반을 표시하다

철강이나 항공 분야 외에도 다양한 산업에서 관세 정책에 대한 목소리가 분출되었다. 미국의 일부 산업은 수입산에 의존하는 특성상 관세 부과가 오히려 자국 산업에 손해라는 주장을 펼쳤다. 예를 들어, 다음과 같은 업종에서 이익 혹은 피해 우려가 제기되었다.

- **미국 어업:** 해외산 어류 제품에 관세를 요구, 자국산 소비 촉진 기대
- **잼·젤리 제조업:** 외국산 과일 농축액에 의존하는 중소 식품업체는 관세로 원가 부담 증가 주장
- **크리스마스트리 재배업자:** 중국산 인공트리와 장식품에 관세를 요구하며 자국산 진짜 트리 사용률을 높일 기회라고 주장

이처럼 트럼프의 관세 정책은 미국 산업계 내부에서도 '지원군'과 '피해자'를 동시에 만들어냈다. 산업별, 품목별로 이해관계가 상이하기 때문에 관세 정책에 대한 단일한 평가를 내리기는 어렵다. 그러나 한 가지 분명한 점은 있다. 바로 관세가 미국 경제 전반에 광범위하고 복합적인 파장을 가져왔다는 사실이다.

[표] 트럼프 2.0. 관세 부과에 대한 미국 산업계 반응

구분	지지 산업군	반대 산업군	주요 논거
철강산업	미국철강협회 (AISI)	–	자국 산업 보호, 생산 증가 기대
알루미늄	–	캔 제조업체, 가공업체 등	원자재 가격 상승, 소비자 부담 증가
항공우주산업	–	항공사, 정비소, 부품공급업체 등	알루미늄 원자재 부담, 부품 공급망 위협
식음료/소비재	일부 농업단체 지지	잼·젤리업체, 식품가공업체	수입 원재료 가격 상승 부담
기타	어업(찬성), 트리농가(찬성)	일부 전자·기계 조립 중소기업(반대)	업종별 이해관계 차이

2 미국내 물가 상승 및 경기 침체 우려 확산

트럼프 2.0 행정부의 관세 정책은 보호무역주의의 극대화와 함께 고율 관세 부과를 전면에 내세우고 있다. 이러한 정책 기조는 단기적으로는 국내 제조업의 부흥과 일자리 보호라는 긍정적 기대를 낳기도 하지만, 중장기적으로는 미국 경제 전반에 부담을 가중시킬 수밖에 없다는 우려가 확산되고 있다.

먼저, 주요 투자은행인 골드만삭스는 2025년 트럼프 행정부의 광범위한 관세 부과 조치로 인해 미국의 연간 GDP 성장률이 최대 1%포인트까지 둔화될 수 있다고 경고하였다. 이와 함께 미국 경제의 경기침체 가능성 역시 기존 20%에서 35%로 상향 조정되었다. 이는 관세 인상에 따른 수입가격 상승, 생산비 증가, 소비위축, 투자 감소가 복합적으로 작용할 가능성을 내포한다.

소비자 심리 역시 위축되고 있다. 미국 민간 경제연구기관인 컨퍼런스보드가 발표한 자료에 따르면, 2025년 3월 기준 소비자 경제 전망 지수는 최근 12년 중 가장 낮은 수준으로 떨어졌다. 이는 관세로 인한 물가 상승 우려와 더불어, 실질 구매력이 약화될 수 있다는 시장의 불안을 반영한다.

미국 예일대의 예산분석기관인 Yale Budget Lab은 한 걸음 더 나아가, 트럼프 행정부가 시행 중인 상호관세(Reciprocal Tariffs), 철강·알루미늄 관세, 자동차 및 부품에 대한 고율 관세 등으로 인해 미국 가구당 연평균 약 3,800달러의 추가 비용을 부담하게 될 것으로 예측하였다. 특히 소비자 생활에 밀접한 의류 가격이 최대 17%까지 상승할 것이라는 분석은 서민 경제에 직접적인 타격을 암시한다.

이러한 물가 상승 압력은 통계상 수치로도 뒷받침된다. 금융기관인 Nationwide Financial은 2025년 미국의 인플레이션율이 현재 2.8%에서 최고 4.0%까지 오를 수 있다고 전망하며, 연방준비제도(Fed)의 통화정책에도 부담을 줄 수 있다고 평가하였다.

실물 경제 부문에서도 부작용이 가시화되고 있다. 글로벌 자동차 제조사인 스텔란티스(Stellantis)는 최근 관세 인상에 따른 부품 조달 비용 증가를 이유로, 캐나다와 멕시코 공장의 생산을 일시 중단한다고 발표하였다. 이는 북미 자동차 공급망 전체에 미치는 충격파의 일부일 뿐이다.

미국 건설업계 역시 타격을 받고 있다. 건설협회는 철강·알루미늄·목재 등의 건축자재 가격이 크게 오르면서, 신규 주택 1채당 건설 비용이 평균 9,000달러 이상 증가할 것이라고 추산하였다. 이는 중산층 가계의 내 집 마련 비용 부담을 더욱 심화시키고 있다.

소비재 시장도 크게 요동치고 있다. 13,000개 이상의 가구 매장을 대표하는 홈퍼니싱 협회는 가구류 수입에 대한 관세가 제품 가격을 10%~46%까지 상승시킬 것이라며 정부에 유연한 조정을 요청한 바 있다.

미국 내 수입 물동량의 변화도 이러한 불안을 수치로 보여준다. 물류 데이터 분석업체 vizionapi.com에 따르면, 2025년 4월 28일 기준 중국발 미국행 화물량은 전년 동기 대비 27%, 전주 대비 42.7% 감소하였다. 특히 자동차(HS코드 87), 전자제품(HS 85), 섬유류(HS 63) 등의 주요 품목에서 두 자릿수 감소세를 기록하며, 공급망 위축이 본격화되고 있다.

[표] 트럼프 2.0 관세의 충격파 요약

항목	주요 내용
GDP 성장률	최대 1%p 감소 가능성 (출처: 골드만삭스)
경기침체 확률	20% → 35%로 상향 조정
소비자 심리	12년 내 최저치 (컨퍼런스보드 소비자 지수)
가계 부담	평균 $3,800 추가 부담 (예일대)
의류 가격	17% 상승 가능성
인플레이션	2.8% → 최고 4.0% 예상(Nationwide Financial)
산업 피해	스텔란티스 공장 중단, 건설 비용 $9,000 증가
수입 물동량	중국발 미국행화물량 전주 대비 42.7% 감소

이처럼 트럼프 2기 행정부의 관세정책은 단순히 무역 수지를 개선하는 데 그치지 않고, 미국 경제 전반에 걸쳐 소비자 가격, 산업 경쟁력, 공급망 안정성 등에 중대한 영향을 미치고 있다. 관세는 단순한 경제 수단이 아니라, 국민 생활과 국가 산업 전반에 직결되는 중대한 정책 수단임을 실감하게 되는 시점이다.

3 트럼프 2.0 관세 정책의 불확실성 지속

추가 관세 부과 가능성

트럼프 2.0 시대는 끝없이 이어지는 관세 리스크의 시대라 할 수 있다. 트럼프 미국 대통령은 2025년 3월 30일, 러시아산 석유를 수입하는 제3국에 대해 최대 50%의 2차 관세(Secondary Tariff)를 부과하겠다고 경고하였다. 이는 러시아가 우크라이나 전쟁에서 휴전에 합의하지 않을 경우 취할 수 있는 보복조치로, 단순한 양자 간 통상 이슈를 넘어 국제정치와 외교 정책을 관세의 도구로 활용한 대표 사례라 할 수 있다. 이 조치는 인도와 같은 국가가 타깃을 받을 수 있기에 글로벌 공급망의 불안정성도 더욱 커지게 된다.

한편, 4월 3일에는 트럼프 대통령이 직접 반도체에 대한 관세 부과를 예고하였다. 그는 아주 곧(very soon) 관세가 시작될 것이라며 고율 관세 부과를 암시하였고, 이는 미국 내 반도체 제조업 회귀 정책과 연계된 것으로 보인다. 특히 반도체는 한미 무역의 핵심 품목으로, 한국 기업들에게 큰 불확실성을 주고 있다.

이보다 앞서 4월 1일에는 미국 상무부가 반도체와 의약품이 국가 안보에 미치는 영향을 조사하겠다고 발표하였다. 하워드 러트닉 상무장관은 1~2개월 내에 해당 품목들에 대해 관세 부과가 실제로 시행될 수 있다고 밝혔는데, 이는 트럼프 2기 정부가 관세 정책을 단기 협상 카드가 아닌, 장기적 산업 재편의 수단으로 활용하고 있음을 보여준다.

2025년 2월 25일, 트럼프 대통령은 수입산 구리와 목재에 대해 무역확장법 232조에 근거한 조사를 지시하였고, 4월 1일까지 이해 관계자의 의견을 받는 절차를 개시하였다. 이는 단순히 특정 품목에 국한된 문제가 아니라, 미국의 산업 구조를 새롭게 바꾸려는 보호무역 전략의 일환으로 이해할 수 있다.

미국은 2024년에 약 170억 달러 규모의 구리를 소비하였고, 이 중 45%를 수입에 의존하고 있다. 수입의 35%는 칠레, 26%는 캐나다, 나머지는 멕시코와 페루 등에서 들여오고 있다. 이러한 수입 의존 구조는 '외국 공급망에 대한 의존'이라는 안보 위협 논리와 맞물려, 미국 정부가 구리를 국가 안보 핵심자원으로 간주하게 만든 배경이 된다.

트럼프 행정부는 이러한 자원을 전략 품목으로 묶어, 외국 정부의 보조금, 가격 덤핑, 수출 통제 등의 무역 관행이 미국 산업에 미치는 영향을 전면 조사하고 있다. 시장은 이에 즉각 반응하였다. 골드만 삭스와 씨티그룹 등 주요 금융기관은 올해 말까지 구리에 최대 25%의 관세가 부과될 가능성을 경고하고 있으며, 실제로 선물시장에서 구리 가격이 빠르게 상승하고 있다. 이는 단지 관세 부과의 가능성만으로도 글로벌 공급망과 원자재 시장에 실질적 영향을 미칠 수 있음을 보여주는 사례다.

여기에 더해, 2025년 4월 15일에는 핵심 광물 및 파생제품에 대해서도 무역확장법 232조 조사를 개시하였다. 반도체, 전기차 배터리, 군수 산업 등 첨단 산업의 필수 자원인 리튬, 니켈, 코발트, 희토류 등이 포함될 가능성이 높아, 한국을 포함한 주요 스출국은 경각심을 가질 수밖에 없다.

또 다른 사례로는 베네수엘라산 석유어 대한 관세 부과 조치가 있다. 트럼프 대통령은 2025년 3월 24일, 베네수엘라가 폭력 조직을 미국으로 유입시키고 있다고 주장하며, 베네수엘라산 석유를 수입하는 모든 국가에 대해 전면적인 25% 관세를 부과할 수 있다고 발표하였다. 특히 이 관세는 단지 석유에만 국한되지 않고, 해당 국가가 미국으로 수출하는 모든 제품에 적용되는 보복관세라는 점에서 충격이 크다.

관세는 해당국이 베네수엘라산 석유 수입을 완전히 중단한 뒤 1년이 지나야 해제되며, 필요하다고 판단될 경우 더 일찍 철회될 수도 있다. 이러한 조치는 '국가 간 정치 분쟁을 무역과 연결 지어 강제하는 방식'으로, 사실상 외교와 통상을 혼합한 고압적 전략이라 할 수 있다.

또한 트럼프 행정부는 중국에 대한 관세 회피를 방지하기 위해, 홍콩과 마카오에까지 관세를 확대 적용하겠다고 발표하였다. 이는 환적 (Transshipment)을 통한 우회 수입을 차단하려는 조치로, 앞으로 국가뿐 아니라 경유 지역까지도 관세 대상이 될 수 있음을 시사한다.

이처럼 트럼프 2기의 관세 정책은 기존의 무역규범과 예측 가능한 관세 제도를 완전히 뒤흔들고 있다. 특정 품목에 대한 조사 개시는 단순한 신호에 불과하고, 언제든 실제 관세로 전환될 수 있기 때문에, 한국 기업들은 품목별 리스크를 체계적으로 관리하고, 공급망 다변화 및 대미 전략을 강화해야 할 필요성이 커지고 있다.

이처럼 트럼프 행정부는 특정 품목을 언제든 국가 안보와 연결 지어 관세 부과 대상으로 삼을 수 있기 때문에, 수출입 기업들은 단일 품목에 대한 과도한 의존을 피하고, 관세 리스크를 줄이기 위한 대비책을 마련해야 한다. 특히 반도체처럼 전략적 중요성이 큰 품목은 한미 FTA 상의 예외 규정, 미국의 통관 규칙, 무역확장법 232조 적용 여부 등을 세심히 분석해야 생존 전략을 짤 수 있다.

협상에 따른 관세 인하 가능성

트럼프 2기 행정부의 관세 정책은 전방위적인 강경 노선을 택하고 있지만, 동시에 외교적 협상 여지를 남겨두고 있다. 스콧 베센트 재무장관은 관세 유예 조치가 적용되는 기간 동안 한국, 영국, 호주, 인도, 일본을 '최우선 협상 대상국'으로 지정하였다고 밝혔다. 이는 관세를 일괄적으로 유지하는 것이 아니라, 양자 간 협상의 결과에 따라 차등적으로 조정할 수 있음을 시사하는 중요한 메시지다.

스콧 장관은 각 국가가 가져오는 최선의 제안에 따라 협상은 매우 빠르게 진전될 수 있다고 언급하였다. 이는 관세가 정치적 무기일 뿐 아니라, 거래의 대상이기도 하다는 것을 분명히 드러낸 것이다. 실제로 미국은 영국과의 무역협상에서 가시적인 결과를 만들어냈다. 영국산 자동차는 연간 10만 대까지 미국에서 적용되는 관세가 기존 25%에서

10%로 인하되었고, 영국산 철강과 알루미늄에 대한 25% 관세도 전면 폐지되었다. 물론, 그 하한선으로 대영국 기본 상호관세율인 10%는 유지되지만, 이는 미국이 신뢰하는 동맹국에 대한 경제적 유인책이자, 통상 외교 카드로 해석된다.

또 다른 사례는 미·중 간의 관세협상 잠정합의이다. 미국은 중국과의 무역협상에서 일시적으로 관세를 인하하기로 했는데, 중국산 제품에 대한 평균 관세를 기존 30%에서 15%로, 미국산 제품에 대한 중국의 보복관세는 10%로 낮추는 90일간의 합의가 이루어진 바 있다. 이 협상이 상징하는 바는 단순한 세율 조정에 그치지 않는다. 국가별 관세 수준이 공급망 전반에 미치는 영향이 막대하다는 점을 보여주는 계기였다. 실제로 이 시기 다국적 기업들은 중국 외 제3국 생산기지를 확충하거나, 미국과의 자유무역협정(FTA)을 체결한 국가를 중심으로 공급망을 재조정하였다.

이러한 움직임은 한국에게도 분명한 시사점을 던진다. 한국은 우선 협상 대상국으로 지정되었지만, 협상력이 관세 인하로 직결되려면 '실질적인 카드와 제안'이 필요하다. 예를 들어, 미국 기업의 한국 내 투자 확대, 군사적·안보적 협력 강화, 디지털 무역·기술 보호와 관련된 공조 확대 등이 협상 테이블에서 유리하게 작용할 수 있다.

또한, 트럼프 행정부는 관세 협상을 하나의 '딜(deal)'로 인식하기 때문에, 단기적으로 '얼마를 줄 수 있느냐'가 핵심 기준이 된다. 영국처럼 자동차, 철강, 알루미늄처럼 미국이 경쟁력이 약한 품목에서 실리를 줄 수 있는 방안이나, 상호보완적 분야에서의 경제 협력 로드맵 제시가 필요하다.

만약 한국이 이러한 기회를 적절히 활용하지 못한다면, 관세율을 낮춘 다른 국가에 비해 가격경쟁력을 잃고 미국 시장 내 점유율 하락을 초래할 수 있다. 반면, 전략적 협상에 성공한다면, 한국 기업이 미국 시장에서 안정적이고 예측 가능한 환경을 확보할 수 있으며, 다른 경쟁국보다 유리한 위치를 선점할 수 있게 된다. 예를 들어, 이웃나라 일본의 경우는 트럼프 미 대통령이 미국산 쌀 수입을 거부한 일본에 대해 정면 비판하면서 상호 관세율을 최대 35%까지 인상할 수 있다고 나섰다. 한국에 대해서도 의료보험 약가 제도 개선이나 쌀 시장에 대한 추가 압박이 들어 올 것으로 보고 미리 대비를 하여야 한다.

트럼프 2기 체제에서 관세는 무역장벽이자, 동시에 협상 지렛대가 된다. 한국이 능동적이고 준비된 태도로 협상에 임할 수 있다면, 보호무역이라는 폭풍 속에서도 기회를 창출하는 국가가 될 수 있다.

중국산 선박 등에 대한 항만료 부과 발표

트럼프 2기 행정부는 단순한 상품 수입에 대한 관세 부과를 넘어, 이제는 운송수단인 선박 자체에도 새로운 요금을 부과하는 방식으로 보호무역을 확대하고 있다. 그 대표적인 사례가 바로 2025년 4월 17일 발표된 '중국산 선박 항만료 부과 조치'다.

이번 조치는 미국무역대표부(USTR)가 무역법 301조에 따라 중국 조선산업에 대해 실시한 조사의 결과를 토대로 시행된다. 조사 결과에 따르면, 중국 정부는 국영 조선사에 막대한 보조금을 지급하며 국제 해운 시장 질서를 왜곡하고 있다는 결론에 도달하였다. 이에 따라 미국은 2025년 10월 14일부터 중국과 관련된 선박에 대해 '순톤수(net tonnage) 또는 단위 화물 기준으로 항만료(port fee)'를 단계적으로 부과하기로 하였다. 이 조치는 단순히 중국산 선박에 대한 페널티 차원을 넘어, 중국 조선업에 대한 전방위적 압박을 의미하며, 해운·물류·수출입업계 전반에 상당한 영향을 미치게 될 것이다.

다음은 부과 대상별 항만료요율을 정리한 표이다.

[표] 중국산 선박 등 항만료 부과 기준 및 부과 계획

부과 대상	부과 기준	항만료 수준 및 인상 계획
중국 소유 또는 운영 선박	$50/순톤	매년 $30씩 인상 → 2028년에는 $140/순톤
중국 건조 선박의 운영자	$18/순톤 또는 $120/컨테이너	매년 점진적 인상 예정
외국 조선소에서 건조된 자동차 운반선	$150/CEU (자동차 단위 수용능력 기준)	기존 수수료와 중첩 부과 되지 않음

예를 들어, 중국에서 건조된 대형 컨테이너선이 로스앤젤레스 항에 입항할 경우, 선박의 순톤수가 50,000톤이면 기본 항만료만 250만 달러에 이르게 된다. 여기에 운영자가 중국 국적일 경우, 2028년부터는 동일 선박에 대해 최대 700만 달러 이상을 부담해야 하는 구조다. 또한, 중국 조선소에서 제작된 선박을 일본 또는 싱가포르 해운사가 운영하더라도 예외 없이 항만료가 부과된다.

이처럼 선박의 소유·제조국가와 무관하게 운영자와 건조국 기준에 따라 다층적으로 요금이 부과되는 구조는 공급망 설계에도 큰 변화를 불러오게 된다. 실제로 일본계 해운사는 중국 조선소와의 신조 계약을 전면 재검토 중이며, 한국이나 유럽 조선사로 발주처를 바꾸는 움직임이 활발해지고 있다.

한편, 세계해운협회(WSC)는 이번 조치에 대해 우려의 입장을 밝혔다. 이들은 항만료 부과가 단기적으로는 중국계 선박의 운항 감소를 유도할 수 있지만, 해상운임 인상과 항만 지연 등으로 이어지면서 오히려 미국 내 수입물가를 자극하고 소비자 부담을 증가시킬 수 있다고 경고했다. 또한 중장기적으로는 해운사들의 항로 회피, 항만 우회 등의 비효율을 낳으며, 미국 경제·국가안보에까지 부정적 파급효과를 초래할 수 있다고 강조했다.

트럼프 2.0 정부의 항만료 정책은 전통적인 관세나 보복관세를 넘어서, 무역 물류 인프라 자체를 통제 수단으로 삼겠다는 강한 의지의 표현이다. 한국을 비롯한 수출 중심 국가들로서는 선박 건조지, 항로 설정, 물류비용 등을 철저히 재검토해야 할 시점이다. 단순히 상품 가격만이 아니라, 그것을 나르는 선박의 국적과 제조국까지 관세의 범주에 포함되는 새로운 패러다임이 시작되고 있다.

Chapter

4

트럼프 2.0 정책이 한미 통상질서에 미치는 영향

1 한미 FTA 재협상 또는 탈퇴 위협 가능성

트럼프 대통령은 무역 협정이 미국에 불리하게 작용한다고 판단할 경우, 이를 정치적 협상 카드로 활용하는 데 주저하지 않는 성향을 보여왔다. 특히 한국과의 자유무역협정(FTA)도 예외가 아니며, 재협상 또는 탈퇴를 언급함으로써 상대국의 양보를 이끌어내는 전술을 구사해왔다.

트럼프는 1기 행정부 시절부터 줄곧 미국의 대(對)한국 무역적자를 문제 삼아 왔다. 비록 통계로 보면 한국이 미국에 대한 무역흑자를 기록하면서 수출이 많은 것은 사실이지만 미국 역시 한국에 다양한 고부가가치 제품과 서비스를 수출하고 있어 쌍방향으로 균형적인 무역관계에 가까운 편이다. 하지만 그는 이 수치를 정치적으로 활용 가능한 상징적 수단으로 간주해왔다. 예컨대 2017년, 트럼프 대통령은 공식적으로 한미 FTA 탈퇴를 검토하겠다고 발표하며, 한국 정부에 상당한 긴장감을 조성한 바 있다. 그 결과, 한미 FTA는 미국 요구에 따라 자동차 수입에 대한 규제 완화, 트럭 관세 유예기간 연장 등의 내용을 담은 개정 협정으로 다시 체결되었다.

이러한 전략은 2기에도 반복될 가능성이 높다. 트럼프 대통령의 '협상 스타일' 자체가 일단 탈퇴를 위협한 후, 상대국으로부터 더 많은 양보를 얻어내는 구조이기 때문이다. 이는 실제 탈퇴가 목적이 아니라 협상에서 주도권을 잡기 위한 압박 수단으로 작동한다. 트럼프 대통령은 협상에서 이득을 취할 수 있다면, 외교적 불확실성을 활용하는 것 또한 전략의 일부라고 인식하고 있다.

또한, 트럼프 2.0에서 주목해야 할 또 하나의 흐름은 USMCA(미국-멕시코-캐나다 협정)의 사례를 한미 FTA에도 적용하려는 시도다. 그는 1기 행정부 때 북미자유무역협정(NAFTA)을 파기하고 USMCA로 대체함으로써, 미국 중심의 새로운 관리무역체제를 확립하였다. USMCA에는 원산지 기준 강화, 노동 및 환경 조항 강화, 분쟁 해결 절차 변경 등 다수의 보호무역적 요소가 포함되었다. 이는 단순한 협정 변경이 아니라, 자유무역에서 미국 우선주의를 반영한 구조로 전환한 사례로 평가된다.

이러한 패턴은 향후 한미 FTA에도 그대로 반영될 가능성이 있다. 특히 한국의 자동차, 철강, 배터리, 반도체 산업의 수출이 증가하고 있는 현 시점에서, 미국 산업계는 자국 산업 보호를 위한 목소리를 더욱 높일 수 있다. 트럼프 대통령은 이를 계기로 FTA 개정을 요구하거나 탈퇴를 위협하면서, K-Origin(한국산) 제품에 대한 추가 규제를 요구할 가능성이 있다.

예를 들어, 미국은 자동차의 원산지 판정 기준을 강화하여 K-Origin (한국산) 자동차에 대해 미국 부품 사용 비율을 높일 것을 요구할 수 있다. 이는 현대·기아차와 같은 국내 완성차 업체는 물론, 부품 협력사까지도 미국 현지 조달망 확보와 생산기지 조정을 검토해야 하는 구조적 압력으로 작용할 수 있다.

그렇다고 해서 실제로 한미 FTA 탈퇴가 현실화될 가능성은 높지 않다. 왜냐하면 FTA 탈퇴는 미국 내 산업에도 큰 파장을 일으키기 때문이다. 미국 내 K-Origin(한국산) 자동차를 수입·판매하는 기업, K-Origin(한국산) 철강을 가공하여 재판매하는 유통업체, 한국과의 무역으로 수익을 내는 미국 농축산업계 등이 강하게 반발할 수 있다. 또한 FTA 탈퇴는 미국 국내법상 대통령 단독으로 처리할 수 없고, 의회의 통보 및 심사 과정이라는 복잡한 절차를 거쳐야 하기에, 정치적 리스크도 존재한다.

결국 트럼프 대통령이 한미 FTA를 둘러싼 협상에서 선택할 전략은 실제 탈퇴보다는 탈퇴 위협을 통한 협상 지렛대 강화로 보는 것이 타당하다. 한국 정부와 수출기업들은 이러한 협상전술의 반복 가능성을 염두에 두고, FTA 핵심 조항에 대한 대응 전략을 사전에 수립하는 것이 필요하다. 특히 원산지 규정, 분쟁해결 절차, 노동 및 환경 규제 등에 대한 사전 분석과 대응 논리를 준비함으로써, 갑작스러운 협상 요구에도 대응 가능한 유연성을 갖추는 것이 향후 통상 정책의 핵심이 될 것이다.

2 한미 FTA 내 세이프가드·원산지 기준 등 조항에 대한 압박 예상

트럼프 2기 행정부가 이끄는 미국은 자국 산업 보호를 명분으로 세이프가드 조치와 원산지 규정 강화를 더욱 적극적으로 요구할 것으로 보인다. 트럼프 대통령은 전통적으로 수입 급증에 따른 자국 산업 피해를 경고하며 강경한 대응을 강조해 왔으며, 이번 2기 행정부에서도 그 연장선상에서 통상 전략을 추진할 것으로 전망된다.

우선 세이프가드 조치는 1974년 미국 무역법 201조에 근거한 제도로, 특정 품목의 수입이 급격히 늘어나 미국 내 생산자에게 피해가 예상될 경우, 미국 정부가 긴급하게 수입을 제한하거나 고율의 관세를 부과하는 일종의 비상조치이다. 트럼프 대통령은 1기 때 이 제도를 실제로 활용해 2018년 삼성전자와 LG전자가 미국에 수출하던 세탁기에 대해 최대 50%에 달하는 고율 관세를 부과하였음은 앞서 PART 2 Chapter 1에서 살펴본 바와 같다. 당시 이 조치는 미국 가전 제조업체인 월풀(Whirlpool)의 요청에 따른 것으로, 트럼프 대통령은 '내가 그때 관세를 부과하지 않았다면 오하이오 공장은 이미 문을 닫았을 것'이라고 자평했다.

이 관세 조치로 인해 삼성과 LG는 어쩔 수 없이 미국 현지에 생산기지를 설립하게 되었으며, 실제로 테네시주와 사우스캐롤라이나주에 공장이 들어섰다. 그러나 현재도 여전히 TV, 냉장고, 일부 IT 제품 등은 한국이나 멕시코 공장에서 제조해 미국으로 수출하고 있는 상황이다. 이 때문에 트럼프 대통령이 다시 세이프가드 발동을 예고한다면, 가전, 철강, 자동차 부품 등 한국의 주요 수출 품목이 다시 타격을 받을 가능성이 높다.

또한, 세이프가드와 함께 주목해야 할 또 하나의 중요한 요소는 바로 원산지 기준 강화 압박이다. 미국은 최근 수년간 우회수출(Transshipment)을 차단하기 위한 원산지 규정 강화에 츠점을 맞추고 있다. 특히 중국산 제품에 대해 고율의 반덤핑 및 상계관세가 적용되면서, 일부 아시아국가들이 중국산 중간재를 수입해 자국에서 가공한 후 미국으로 수출하는 방식을 채택하고 있다는 의혹이 잇따르고 있다.

이런 흐름에서 한국도 예외는 아니다. 미국은 K-Origin(한국산 철강) 제품에 대해 우회 수출 가능성을 지적하며, 한국 정부와 기업에 대한 규제 강화를 촉구해왔다. 이에 따라 한국 정부는 철강제품 수출 시, 기업이 발급한 품질검사증명서(MTC)를 반드시 수입신고 단계에서 제출하도록 규정을 강화하였다. 품질검사증명서는 조강(Billet)[50] 생산단계부터 최종 가공까지 전체 생산 이력을 추적할 수 있도록 하는 문서로, 철강의 원산지를 명확하게 확인하는 수단이 된다. 이는 중국산 원재료를 한국에서 가공해 미국으로 수출하는 역외가공 방식[51]의 관세회피를 사전 차단하려는 조치라고 할 수 있다.

원산지 규정 강화는 단순한 행정적 부담을 넘어, 공급망의 구조 자체를 바꿔야 할 수도 있다는 점에서 중소·증견 K-기업에 특히 큰 영향을

---

50) 조강(Billet)은 압연 등의 공정을 통해 철강 제품을 만들기 위한 직사각형 또는 정사면체 형태의 철강 반제품을 말한다.

51) 일반적으로 역외가공(Outward Processing)은 한 국가(또는 FTA 체결국)가 수출용 재화를 일시적으로 해외로 반출하여 가공·제조한 뒤, 다시 원래 국가로 되가져오는(역수입하는) 무역 형태를 의미한다.

미칠 수 있다. 원산지 증명에 필요한 서류관리, 생산공정 추적 시스템, 협력업체와의 데이터 공유 등 전사적인 품질·공급망 통제 체계를 갖추지 못한 기업들은 미국 수출을 유지하기 어려워질 수도 있다.

더 나아가 미국은 특정 품목에 대해 역외 가공을 전면 차단하는 방식으로 원산지 기준을 설정할 가능성도 있다. 이는 예를 들어, 원재료가 중국산일 경우, 설령 그것을 한국에서 2~3단계 가공하더라도 원산지를 중국으로 간주하여 고율 관세를 그대로 부과하겠다는 접근이다. 이는 한국 기업이 제3국산 원재료나 부품을 사용해 완제품을 만들어 미국에 수출하는 구조를 전면 수정하게 만들 수 있다.

이처럼 트럼프 2기 정부는 '미국 우선주의(America First)'를 기치로 자국 산업 보호를 강화하는 동시에, 우방국이라 할지라도 관세·통관에서 예외를 두지 않겠다는 입장을 고수할 가능성이 크다. 한국 기업들은 이에 대비해 원산지 투명성 확보, 공급망 재편, 현지화 생산 확대 등의 전략을 선제적으로 마련해야 하며, 필요시 미국 관세국경보호청(CBP)와의 사전 원산지 판정 요청, FTA 전문가인 관세사의 활용 등 적극적인 대응이 요구된다.

3 분쟁 해결 메커니즘(ISDS 등)에 대한 부정적 접근

ISDS 제도와 트럼프 행정부의 정책 변화

기업이 해외에 공장을 세우거나 사업에 진출하는 데 있어서 가장 걱정되는 점은, 예기치 못한 정부의 규제 변화나 고율의 세금, 차별적 조치이다. 만약 미국 정부가 갑작스레 한국 기업이 만든 제품에만 고율의 관세를 부과하거나, 특정 주에서 한국 기업만을 대상으로 한 규제를 도입한다고 가정해 보자. 이때 우리 기업이 막대한 손실을 입게 되더라도, 해당 국가 법원에서 구제받기는 사실상 불가능에 가깝다. 정부가 국민의 이익을 명분으로 앞세운 조치는 대체로 '정당한 정책'이라는 겉모습을 하고 있기 때문이다.

이런 상황에서 외국인 투자자에게 실질적인 구제 수단이 되어주는 제도가 바로 ISDS(Investor-State Dispute Settlement), 즉 투자자-국가 간 분쟁 해결 제도이다. 이 제도는 투자자가 피해를 입었을 경우, 해당 국가를 국제중재기구(ICSID 등)에 직접 제소할 수 있게 해준다. 정부를 상대로 하는 '국제 소송권'을 기업에게 부여하는 것이다.

ISDS는 자유무역협정(FTA) 속에서 핵심적인 안전장치 역할을 해왔다. 가령, 한미 FTA에도 ISDS 조항이 포함되어 있어, 한국 기업이 미국 내 부당한 규제나 차별을 받았을 경우, 국내 법원이 아닌 국제무대에서 미국 정부를 상대로 정당한 보상을 요구할 수 있다. 이는 단순히 소송 수단이 아니라, 투자 안정성을 제도적으로 보장해 주는 중요한 장치로 작용한다.

그러나 트럼프 행정부는 이 제도를 정견으로 흔들었다. 트럼프 1기 행정부는 NAFTA를 개정하여 USMCA로 전환하면서, 기존의 ISDS 조항을 대폭 축소하였다. 대표적으로, 미국과 캐나다 간 ISDS 조항은 완전히 삭제되었고, 멕시코에 대해서도 통신, 에너지, 인프라 분야에만 한

정적으로 적용하도록 제한하였다. 이렇게 ISDS의 적용 범위를 줄인 이유는, 정부가 자의적으로 내리는 고율 관세나 각종 규제에 대해 기업이 법적으로 도전하지 못하도록 틀어막기 위한 전략이었다.

트럼프 2기 행정부가 다시 들어선 지금, 이런 흐름이 한미 FTA에도 영향을 미칠 가능성이 크다. 만약 미국이 한미 FTA 속 ISDS 조항을 폐지하거나 약화시키려고 할 경우, 한국 기업들은 미국 내 보호무역 조치에 대해 법적으로 대응할 수 있는 무기를 하나 잃게 되는 셈이다. 보호받지 못한 투자자는 불안정한 환경 속에서 고립될 수밖에 없다.

이에 따라, 한국 기업들은 앞으로 우리 정부와 미국 정부가 FTA관련 협상을 하게 되는 경우 우리 정부에 ISDS 조항의 존치 및 강화를 적극적으로 요구해야 한다. 또한 미국 내 투자를 계획하거나 이미 투자한 기업들은 미국 주정부와의 계약 내에 투자보호 조항을 명시하거나, 미국연방 및 주 법상 대안적 보호 수단을 미리 마련하는 등 다층적인 대응 체계를 갖추는 것이 필요하다.

ISDS는 단순한 조항이 아니라, 투자 리스크를 분산시키는 실질적 방패이다. 트럼프 정부가 이 방패를 무력화하려 한다면 그 이유는 분명하다. 더 자유롭게 관세를 부과하고, 더 강하게 규제하기 위해서다. 그렇기에 우리는 이 변화가 가져올 구조적 리스크에 대해 더욱 민감하게 대응해야 한다.

[표] ISDS 제도와 트럼프 행정부의 정책 변화 정리표

구분	설명
ISDS란?	투자자-국가 분쟁 해결 제도. 외국 기업이 투자 대상국의 조치로 손해를 입을 경우 직접 해당 국가를 국제 중재기구에 제소 가능
기능	정부의 자의적 조치에 대한 견제 장치, 투자 안정성 보장, FTA 등에 포함되어 있음
트럼프 1기 조치	NAFTA 개정 → USMCA로 전환하면서 ISDS 대폭 축소, 미국-캐나다 ISDS 삭제, 멕시코에 대해서도 제한적 적용
트럼프 2기 우려사항	한미 FTA 내 ISDS 조항 축소 또는 폐지 가능성, 한국 기업의 대미 투자 안정성 약화 우려
트럼프 정책 배경	고율 관세·규제 강화 후 ISDS 소송 방지를 위한 정책적 전략, 보호무역 확대 수단 중 하나로 활용
한국 기업 대응 전략	협상시 ISDS 조항 방어 필요, 투자 시 주정부 계약, 현지법상 보호 장치 검토, 다층적 리스크 더응 구조 필요

론스타 사건 사례: 한국 정부가 직접 경험한 투자자 소송의 현실

ISDS 제도가 단순한 조항이 아니라, 실제로 어떤 파급력을 갖는지 보여주는 대표적인 사건이 있다. 바로 한국 정부가 외국계 사모펀드인 론스타(Lone Star)와 벌인 역사적인 ISDS 중재 사건이다. 이 사건은 세계적으로도 주목 받았으며, ISDS가 얼마나 강력한 투자자 보호 장치인지, 동시에 얼마나 무거운 부담이 될 수 있는지를 여실히 드러낸 사례로 평가받고 있다.

이 사건은 외환위기 직후인 2003년, 미국계 사모펀드 론스타가 한국 외환은행을 약 1조 3천억 원에 인수하면서 시작되었다. 당시 외환은행은 금융위기로 인해 부실 자산이 많았고, 구조조정 대상에 포함되어 있었다. 론스타는 이를 헐값에 인수한 뒤, 경영 개선과 자산 구조 조정을 통해 기업 가치를 끌어올렸다.

그리고 2007년, 론스타는 HSBC와 외환은행을 6조 원에 매각하기로 합의한다. 하지만 거래는·무산되었다. 한국 금융당국이 인수 승인을 늦췄고, 그 사이 금융위기가 다시 터지면서 HSBC가 인수를 철회한 것이다. 여기에 국세청은 론스타에 대해 수천억 원의 세금을 부과했고, 검찰은 주가 조작 및 탈세 혐의로 수사를 벌였다.

론스타는 이에 대해 강하게 반발했다. 한국 정부가 외국인 투자자를 차별했으며, 정치적·감정적인 판단으로 매각을 방해하고 과세권을 남용했다는 이유로, 2012년 국제투자분쟁해결센터(ICSID)에 약 5조 원 규모의 ISDS 소송을 제기했다.

쟁점은 명확했다. 과연 한국 정부의 인허가 지연, 고액 과세, 그리고 형사 수사가 정당한 공공 목적에 의한 것이었는지, 아니면 외국인 투자자에게 손실을 끼친 자의적 조치였는지에 대한 판단이었다.

이 소송은 10년이 넘는 시간 동안 치열하게 진행되었다. 정부는 ISDS 대응을 위해 수 백억 원의 소송 비용을 지출했고, 한국 언론과 정치권에서는 '먹튀 자본' 논란과 '정부의 책임'에 대한 의견이 팽팽히 갈렸다.

결과는 2022년 8월에 나왔다. 국제중재재판부는 론스타의 일부 주장을 인정, 한국 정부가 약 2,895억 원을 배상하라는 판정을 내렸다. 당초 5조 원 이상을 요구했던 론스타의 전체 청구 금액보다는 대폭 낮은 금액이었지만, 이는 한국 정부가 외국 기업으로부터 ISDS에 의해 실제로 패소한 첫 사례라는 점에서 큰 충격을 안겨주었다.

이 사건은 우리에게 많은 것을 시사한다. 아무리 국가의 정책이라도, 그것이 외국인 투자자에게 부당하게 작용할 경우 국제적으로 책임을 질 수 있다는 점이다. 특히 ISDS는 단순한 조항이 아니라, 수천억 원대의 손실을 국가에 안길 수 있는 현실적 위험임을 보여준다.

또한, 트럼프 2기 행정부가 ISDS 조항을 축소하려 한다면 그것은 단순히 미국 정부를 소송에서 보호하려는 곡적이 아님을 이 사례가 뒷받침해 준다. 트럼프 행정부는 자국의 고율 관세나 규제 강화가 외국 기업들로부터 법적 도전을 받지 않도록 ISDS 적용에 제약을 두려는 의도를 가지고 있는 것으로 보인다.

한국 정부와 기업들은 앞으로의 FTA 협상에서 ISDS의 존속 여부, 적용 범위, 중재기관의 공정성 확보 등의 요소를 면밀히 살펴야 한다. 론스타 사건은 단순한 예외가 아니라, 앞으로 자주 마주칠 수 있는 미래의 경고일 수 있기 때문이다.

[표] 한국 정부 vs 론스타사건 요약

항목	내용
사건 배경	외환위기 직후 외국계 펀드인 론스타가 외환은행을 저가에 인수한 뒤 매각하려 했으나, 한국 정부가 세금 부과, 인허가 지연 등으로 매각을 방해했다는 주장
분쟁 쟁점	한국 정부의 자의적 행정조치로 인해 외국인 투자자가 손실을 입었는지 여부

항목	내용
중재 기관	국제투자분쟁해결센터(ICSID)
결과	한국 정부가 약 2,895억 원 배상 판결, ISDS가 외국 기업의 정부 조치에 대한 실질적 방어 수단임을 보여준 대표 사례

엘살바도르 Pacific Rim 사건 사례 - 환경 보호냐, 투자 보호냐: 태평양 림 광산 소송

ISDS 제도는 투자자에게 유리한 무기처럼 보이지만, 항상 기업이 이기는 것은 아니다. 환경 보호, 공공 복지, 국민 건강 등 국가가 추구하는 공익 목적이 충분히 정당하다고 인정되면 ISDS에서도 정부의 손을 들어주는 판례가 있다. 그 대표적인 사례가 엘살바도르 정부와 캐나다계 광산 기업 태평양 림(Pacific Rim) 간의 금광 소송 사건이다.

이 사건의 시작은 2002년, 중미의 작은 나라 엘살바도르에서 금광 개발을 둘러싸고 벌어진 충돌이었다. 캐나다의 자원개발 회사 태평양 림은 엘살바도르 북부의 엘 도라도(El Dorado) 지역에 금광 개발권을 확보하고 시추 작업을 시작하였다. 이 지역은 예로부터 금 매장량이 많기로 알려져 있었고, 기업은 이를 대규모 상업 채굴로 전환하려 했다.

그러나 문제가 생겼다. 주민과 환경단체들이 강력히 반발한 것이다. 채굴 작업이 지역의 수자원 오염과 생태계 파괴를 유발할 수 있다는 우려가 커지면서, 시위와 언론 보도가 이어졌다. 결국 엘살바도르 정부는 환경영향평가 미비를 이유로 광산 개발에 대한 허가를 철회하였다.

이에 대해 태평양 림은 엘살바도르 정부가 자의적이고 불공정한 행정 조치를 했다며, ISDS를 통해 손해배상 청구를 제기했다. 이 소송은 세계은행 산하의 국제투자분쟁해결센터(ICSID)에서 진행되었으며, 기업 측은 무려 3억 달러(약 4,000억 원)에 달하는 배상을 요구했다.

분쟁의 핵심은 '공공의 환경 보호'라는 국가적 조치가, 외국인 투자자의 재산권을 침해하는 '불법적 행위인가'라는 점이었다. 기업은 이미 투자된 비용과 예상 수익이 보장되지 않았다는 논리를 펼쳤고, 정부는 국민 건강과 환경을 우선하는 것은 당연한 주권 행위라고 맞섰다.

심리는 무려 7년 동안 이어졌고, 세계 환경단체와 투자자 단체들이 모두 관심을 가졌다. 2016년, ICSID 판정부는 결국 엘살바도르 정부의 손을 들어주었다. 판정부는 "정부가 환경 보호라는 공익적 목적에 따라 광산 개발 허가를 철회한 것은 국제법상 정당한 조치이며, 태평양 림은 허가 요건을 충족시키지 못했기에 투자 보호의 대상이 아니다."라는 결론을 내렸다.

즉, 단순히 ISDS 조항이 있다고 해서 모든 국가 정책이 기업의 주장 앞에 무력해지는 것은 아니라는 사실을 입증한 선례였다. 이 판결은 공공 정책 영역에서도 주권 국가의 권리가 보호될 수 있다는 중요한 국제법적 메시지를 담고 있었다.

이 사건은 우리나라에도 교훈을 준다. 예를 들어, 한국이 환경 또는 공공 보건의 이유로 외국인 기업의 영업 활동을 제한할 경우, 그 조치가 합리적이고 투명하며 정당한 근거가 있다면 ISDS 소송에서도 방어가 가능하다는 것을 보여준다. 특히 기후변화, 환경 기준 강화, ESG 경영이 강조되는 시대에는, 국가의 공익 조치와 외국인 투자 보호의 균형을 어떻게 맞출지에 대한 고민이 더욱 중요해지고 있다.

[표] 엘살바도르 – 태평양 림 광산 소송 사건 요약

항목	내용
사건 배경	캐나다계 광산기업 태평양 림(Pacific Rim)이 엘살바도르에서 금광 개발권을 보유했으나, 환경 문제로 인해 허가가 철회되자 손해배상을 청구
분쟁 쟁점	환경 보호를 위한 국가 조치와 투자자의 권리 간 충돌
중재 기관	ICSID
결과	ISDS 판정부는 엘살바도르 정부가 정당하게 허가를 거부한 것으로 판단하여 기업의 손해배상 청구 기각
의의	ISDS가 무조건 기업의 편은 아니라는 점, 정부의 정당한 공익 조치는 보호된다는 선례

왜 한국 기업은 ISDS에 주목해야 하나?

트럼프 2기 행정부가 보호무역 정책을 더욱 강화할 조짐을 보이면서, 한국 기업들이 미국 내 투자와 수출 활동에서 예상치 못한 손해를 입을 가능성이 점점 커지고 있다. 이럴 때 중요한 안전장치가 바로 ISDS(투자자-국가 간 분쟁 해결 제도)이다. 미국 정부가 일방적으로 자국 산업을 보호하기 위해 외국 기업에 불리한 조치를 취하더라도, ISDS가 있으면 해당 기업은 국제 중재를 통해 정당한 권리를 주장할 수 있는 법적 통로를 확보할 수 있다. 이를 적용할 수 있는 대표 사례 두 가지를 살펴보자.

● 사례 1: 세탁기 세이프가드 법적 방어 수단 없는 일방적 피해

2018년 트럼프 1기 행정부는 대표적인 보호무역 조치 중 하나인 세이프가드(긴급수입제한조치)를 발동하였다. 대상은 한국의 대표 기업 삼성전자와 LG전자가 수출하는 세탁기였다. 이 조치에 따라 수입 세탁기에는 최대 50%에 달하는 고율의 관세가 부과되었고, 양사는 기존에 구축해 놓았던 미국 내 유통망과 판매 전략에 큰 타격을 입었다.

당시 삼성과 LG는 대응 전략으로 미국 내에 세탁기 생산공장을 새로 건설하기로 결정하였다. 이는 단기적으로는 고용 창출 등의 긍정적 효과도 있었지만, 본질적으로는 미국의 일방적인 보호조치에 굴복한 형태였다. 만약 당시 한미 FTA에 포함된 ISDS 조항이 삭제된 상황이었다면, 양사는 이런 조치에 대해 국제적인 법적 대응 수단이 전무했을 것이다. 이 사건은 미국 정부가 통상 정책을 자국 산업 중심으로 조정할 때, 외국 기업이 스스로를 어떻게 지킬 수 있는가에 대해 생각하게 하는 대표적인 예시라 할 수 있다.

● 사례 2: 배터리·반도체 산업의 미국 진출과 보조금 차별

최근 몇 년간 삼성전자, LG에너지솔루션, SK하이닉스 등 한국의 주요 대기업들은 배터리와 반도체 분야에서 미국 진출을 가속화하고 있다. 전기차 산업의 핵심인 배터리, 첨단기술의 중심인 반도체는 모두 미국 정부가 전략산업으로 지정한 영역이며, 이에 따라 자국 기업 중심의 보조금 정책이 잇따르고 있다. 대표적인 예가 바로 2022년 제정된 IRA(인플레이션 감축법)이다.

IRA는 미국 내에서 제조된 배터리에만 보조금을 지급하고, 외국에서 생산된 부품이나 완제품은 지원 대상에서 배제하고 있다. 이로 인해 미국에 진출한 한국 기업들은 투자를 늘리더라도 실질적 혜택을 받지 못하거나, 역차별을 받는 상황에 직면할 수 있다. 이러한 차별적 대우에 대해 미국 국내법만으로 대응하는 데는 한계가 있으며, 이럴 때 ISDS 조항이 유일한 방어 수단이 될 수 있다.

투자자 입장에서 ISDS는 단순히 분쟁을 해결하는 절차가 아니라, 투자의 안전망을 사전에 구축하는 수단이기도 하다. 따라서 한미 FTA에서 ISDS 조항이 축소되거나 폐지된다면, 한국 기업들은 더 이상 미국 내에서 예측 가능하고 안정된 경영환경을 기대하기 어려워질 것이다.

이처럼 ISDS는 단지 이론적인 조항이 아니라, 현실 속 위기 상황에서 한국 기업들이 스스로를 지키기 위한 실질적인 법적 방패막이 된다. 특히 트럼프 2기처럼 예측불가능한 통상 정책이 반복될 수 있는 시대에는, 기업들이 사전에 ISDS 체계를 충분히 이해하고 대비하는 것이 필수적이라 할 수 있다. 보호무역이 강화되는 국면에서는 협정 속 조항 하나 하나가 기업 생존을 좌우할 수 있다는 점을 간과해서는 안 된다.

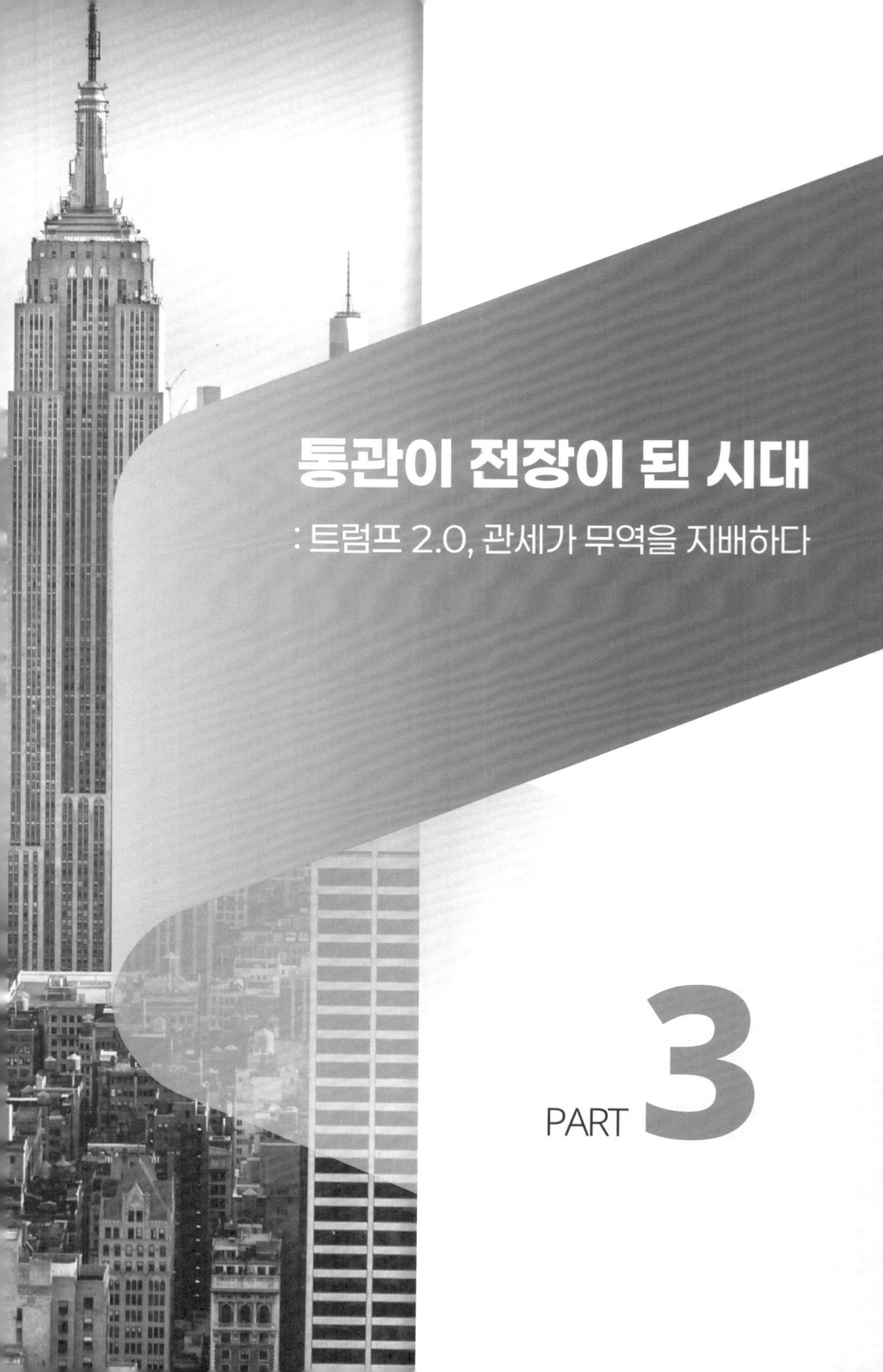

통관이 전장이 된 시대
: 트럼프 2.0, 관세가 무역을 지배하다

PART 3

트럼프 2.0 관세정책 향후 방향과 키 포인트

1 트럼프 2.0 향후 정책 방향: '미국 우선' 관세 전략의 재구성

2025년 4월 3일, 미국 정부는 '미국 우선주의 무역정책 보고서' 요약본을 전격 공개하였다. 이 보고서는 트럼프 2.0 행정부가 추진할 향후 무역정책의 핵심 방향과 수단을 담고 있으며, 특히 관세와 통관이 다시 무역정책의 중심 수단으로 부상하고 있다는 점에서 주목을 받고 있다. 그 핵심 내용은 다음과 같다.

[표] 미국 우선주의 보고서 주요 내용 요약

구분	주요 내용 요약
대규모 무역적자 지속	상호주의와 균형 잡힌 무역을 추구하기 위해 특정 수입품에 관세를 부과하는 것을 포함하여 무역 적자를 줄이기 위한 권고안 제시
대외수입청 (ERS)	상무부, 재무부, 국토안보부 협력을 통해 설립시 관세 징수 개선 기회 제공, 불공정 무역 관행을 억제하면서 세수를 극대화하는 방법으로 평가
불공정 비상호적 무역 관행	USTR은 500개 이상의 관행 파악, 현재의 법적 권한을 사용하여 불공정한 관행과 무역장벽을 해결하는 방법 권장

구분	주요 내용 요약
기존 FTA (자유무역협정) 검토	기존의 FTA를 현대화하여 불균형 원인을 해결할 수 있는 여지가 있음[관세율 인하, 투명성 개선, 미 농산물 시장 접근성 개선 및 원산지 규칙 강화 등]
소액면세제도 검토	소액면세로 24년도에 약 108억 달러의 관세 수입 손실, 펜타닐, 위조 상품 및 건강·안전기준 미충족 물품 등의 반입 통로로 악용 상무부·관세국경보호청(CEP)은 정당한 관세 수입을 회수하고 소액면세 제도를 종료하여 국가안보를 방어할 필요

① 무역적자 해소를 위한 'ERS' 설립 추진

미국은 80년간 자유무역을 외쳐왔지만, 정작 무역적자는 계속해서 누적되어 왔다. 특히 중국, 한국, 멕시코 등에서 미국으로 수입되는 저가 제품들로 인해 미국 내 제조업 기반이 붕괴되었다는 인식이 강하다. 이를 해결하기 위해 트럼프 2.0은 '대외수입청(ERS)'이라는 새로운 정부기구를 신설한다. 이 기관은 상무부, 재무부, 국토안보부가 협력하여 설립하고, 주요 임무는 한 가지다. 미국으로 들어오는 물품에 관세를 더 철저히 부과하는 것이다.

예를 들어, 멕시코산 철강 제품이 우회 수출되어 미국에 수입되었는데, 해당 제품에 정당한 관세가 부과되지 않으면 ERS가 개입하여 그 관세를 추징하는 방식이다. 즉, 이 기관은 단순히 '세금 징수 기관'이 아니라 무역 안보 기관이자 보호무역 정책의 첨병이 되는 셈이다.

② 불공정 무역 관행에 대한 전면적 반격

보고서에 따르면, 미국 통상대표부(USTR)는 현재까지 500개 이상의 불공정 무역 관행을 식별해놓았다고 한다. 예를 들어, 중국의 정부 보조금, 한국의 환경기준 비대칭 적용, 유럽연합의 농업 보조금 등이 이에 포함된다. 트럼프 2.0은 이러한 관행을 바로잡기 위해 관세율 인상, 원산지 규정 강화, 미국 농산물의 시장 접근성 확대를 수단으로 활용할 계획이다. 이는 단순히 미국 중심의 거래를 하자는 것이 아니라, 자국 산업을 손해 보게 만드는 무역 행위를 가만두지 않겠다는 의지의 표현이다.

③ 기존 FTA 재조정: 자유무역에서 '관리무역'으로

미국은 기존의 FTA를 점검하고, 필요시 '현대화'하겠다는 입장을 내세우고 있다. 여기서 말하는 현대화란 곧 미국에 유리한 방향으로 협정을 재편한다는 뜻이다. 예를 들어, 트럼프 1기 정부는 NAFTA를 재협상하여 미국-멕시코-캐나다협정(USMCA)으로 바꾸었다. 이 협정에서는 자동차 원산지 기준을 강화하고, 미국 노동자 보호 조항을 추가하는 등 기존 협정보다 미국 중심의 내용이 대폭 반영되었다. 트럼프 2.0도 이와 비슷한 방식으로 한미 FTA를 현대화한다는 명분을 내세우며 미국에 유리하게 손보려 할 가능성이 높다.

④ 소액면세 제도 폐지 움직임

지금까지는 일정 금액 이하의 해외 직구 물품에 대해 '소액면세' 혜택을 줘왔다. 하지만 이 제도가 펜타닐 같은 마약류, 위조 상품, 건강·안전기준 미달 제품이 미국으로 들어오는 통로로 악용되고 있다는 점이 문제로 떠올랐다.

2024년 한 해 동안 소액면세로 인해 무려 108억 달러의 관세 수입이 줄어들었으며, 트럼프 2.0 행정부는 이를 관세 회피의 구멍이라고 지적하고 있다. 이에 따라 소액면세 제도는 종료될 가능성이 높으며, 모든 수입품에 대한 전면 통관 및 관세 부과 체계로의 전환이 이루어질 수 있다.

공개된 미국 우선주의 무역정책보고서에 따르더라도 위와 같은 트럼프 2.0의 정책 방향은 단기 이벤트로 보기 어렵다. 미국 산업의 경쟁력 회복이라는 명분을 바탕으로 10년 이상 이어질 수 있는 구조적 변화로 볼 여지가 다분하다. 따라서 한국 기업과 정부는 자유무역 시대의 익숙한 관성에서 벗어나, '보호무역이라는 새로운 통상 언어'에 맞춘 대응 체계를 조속히 정비해야 할 것이다.

2 트럼프 2.0 관세정책 키워드: 대미 수출 기업이 반드시 알아야 할 핵심어

트럼프 2기 행정부의 무역 정책은 단순히 '미국 우선주의'라는 구호에 그치지 않는다. 그 중심에는 관세와 통관이라는 실질적인 도구가 있고, 이를 구성하는 다섯 개의 키워드가 있다. 이 다섯 가지 개념은 수출입 기업이 미국 시장에 진출하거나, 미국을 거쳐 제3국으로 물품을 보내는 경우 반드시 숙지하고 있어야 한다. 이 장에서는 그 핵심 키워드들을 사례와 함께 쉽게 풀어 설명하고자 한다.

키워드 1. 고관세: 관세는 이제 '정책 무기'

트럼프 정부는 특정 국가나 품목에 대해 고율의 관세를 정책 도구로 사용하고 있다. 예를 들어, 중국산 철강재에는 최대 200%의 반덤핑 관세가 붙고, K-Origin(한국산) 세탁기에는 50% 세이프가드 관세가 적용된 바 있다. 이는 단순히 가격을 높이는 것이 아니라, 수입 자체를 줄이거나 미국 내 생산을 유도하기 위한 조치다.

> 📖 **사례**
>
> 한국의 A사는 미국에 냉장고를 수출하던 중 50% 고관세가 부과되자, 미국 내 현지 공장을 세웠다. 이처럼 관세는 수출입 흐름을 바꾸는 직접적인 힘을 가진다.

키워드 2. 국가별 관세율 차이: 똑같은 제품도 생산국가에 따라 세금이 다르다

미국은 제품의 출발 국가에 따라 서로 다른 상호관세율을 적용한다. 예를 들어, 2025.6. 기준으로 FTA 체결국인 한국에서 수출하면 낮은 관세가 적용되지만, 같은 제품을 중국에서 수출하면 35% 관세가 붙을 수 있다. 물론 2025.8. 한국과 중국에 대한 상호관세가 확정·발효되면 적용 관세율이 달라지게 된다.

품목	수출국(원산지)	미국 관세율
플라스틱 제품	한국	10% (한미 FTA 적용+ 상호관세)
플라스틱 제품	중국	35% (관세보복 조치)

사례

B사는 중국 공장에서 만든 완구를 한국을 거쳐 수출하려 했지만, 미국 세관은 이를 '우회 수출'로 판단하고 중국산으로 간주, 고율 관세를 부과했다. 미국 수입 물품에 대한 관세율 적용에서 원산지 판정이 중요함을 보여주는 사례다.

키워드 3. 원산지: K-Origin(Made in Korea)을 인정받기 위한 요건

단순히 '한국에서 포장만 했다고 해서' Made in Korea(K-Origin)로 인정받는 것이 아니다. 미국 세관은 제품이 어디에서 실질적으로 만들어졌는지를 기준으로 한다. 이를 '원산지 결정 기준'이라고 한다. 미국은 특히 중국산 제품이 제3국을 거쳐 수입되는 '우회 수출'을 매우 엄격히 제한하고 있다.

사례

한국의 C사는 중국에서 원자재를 가져와 한국에서 일부 가공한 후 K-Origin(Made in Korea)으로 수출했지만, 미국 세관은 한국에서 실질적 변형이 이루어진 제조공정이 미흡하다고 판단해 중국산으로 분류하고 30% 관세를 부과했다.

키워드 4. 품목분류(HS Code): 코드 하나로 관세가 달라진다

국제무역에서 물품은 모두 HS코드(관세 품목분류 코드)[52]라는 번호

---

52) HS Code(Harmonized System Code)는 국제적으로 통일된 물품 분류 체계로, 세계관세기구(WCO)가 정한 6자리 숫자를 기본으로 각국이 세부 분류를 덧붙여 사용한다. 국제 무역에서 관세율

로 분류된다. 이 번호에 따라 적용되는 관세율, 수입 규제, 필요 서류가 모두 달라지므로 정확한 HS코드 분류가 중요하다.

사례

D사는 전기자동차 부품을 HS코드 8504(변압기류)로 미국 세관에 수입신고했으나, 미국 세관은 이를 자동차용 부품(8708)으로 분류하며 세율이 2배 이상 올라갔다. 결국 수천만 원의 추징을 당하게 되었다.

키워드 5. 합리적 주의 의무(Reasonable Care): 몰랐다는 변명이 통하지 않는다

미국 관세국경보호청(CBP)과 세관은 수입자를 대상으로 '합리적 주의 의무'[53]를 요구한다. 이는 모든 물품의 관세·통관 정보에 대해 수입자가 스스로 충분히 조사하고 책임지라는 의미다. 즉, 실수로 잘못 신고했더라도 수입자가 책임을 져야 하며, 심할 경우 벌금, 수입정지, 기업 신뢰도 하락 등의 치명적 리스크로 이어질 수 있다.

사례

E사는 미국 세관이 지정한 새로운 검사기준을 몰라 통관에 실패했고, 수출 제품이 3주간 항만에 묶이며 수억 원의 납기 지연 손해를 입었다.

결정, 통관 절차, 통계 작성 등에 필수적으로 활용되며, 물품의 특성에 따라 분류코드가 달라진다. 잘못된 HS Code 적용은 관세 과다 납부, 통관 지연, 법적 제재로 이어질 수 있어 기업에 매우 중요하다.
53) 합리적 주의의무(Reasonable Care)는 미국 통관 관련 법체계에서 수입자가 세관 신고 시 정확하고 신뢰할 수 있는 정보를 제공할 책임을 지는 법적 의무를 말한다. 이는 HS 코드, 원산지, 관세 평가 등 주요 항목에 대해 합리적이고 주의 깊은 조사를 거쳐 신고해야 함을 의미하며, 전문가 자문 또는 문서 확인 등이 요구된다. 이를 위반할 경우 과실 또는 고의에 따른 벌금, 제재, 형사처벌까지 이어질 수 있어, 기업의 통관 리스크 관리에 핵심 요소로 작용한다.

미국에서는 수입자가 모든 정보를 사전에 숙지해야 하며, 이는 '책임'이 아니라 '의무'이다.

키워드 6. 관세평가(Customs Valuation): 가격 신고가 까다로운 이유

미국 세관은 수입자가 신고한 가격이 실제 거래가격인지, 고의로 낮춘 것은 아닌지를 철저히 조사한다. 특히 한국 기업들이 관계회사 간 수출입 거래에서 가격을 조정하는 경우, 이전가격 조작으로 의심받기 쉽다.

> **📖 사례**
>
> F사는 미국 자회사로 반도체를 수출하며 비정상적으로 낮은 가격으로 신고했다가, 미국 세관이 이를 지적하면서 수입신고 가격에 대한 조사(관세평가)에 들어갔다. 결국 추징금과 벌금이 동시에 부과되었다.

트럼프 2.0 시대, 관세 키워드 이해 없이 미국 시장 진출 어렵다

이제 수출입 기업이 '제조는 우리가 하고, 통관은 관세사가 알아서 한다'는 사고에서 벗어나야 한다. 트럼프 2.0의 관세 정책은 단순 수입 규제가 아니라, 무역 질서를 다시 짜기 위한 구조적 개입이다. 그렇기에 고관세, 국가별 관세율 차이, 원산지, 품목분류, 합리적 주의 의무, 관세평가라는 키워드는 단순한 용어가 아니라 기업의 생존 도구이자 전략 무기가 될 수 있음을 새겨야 한다.

트럼프 2.0 관세 부과 시스템의 중요성

강화된 보호무역주의 하에서 미국의 관세 부과 시스템 자체가 무역의 핵심 변수로 떠올랐다. 과거 자유무역 시대에는 관세율과 통관절차가 비교적 안정적이고 투명하여 기업활동의 배경요소에 불과했다. 그러나 이제는 미국 국내법을 통한 신속한 관세 부과와 다양한 예외 규정들이 무역 흐름을 좌우하고 있다. 트럼프 행정부는 무역확장법 232조, 무역법 301조 등 국내 법령을 활용해 다층적인 관세를 부과하고 있으며, 이 과정에서 관세 부과 대상 품목 목록, 예외 규정, 유예 조치 등이 수시로 변경되어 통상환경의 복잡성이 크게 증가했다. 다시 말해 관세 부과의 체계와 절차를 제대로 이해하지 못하면 추가 관세 적용 여부나 중복 부과 여부를 오인하게 될 수 있어, 새로운 통관 환경에서는 미국 관세 시스템의 작동 방식을 파악하는 것이 그 어느 때보다 중요하다.

1 대미 수출기업 미국 통관환경 복잡성 증대

관세 시스템을 이해하지 못하면 무역도 실패한다

트럼프 2기 행정부가 들어서면서, 이제 '관세'는 단순한 세금이 아니라 무역의 방향을 결정짓는 핵심 변수가 되었다. 과거 자유무역 시대에는 관세율이 낮고 통관 절차가 단순해 기업에게 큰 부담이 없었다. 그러나 지금은 언제, 어떤 품목에, 어떻게 관세가 부과될지 예측조차 어려운 상황이다. 이 변화의 중심에는 미국의 관세 부과 시스템이 있다.

복잡해진 미국의 관세 시스템, 왜 이렇게 어려워졌나?

트럼프 2.0 시대에 미국은 자국 법률을 적극적으로 활용해 국가별, 품목별로 다층적인 관세를 부과하고 있다. 대표적으로 다음 두 가지 법이 있다.

법령	개요	주요 사례
무역확장법 232조	국가안보를 이유로 특정 품목에 고율 관세 부과 가능	K-Origin(한국산) 철강에 쿼터 및 50% 관세 적용
무역법 301조	불공정 무역 관행에 대해 보복 관세 가능	중국산 전자제품에 10~25% 관세 부과
IEEPA (국제비상경제권한법)	모든 국가에 기본관세 부과, 무역적자 국가 등에 상호관세 부과	기본관세 10% 주요 무역적자 국가 11~50% 관세부과

이 법들을 통해 미국은 자국 산업을 보호하고 외국 기업의 수출을 제한하고 있다. 문제는 이 관세 부과 대상과 방식이 수시로 바뀐다는 점이다. 예외 규정, 유예 조치, 변경 공고 등이 몇 주 사이에도 반복되기 때문에, 기업이 제때 대응하지 못하면 갑자기 통관이 막히는 사태가 발생할 수 있다.

실제 사례로 본 통관 현장의 혼란

트럼프 2기 시대 들어 통관 현장은 말 그대로 '예측 불가의 전쟁터'가 되었다. 아래는 최근 몇 달간 실제 발생한 미국 통관 혼란 사례들이다.

[표] 2025년 트럼프 2.0 초기 미국 통관 현장 혼란 사례

날짜	사건	요약 내용
2월 4일	중국 및 홍콩발 소포 수입 중단	USPS 통한 일반 소포 반입 일시 금지 → 다음날(2.5) 갑작스런 재개
2월 4일	중국산 소액면세품 미소기준 제외 발표	800달러 이하 무관세 대상에서 제외한다고 발표 → 2월 7일 다시 유예 → 4월 2일 다시 제외
3월 12일	K-Origin(한국산) 철강 쿼터제 오류	쿼터 종료 후 수입신고 거부됨. 전자문서 시스템 미갱신으로 통관 차질 발생
3월 14일	수출승인서 시스템 오류	관세국경보호청(CBP) 전산 시스템(ABI) 업데이트 누락 → 수출입 신고서 자동 거부

한국의 철강 수출업체 G사는 쿼터가 종료된 줄 모르고 철강을 선적했으나, 미국 세관 시스템이 갱신되지 않아 수입이 거부되었고, 해상운임과 보관료만 수천만 원이 발생했다.

이처럼 수시로 바뀌는 규정과 불안정한 시스템은 기업에게 큰 피해를 입히고 있다. 더욱이 미국은 FTA 품목이라도 추가 관세를 별도로 부과할 수 있어, 기존 규정만 믿고 물건을 보내면 낭패를 볼 수 있다.

이제는 관세 통관이 '거래의 성패'를 좌우한다

지금까지는 '물건만 잘 만들면 팔 수 있다'는 시대였다. 그러나 이제는 '어떻게 통관하느냐가 팔릴지를 결정하는 시대'가 되었다. 특히 미국 관세국경보호청(CBP)과 세관은 다음 사항에 대해 사후검증과 제재를 강화하고 있다.

- 수입 신고서의 정확성
- 원산지 증빙 서류
- 품목분류(HScode)의 타당성
- 수입신고가격(관세평가)의 적정성

📖 사례

반도체를 미국에 수출하던 H사는 미국 세관에 수입물품의 거래 가격이 특수관계자간 거래 가격이라는 가격 정보를 누락한 채 신고했다가 'Reasonable Care 의무' 위반으로 벌듯을 물고, 다음 거래도 '고위험 기업'으로 분류되어 매건마다 정밀 검사를 받게 되었다.

통관 전략 없이는 미국 시장에서 살아남을 수 없다

이제 트럼프 2.0 시대에서는 미국과 무역을 하려면 단순한 수출전략이 아니라 '통관 전략'이 필요하다. 다음은 트럼프 2.0 시대 통관 전략의 핵심이다.

전략 항목	구체적 대응방안
관세 예외 확인	관세 부과 목록과 예외 품목을 실시간으로 점검
원산지 기준 준수	역외가공 규정을 확인하고 원재료 공급망 재구성 및 원산지 규정을 충족하도록 제조 공정 조정
서류작성 정확성	품목분류·원산지·가격에 대한 전문 컨설팅 필요
관세사 연계	미국 현지 전문 관세사와 협업 체계 구축
리스크 점검	수출 전 사전 통관 시뮬레이션과 세율 분석 수행

트럼프 2.0 시대, 통관은 단순한 '절차'가 아닌 '전략'이다

자유무역의 시대에는 관세와 통관이 '기계적 행정절차'에 불과했지만, 지금은 정책 전쟁의 최전선이 되었다. 특히 미국은 자국법을 근거로 예고 없이 관세를 부과하고 통관 기준을 바꾸는 방식으로 외국 기업의 진입을 통제하고 있다. 수출기업들은 이 새로운 질서에 맞는 '통관 전략'을 갖추지 않으면 시장에서 살아남기 어려운 시대를 맞이하게 될 것이다.

2 관세의 중첩 부과 문제 – 같은 물건에 관세를 두 번 낼 수도 있다?

트럼프 2.0 행정부 들어 미국의 관세 정책은 마치 복합 퍼즐처럼 복잡해졌다. 하나의 수입 제품에 대해 여러 종류의 관세가 한꺼번에 적용되는 일이 벌어지기 시작한 것이다. 이는 과거 자유무역 시대에는 상상하기 어려운 일이다. 그때는 '관세 한 번 내면 끝'이었지만, 지금은 같은 물건에 관세를 두 번, 세 번 낼 수도 있는 시대가 되었다.

실제 사례로 한 번 살펴보자. 한국의 자동차 부품 수출 기업 A사는 미국에 서스펜션[54] 부품을 수출하고 있다. 그런데 이 부품은 철강으로 만들어졌고, 수출 상대국이 중국이라면 다음과 같은 관세가 중복 적용될 수 있다.

---

54) 자동차 서스펜션 부품은 도로의 충격을 흡수하고 차량의 주행 안정성과 승차감을 유지하는 차체와 바퀴 사이의 연결 구조를 구성하는 핵심 요소이다. 주요 부품에는 스프링(충격 흡수), 쇼크 업소버(진동 감쇠), 컨트롤 암(휠 위치 제어), 스트럿, 스태빌라이저(차체 흔들림 제어) 등이 있으며, 이들이 함께 작동해 조향, 제동, 코너링 시 차량의 균형을 유지한다.

① 철강 232조 관세 – 미국이 국가안보 이유로 부과하는 고율 관세 (보통 50%) 또는

② 자동차 부품 관세 – 미국 산업 보호를 위한 별도 관세

③ 301조 보복관세 – 중국에 대한 무역보복 관세

이 세 가지 관세 중 2가지가 적용되면 총 두 번의 관세가 부과될 수 있다는 뜻이다. 실제로 이런 중첩 부과 가능성은 미국 수입업체와 해외 수출업체 모두에게 커다란 불확실성을 안겨주고 있다.

관세 중첩 문제의 핵심 요약

2024년 4월 29일, 미국 정부는 이런 중첩 문제를 줄이기 위해 행정 명령을 발표했다. 주요 내용을 쉽게 풀어보면 다음과 같다.

항목	내용	중첩 가능 여부
자동차 및 부품 ↔ 철강/알루미늄 관세	자동차에 대한 관세와 철강·알루미늄 관세는 중첩 불가	❌ 불가
자동차 및 부품 ↔ 캐나다·멕시코 관세	USMCA 회원국 제품에 대한 기존 관세와는 중첩 불가	❌ 불가
철강 관세 ↔ 알루미늄 관세	파생제품에 함유된 경우 이 둘은 함께 부과될 수 있음	☑ 가능
자동차 및 부품 ↔ 기타 중국 관련 관세 (예: 펜타닐 대응 관세)	중첩 부과 가능	☑ 가능

또한 미국 정부는 다음과 같은 실무 지침도 함께 발표하였다.

• 5월 16일 0시 전까지 해당 품목의 HTSUS(미국 세율표) 코드 개정이 완료되어야 함

- 2024년 3월 4일 이후 수입된 물품까지 소급 적용 가능 (이전에 낸 관세는 환급 가능)
- 상무부와 국토안보부가 추가 지침 제공 예정

관세부과 체계의 이해: 기본관세에 더해지는 트럼프 2.0식 추가 관세

미국은 K-Origin(한국산) 제품에 대해 단순히 하나의 관세율만 적용하지 않는다. 기본적인 관세율(또는 한미 FTA 관세율)에 더해, 추가적인 법률에 근거한 관세가 겹겹이 붙는 구조로 되어 있다. 다시 말해, 총관세는 다음 세 가지로 구성된다.

[그림] 미국 관세율 부과 체계

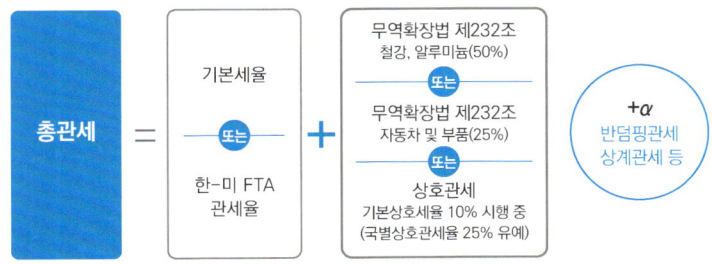

자료 출처: 미국비특혜원산지판정 대응 체크포인트, 관세청, 원산지정보원, p.9.를 필자가 수정

● 기본세율 또는 한미 FTA 관세율

우선, 어떤 제품이든 미국에 수입될 경우 IEEPA(국제비상경제권한

법)을 근거로 한 '기본 관세율'이 적용되거나, 한미 FTA에 따라 관세가 면제되거나 낮은 세율이 적용된다. 예를 들어, 한국에서 만든 전기밥솥은 한미 FTA에 따라 관세가 0%로 면제 될 수 있다. 하지만 이게 끝이 아니다.

● 무역확장법 232조나 상호관세 등 추가 관세

여기에 미국 정부는 자국 산업 보호나 국가안보라는 명목으로 추가 관세를 붙인다. 대표적인 것이 '무역확장법 232조'에 따른 관세다. 이 법은 철강과 알루미늄 파생제품에 대해 50%의 고율 관세를 부과할 수 있도록 허용한다. 예를 들어, 한국에서 철강을 생산해 미국에 수출할 경우, 한미 FTA로 기본관세는 면제되더라도, 232조에 따라 50% 관세가 붙을 수 있다.

이와 별도로 '상호관세'가 부과된다. IEEPA(국제비상경제권한법)를 근거로 하여 미국이 수입을 많이 하지만 무역적자 규모가 큰 중국, 일본, 한국 등에 대해서 11~50% 수준의 상호관세를 부과한다. 한국도 트럼프 미정부와 협상이 진전이 없게 되면 2025.8.부터 일본과 같이 25%의 상호관세를 부과 받게 되어 있다.

● +α 조치: 반덤핑관세, 상계관세 등

여기에 덧붙여 반덤핑관세나 상계관세 등도 적용될 수 있다. 이는 미국이 특정 국가 제품이 '시장가격보다 너무 싸게 팔린다'고 판단하거나, 해당 정부의 보조금 혜택을 받았다고 판단할 경우 추가로 부과되는 세금이다. 예를 들어, 중국산 타이어가 미국 시장에서 지나치게 낮은 가격으로 판매될 경우, 미국은 반덤핑관세를 부과해 가격을 높게 만든다. 한국산 제품이 이런 조사 대상이 되는 경우도 적지 않다.

미국 관세 중첩 부과사례

사례 1: K-Origin(한국산) 철강제품
- 기본 관세율: FTA로 인해 0%
- 무역확장법 232조 관세: +50%
- 총 관세율: 50%

사례 2: K-Origin(한국산) 자동차 부품
- 기본 관세율: FTA로 인해 0%
- 무역확장법 232조 자동차 관세: +25%
- 총 관세율: 25%

사례 3: 중국산 제품을 동남아에서 재포장해 K-Origin(한국산)으로 수출한 경우
- 기본 관세율: FTA 적용 불가(원산지 인정 안 됨)
- 232조 또는 상호관세 적용
- 반덤핑관세 또는 상계관세까지 추가될 가능성 있음
- 총 관세율: 50% 이상

통관은 단순한 과정이 아니라 전략적 대응의 시작점이다

이처럼 미국의 관세체계는 단층이 아니라 여러 관세가 겹쳐 적용되는 중첩구조로 되어 있다. 특히 트럼프 2.0 시대에는 무역확장법, 상호관세, 반덤핑조치 등이 자유롭게 활용되기 때문에 단순히 한미 FTA만 믿고 수출을 준비해서는 안 된다. 관세사의 조력이 중요한 이유가 여기에 있다. 자신의 수출 품목이 어떤 관세에 노출될 수 있는지 사전에 분석하고, 그에 맞춰 전략적으로 대응해야 수출 시장에서 생존할 수 있다.

중첩 관세, 기업에게는 '지뢰밭'과 같다

복수의 관세가 동시에 적용될 가능성이 커지면서, 기업은 관세비용을 정확히 예측하기가 매우 어려워졌다. 특히 문제가 되는 것은, 관세 간 우선 순위가 명확하지 않을 경우 어떤 규정이 최종 적용될지 알기 어렵는 점이다.

예를 들어:

- 중국산 전기차 부품을 미국에 수출할 경우,
  - *301조 보복관세*(중국 대상),
  - *자동차 부품 보호관세,*
  - *탄소배출 관세(추진 중)*[55]

이 모두 부과될 가능성이 있어, 최종 관세율은 50%를 넘을 수도 있다.

이처럼 중복 적용 여부는 제품의 원산지, 구성 재료, HS코드, 적용 협정 등 다양한 요소에 따라 달라지기 때문에, 단순 계산이 불가능하다.

---

55) 트럼프 2기 정부는 탄소국경세 도입을 정책 후보로 고려 중이며, 이미 일부 법적 검토와 법안 발의가 이뤄진 상태이다. 다만, 아직 공식적인 추진 단계는 아니지만 가까운 시일 내에 법제화 논의가 본격화될 수 있는 상황이다.

미국에 물건을 수출하는 기업이라면 이제 단순히 제품만 보내는 시대는 지났다. 신고 자체가 하나의 전략이자 책임이 되는 시대가 도래한 것이다. 그 중심에는 바로 '합리적 주의의무(Reasonable Care)'라는 개념이 있다.

합리적 주의의무란?

쉽게 말해, 미국에 물건을 들여오려는 사람(수입자)은 스스로 통관 정보를 정확히 알아보고 신고해야 한다는 것이다. 미국 관세국경보호청(CBP)과 세관은 더 이상 '수입자의 착오'를 너그럽게 봐주지 않는다. 품목분류, 과세가격, 원산지 등 핵심 정보를 정부가 대신 확인해 주는 것이 아니라, 기업이 자발적으로 확인하고 그 책임을 져야 하는 구조로 바뀐 것이다.

● 실제 사례로 이해해 보자

한국의 화장품 브랜드 B사는 자사 스킨케어 제품을 수출했다. 그런데 문제는 제품에 포함된 원료 중 일부가 FDA 규제 대상인지 몰랐고, HS 코드도 의약외품이 아닌 단순 미용제품으로 잘못 분류했다.

● 결과는 어떻게 되었을까?
  ▸ 미국 세관에서 통관 보류,
  ▸ 제품 전량 리콜 및 보관료 발생,
  ▸ 추후 과태료 부과와 수입자 신뢰도 하락이라는 3중고에 시달리게 되었다.

이 모든 것은 단지 제품 성분에 대한 정확한 파악과 품목분류 코드 분류를 게을리했기 때문이다. 즉, '합리적인 주의 의무'를 다하지 않았다는 이유만으로 해당 기업은 미국 수입 통관의 문 앞에서 통과가 차단된 것이다.

왜 합리적 주의의무가 중요해졌을까?

과거에는 FTA 등 정부 간 협정에 따라 수출입 절차만 잘 따르면 통관 문제가 거의 없었다. 그러나 트럼프 2.0 이후 미국은 보호무역을 강화하면서 수입자에게 더 많은 책임을 지우는 구조로 전환한 것이다.

[표] 미국 수입자 책임 수준 비교

구분	과거	현재 (Reasonable Care 시대)
통관절차	정부 간 협정 준수	수입자 스스로 정보 확인 및 책임 부담
통관오류 발생시	단순 수정	과태료, 수입금지, 기업신용 하락
법령 준수의무	정부가 가이드 제공	기업이 법령과 판례 스스로 숙지해야 함
품목분류·원산지 혼동 가능성	가능성 적음	가능성 높음. 실수 시 리스크 매우 큼

기업은 어떻게 준비해야 할까?

미국 통관에서 합리적 주의의무를 충실히 이행하기 위해, 기업은 다음과 같은 실무적 준비가 필요하다.

① **정확한 품목분류(HS Code) 확인** → 관세국경보호청(CBP) 유권해석 사례 등을 기반으로 사전 검토
② **과세가격의 적정성 증명** → 운송비, 보험료, 로열티, 중개수수료

등 포함 여부를 투명하게 정리

③ **원산지 기준 이해 및 증빙 서류 준비** → FTA 원산지 기준 충족 여부, 역외가공 여부 검토 및 입증서류 준비

④ **문서 보관 체계 확립** → 수출입 계약서, 송품장, 운송장, 미국 세관 수입신고서, 관세 품목분류 입증자료, 원산지 입증자료 등을 최소 5년 이상 보관

⑤ **관세사와 협업 체계 구축** → 한국 관세사 및 미국 현지 관세사와 수시 상담 체계 마련

'몰랐어요'는 이제 통하지 않는다

미국의 새로운 통관 패러다임인 "수입신고에서 발생한 실수는 수입자 당신 책임이다."라는 말은 단순한 경고가 아니다. 수출입 기업이 이제는 법령을 읽고 해석하며, 증빙까지 완비한 상태에서 '정확한 신고'를 해야 하는 시대임을 뜻하며 이는 지금까지 경험해 본 적이 없는 새로운 환경이다. 따라서 기업은 더 이상 '통관은 관세사가 알아서 해주겠지'라는 생각을 버리고, 스스로 정보의 주체가 되어야 한다. 그것이 바로 트럼프 2.0 시대, 합리적 주의의무라는 새로운 게임의 규칙이다.

4 새로운 신고 방식의 등장: 얼마나 들어있나가 중요해졌다 - 함량 과세란?

미국의 통관 정책은 이제 단순히 어떤 물건이냐보다 그 안에 '무엇이 얼마나 들어있느냐'를 묻기 시작했다. 이것이 바로 '함량 과세(Content-

Based Tariff)'의 개념이다. 과거에는 제품 전체의 품목분류나 관세율만 잘 신고하면 됐지만, 이제는 제품 속에 포함된 철강이나 알루미늄 등의 함량이 새로운 과세 기준으로 등장하고 있다. 즉 미국 세관에 수입신고하는 제품 속에 들어 있는 철강이나 알루미늄 등의 함량까지 정확하게 계산하여 그에 해당하는 관세율과 관세까지 정확하게 산출하여 신고하여야 하는 것이다. 특히 트럼프 2.0 체제 하에서 보호무역이 강화되면서, 이런 '재료 비율'이 관세 부담을 결정짓는 핵심 변수가 된 것이다.

파생제품에도 예외 없다: 철강·알루미늄 함량과 나머지 부분 모두 과세된다

2025년 6월 4일부터 미국의 철강·알루미늄 관세 부과 방식이 더욱 강화되었다. 기존에는 철강이나 알루미늄이 포함된 제품이라도, 그 함량 부분에만 25% 관세를 부과하고 나머지 구성요소에는 별도 과세를 하지 않았다. 하지만 새롭게 변경된 규정에 따르면, 해당 함량 부분에는 무려 50% 관세를 부과하고, 나머지 미함량 부분에도 '상호관세'가 적용되도록 규정이 강화되었다.

예를 들어, 철강 파생상품 중 철강 함량이 10%, 알루미늄 함량이 5%인 제품이라면, 이 15% 부분에는 50% 그율 관세가 부과되고, 나머지 85%에 대해서는 25%의 상호관세가 적용되는 구조가 된다. 즉, 제품 전체가 고관세 구조에 포함되면서 실질적인 평균 관세율이 폭등하게 된다.

이러한 과세 구조는 다음과 같은 시사점을 가진다. 단순히 철강·알루미늄이 일부 포함되었다고 해서 나머지 구성품은 면세되지 않는다. 제품 전체의 가치 중 어느 부분이 철강 또는 알루미늄에 해당하는지 명확하게 계산하고 서류로 증빙하는 작업이 필수가 된 것이다.

실제 사례로 알아보자

예를 들어, 한국의 전자부품 제조사 A사는 미국 자동차 부품업체에 알루미늄이 15% 들어간 냉각장치를 납품한다. 과거에는 이 제품이 완제품 기준으로 통관되었지만, 지금은 제품 안에 들어간 알루미늄의 가치에 대해서 별도 관세를 부과받고, 나머지 부분에 대해서는 25%의 상호관세를 부과받게 되었다.

문제는 여기서 끝나지 않는다. 만약 A사가 알루미늄 함량을 정확히 신고하지 않거나 과소평가할 경우, 미국 관세국경보호청(CBP) 및 세관은 전 제품가치 전체에 대해 관세를 소급 적용할 수 있다. 즉, 단순한 신고 실수 하나로 수천만 원에서 수억 원의 추징관세와 가산세를 부담할 수 있는 것이다.

철강·알루미늄 '함량 가치'는 관세평가로 산정한다

미국이 철강 또는 알루미늄이 포함된 파생제품에 대해 관세를 부과할 때, 단순히 포함 여부만으로 세율을 정하지 않는다. 관세 부과의 기준이 되는 핵심 요소는 바로 제품 내에 포함된 철강 또는 알루미늄의 '함량 가치'이다. 이 함량 가치는 관세평가(Customs Valuation)[56]를 통해

---

56) 관세평가는 수입물품에 대해 관세를 부과하기 위한 과세가격을 결정하는 중요한 절차로, 실제거래 가격을 기준으로 한다. 국제적으로 통일된 WTO 관세평가협정(Agreement on Customs

다음과 같은 방식으로 산정하게 된다. 관세평가 원칙에 따라 '수출판매된 물품에 대하여 실제로 지급하였거나 지급하여야 할 거래가격(The price actually paid or payable for the goods when sold for export to the country of importation)'이 기준이 된다. 즉, 구매자가 해당 철강 또는 알루미늄 성분에 대해 실제로 판매자에게 지급했거나, 향후 지급하기로 한 금액이 기준이 된다. 미국은 수입물품의 과세가격 기준을 FOB가격을 기준으로 하고 있기 때문에 운송비, 보험료, 선적 서비스 수수료 등은 제외되며, 철강·알루미늄에 해당하는 직접적·간접적 비용만을 반영한다.[57] 일반적으로는 송품장(invoice)에 명시된 금액을 근거로 삼지만, 미국 세관(CBP)이 이 정보만으로 불충분하다고 판단할 경우에는 보완자료를 요청하거나, 자체적으로 재산정할 수 있다. 예를 들어, 건설용 조립형 철재 구조물 중 일부에 알루미늄 부품이 포함되어 있다면, 해당 알루미늄 부품에 대해 얼마의 비용이 발생했는지를 명확하게 제시해야 한다. 이 함량 가치가 전체 제품 가격 중 얼마를 차지하는지에 따라 고율 관세가 부과되는 비율도 달라지게 된다. 결국, 철강·알루미늄 관세 대응의 핵심은 '정확한 함량 가치 산정'에 있다.

이에 따라 기업은 다음과 같은 점을 유의해야 한다. 부품 단위별 비용 산출 체계를 미리 갖추어야 한다. 추정값이 아닌 실제 계약서와 송장

Valuation)에 가입한 한국과 미국을 포함한 166개 협정국이 협정의 내용을 자국 관세법에 수용하여 운영되고 있다.

57) FOB(Free On Board)는 본선인도조건(가격)을 말하며, 수출자가 수출국의 선박에 적재할 때까지 물품에 대한 위험과 비용을 부담하는 국제 무역의 정형거래조건(Incoterms)이다. CIF(Cost, Insurance and Freight)는 운임보험료 포함조건(가격)을 말하며, 수출자가 수입국의 목적항까지 운임과 보험료를 부담하는 조건이다. 한국은 CIF가격을 과세가격으로 채택하고 있지만, 미국은 FOB가격을 관세의 과세가격으로 채택하고 있다.

기반 수치를 확보하는 것이 중요하다. CBP의 요구 기준에 맞춘 문서화가 필수적이다. 단순 원가자료가 아닌, 관세평가 기준에 맞는 '실제 지급 금액'을 증빙해야 한다. 철강·알루미늄 외 구성 요소와 명확히 구분되는 비용구조를 보여주어야 한다. 그래야 나머지 부분에 대해 부과되는 상호관세와 구분할 수 있다. 결론적으로, 철강·알루미늄의 '함량' 그 자체보다도 '그에 해당하는 가치'를 얼마로 인정받느냐가 관세 부담을 좌우하게 된다. 따라서 실무적으로는 이 함량 가치를 어떻게 산정하고 증빙할 것인가가 관세 전략의 핵심이 되는 것이다.

미국 관세국경보호청(CBP)가 요구하는 '합리적 주의'란?

미국 관세국경보호청(CBP)과 세관은 수입자에게 다음과 같은 기준을 요구하고 있다.

- 자발적으로 정확한 정보를 신고할 것
- 수입자의 '최선의 지식과 신념'에 따라 정확하다고 믿을 수 있는 정보를 제출할 것
- 필요시 철강/알루미늄 분석 인증서(Certificate of Analysis)를 요청할 수 있음

즉, 지금은 관세국경보호청(CBP)이 수입신고 시점에서 무조건 인증서를 요구하지 않지만, 언제든 요구할 수 있다는 전제 하에 신고 내용의 정확성 책임은 온전히 기업에 있는 것이다.

함량 과세가 적용되는 방식

다음은 실제 함량 과세와 관련된 주요 적용 항목과 세부 사항을 정리한 표이다.

[표] 함량과세 주요 내용

구분	설명
적용 대상	철강 및 알루미늄이 포함된 파생 제품 (HTS 73류, 76류 외도 가능)
증빙 방식	일반적으로 송장(invoice)에 명시된 원재료 가격을 기준으로 판단
과세 기준	철강·알루미늄의 '지급하였거나 지급할 금액'만 관세 평가 기준으로 삼음
운송·보험료 포함 여부	포함하지 않음 (재료 자체 가치만 계산)
위반 시 조치	허위 신고 시 전체 제품가치에 대해 소급 관세 부과 가능

USMCA와 '비미국산 내용물' 신고 의무

특히 북미 자유무역협정(USMCA) 하에서 자동차와 그 부품을 수입하는 경우, 비미국산 원재료가 얼마만큼 들어갔는지를 별도로 신고해야 한다.

이 규정을 어길 경우 다음과 같은 불이익이 따른다:

• 미국산 내용물이 20% 이상 들어간 경우 → 비미국산 재료에 대해서만 관세 부과
• 그러나, 미국산 비율을 과장하거나 근거 없이 신고하면 → 전 제품 가치 전체에 관세가 부과되고, 과거 수입까지 소급 적용됨

즉, 미국산 원재료를 얼마나 사용했느냐가 혜택을 결정하지만, 정확하게 신고하지 않으면 오히려 더 큰 리스크로 되돌아오는 것이다.

이제는 '무엇으로 만들었느냐'가 돈을 좌우한다

트럼프 2.0의 보호무역 정책은 단순한 '고율 관세'에 그치지 않는다. 제품 안에 어떤 재료가 얼마나 들어갔는지를 기준으로 세금을 매기는 복잡한 구조로 진화하고 있다. 이제 수출기업은 단순히 물건을 팔고 넘기는 시대를 넘어, 세관에 보고하는 모든 정보 하나하나에 전략을 담아야 한다. '합리적 주의'와 '정확한 분석'이 기업 생존의 핵심이 되는 시대, 이제는 관세 자체가 무역전략이다.

5 중국산 소액면세 물품, 이제는 '무조건' 관세 납부 시대

직구로 샀는데 관세가 물품 값의 120%?

이제는 그냥 웃어 넘길 수 없는 이야기다. 2025년, 트럼프 2.0 행정부는 중국과 홍콩에서 오는 저가 소액물품에도 고율 관세를 부과하는 초강수 정책을 시행하기 시작했다.

예전에는 미국 소비자들이 알리익스프레스(AliExpress)나 테무(Temu) 같은 플랫폼에서 800달러 미만의 상품을 사면 관세 없이 통관되었지만, 이제는 다르다. 소액이든 고액이든 중국발 물품은 모두 신고하고 세금도 내야 하는 것이다.

무엇이 바뀌었나?

트럼프 행정부는 기존 소액면세제도(De Minimis Rule)가 중국산 저가 물품의 우회 유입 통로로 악용된다고 보고, 다음과 같은 방식으로 시스템을 정비하였다.

[표] 중국 또는 홍콩발 소포 → 미국 수입 시 관세 부과 방식

구분	내용
Ad Valorem 방식	① 2025.5.2.~5.13. 상품 가치의 120%를 관세로 부과 ② 2025.5.14. 이후 상품 가치의 54%를 관세로 부과
Specific Duty 방식	우편물당 $100 정액 부과

> **예시**
>
> 소비자 A씨가 2025년 6월 15일, 알리익스프레스에서 $40짜리 충전기를 주문했다면 기존에는 세금 없이 통관되었지만, 이제는 Ad Valorem 방식으로 $21.6 세금(54%) 또는 정액 $100 중 하나가 부과된다. 운송업체가 선택한 방식에 따라 다르게 과세되는 것이다.

누가 세금을 걷고, 어떻게 납부되나?

과거에는 미국 관세국경보호청(CBP)이 면세를 해주었다. 그러나 이제는 관세국경보호청(CBP)뿐만 아니라 배송업체가 세금을 대신 걷는다. DHL, FedEx, USPS, UPS와 같은 운송업체가 소비자로부터 관세를 징수한다. 운송업체가 이 관세를 모아서 관세국경보호청(CBP)에 납부하는 것이다. 단, 여기서 중요한 점은 운송업체는 한 번 선택한 방식으로 한 달간 모든 소포에 동일하게 적용해야 한다는 것이다. 만약 운송업체가 관세를 납부하는 방식을 바꾸고 싶다면 최소 24시간 전에 관세 국경보호청(CBP)에 이메일로 통보해야 한다. 변경 통보용 이메일 주소는 CBPDM@cbp.dhs.gov와 IntiMailDutyHelp@cbp.dhs.gov이다.

왜 이런 변화가 생겼을까?

이유는 간단하다. 먼저 소액면세제도 악용 사례가 급증한 문제의 심각성을 미국 정부가 인식했기 때문이다. 중국의 A사, T사, S사 등 인터넷 쇼핑몰 플랫폼들은 고의로 송장 가격을 낮게 기재하거나, 고가 물품의 수입가격을 $799로 맞춘다든지 하는 방법을 보편적으로 사용해 왔다. 뿐만 아니라 고가의 물품을 여러 소포로 나누어 배송하는 방식으로 미국의 관세를 회피해 온 것이다.

다음으로는 미국 정부가 미국 소비자 편익 보다는 미국산 제품 보호에 중점을 두기 시작한 것이다. 지난 10여 년간 미국 기업들은 세금도 안 내고 들어오는 중국산 상품 때문에 국내 시장이 무너진다고 피를 토하며 호소해 왔던 것이 이제야 결실을 보게 된 것이다.

마지막으로 미국 정부는 소액면세제도 악용으로 발생하는 세수(稅收) 손실을 감내하기 어려운 수준이라는 것을 인정한 것이다. 미 정부는 2024년에만 108억 달러(약 14조 원)의 관세 수입을 소액면세제도 때문에 놓쳤다고 발표한 것이 이러한 변화의 배경을 짐작케 한다.

미국 못지 않게 심각한 한국 전자상거래(해외직구) 물품 면세통관

한국의 전자상거래(해외직구) 물품에 대한 목록통관 및 소액면세제도 운영 실태는 미국에 뒤지지 않을 정도로 광범위하게 시행되고 있다. 그러나 이로 인해 발생하는 세수 손실이 최근 들어 급격히 증가하고 있으며, 이는 이미 정부가 감내하기 어려운 수준에 이르고 있다. 특히 중국을 포함한 해외 전자상거래 플랫폼을 통해 한국으로 배송되는 물품에 대해 관세와 부가가치세가 면제되는 구조는 국내 기업 입장에서 명백한 역차별로 작용하고 있다. 국내 면세점 업계를 포함하여 다수의 유통·소매 기업들이 이러한 제도로 인해 매출 하락과 경쟁력 약화라는 이중고를 겪고 있으며, 이 추세가 지속될 경우 수년 내에 산업 생태계 전반이 고사할 가능성도 배제할 수 없다. 따라서 현행 소액면세제도의 제도적 허점을 조속히 보완하고, 내국 기업과 외국 전자상거래 기업 간의 과세 형평성을 확보하는 조치가 시급하다.

소액 직구도 '정식 통관' 시대

2025년 이후, 중국과 홍콩발 소액 직그는 더 이상 '세금 없는 쇼핑'이 아니다. 트럼프 2.0 시대의 새로운 무역 질서는 작은 상품 하나까지도 미국 내 제조업 보호를 위한 정책 수단으로 삼고 있다. 이제는 수출기업도, 소비자도, 운송업체도 모두 세금과 신고 절차에 대해 정확히 이해하고 준비해야 살아남을 수 있는 시대가 되었다.

더 나아가 이 내용은 '한국 기업이 미국에 저가 소비재를 수출할 때도 적용될 수 있는 사전 경고'로 볼 수 있다. 향후 미국이 K-Origin(한국산) 소액배송에도 유사한 규제를 적용할 가능성이 있는 만큼, 지금부터 정확한 신고, 납세 시스템 구축, HS코드·원산지 투명화 전략을 미리 갖추는 것이 필요하다.

미국 원산지판정 중요성 증대 및 검증 강화 가능성

1 왜 원산지가 중요해졌을까? 자유무역에서 보호무역 시대로

트럼프 2.0 행정부의 출범과 함께 글로벌 무역 질서는 다시 한 번 요동치고 있다. 과거 자유무역 체제 하에서는 제품의 원산지가 무역에 끼치는 영향이 제한적이었다. 대부분의 경우, FTA 혜택을 적용받기 위한 형식적 요건으로 원산지증명서를 제출하는 방식으로 원산지를 증명하면 되었고, 별다른 검증 절차 없이 수출입이 가능했다.

그러나 지금은 상황이 완전히 달라졌다. 보호무역 기조 아래에서는 원산지에 따라 부과되는 관세율 차이가 천차만별이며, 원산지를 사실과 다르게 잘못 신고한 사실이 확인되는 경우 과거 납부한 관세에 추가하여 수백 퍼센트의 고율 관세가 부과될 수도 있는 시대가 되었다. 특히 미국은 중국산 제품에 대해 최대 30% 수준의 관세를 부과하고 있어, 기업 입장에서는 어디서 최종 상품이 제작되었는지 보다 원산지가 어느 국가로 판정되느냐가 실질적인 무역 거래의 비용에 큰 차이를 만들게 된 것이다.

아래 표는 대표적인 품목에 대해 한국과 중국의 대미 수출 시 부과되는 세율을 비교한 것이다.

품목	한국산 관세율	중국산 관세율
자동차 부품 (HS 8708)	25%	최대 50% (301조)
전자제품 부속 (HS 8536)	25%	32.7%

이러한 차이로 인해 기업들이 원산지를 유리한 국가로 조작하거나, 실제 생산지가 아닌 제3국을 경유하여 통관하는 '원산지 세탁(origin laundering)' 시도가 늘고 있다.

미국 관세국경보호청(CBP) 및 세관은 이러한 우회수출 시도를 정밀하게 분석하고 실제 원산지를 판정하기 위해 현지 검증과 자료 요청을 강화하고 있다. 특히 중국산 과잉공급이 우려되는 철강, 알루미늄, 일부 기계류 등은 집중적인 사후검증 대상이다.

※ **파이낸셜 타임스 보도 사례:**
- 사례: 중국산 물품을 베트남에서 단순 재포장하거나 가벼운 조립 후 'Made in Vietnam'으로 수출
- 관세국경보호청(CBP) 대응: 베트남 생산 공장 방문, 실질적 변형 존재 여부 조사
- 결과: 원산지를 중국으로 판정하고, 고율 관세 부과

2 최근 미국 원산지 판정 사례: 관세국경보호청(CBP)
사전심사(Advance Ruling)

미국 관세국경보호청(CBP)는 원산지 판단에 대해 사전심사 제도를 운영하고 있다. 최근 원산지 사전심사의 대표적 사례로 자동차 에어컨용 모터 어셈블리[58], 리튬이온 배터리 팩, 플라스틱 운송 상자가 있다.

● 관세국경보호청(CBP) 원산지 사전심사 사례1: 생산공정 시나리오별 원산지는?

　▸ **심사번호:** H319601 (2021.7.16.)
　▸ **제품:** 자동차 에어컨용 모터 에셈블리
　▸ **공정 흐름:**
　　1. 스테이터/로터 코어 생산
　　2. 중국에서 모터 부품 가공 및 조립
　　3. 최종 완성 후 멕시코로 이동 및 출하

[표] 미국 관세국경보호청(CBP) 시나리오별 원산지 판정 요약

시나리오	코어 생산국	중간공정 국가	최종 판정 원산지
1	베트남	중국	베트남
2	일본	중국 〉 멕시코	일본
3	한국	중국 〉 멕시코	한국
4	태국	중국 〉 멕시코	태국
5	베트남	중국 (전 공정 수행)	중국

---

58) 자동차 에어컨용 모터 어셈블리는 차량 내부로 냉기나 온기를 순환시키는 송풍기 시스템의 구동장치를 말한다. 주로 블로워 모터, 팬, 하우징, 제어 회로로 구성되며, 운전자가 설정한 풍량에 따라 실내로 공기를 공급하는 역할을 한다. 이 어셈블리는 에어컨 성능, 실내 쾌적성, 소음 수준에 직접 영향을 미치기 때문에 정밀한 제어와 내구성이 중요하다.

전 공정이 중국에서 이루어진 경우에만 중국산으로 판단되며, 코어 원산지가 유지되면 원산지도 해당 국가로 결정되었다.

- 관세국경보호청(CBP) 원산지 사전심사 사례2: 리튬이온 배터리팩의 원산지는 어디일까?

  ‣ **심사번호**: N347193 (2025.4.9.)

  ‣ **제품**: 리튬이온 배터리팩 (lithium-ion battery pack)[59]

  ‣ **구성**:

  - 중국산, 말레이시아산, 한국산 배터리 셀
  - 중국산 인쇄회로기판 등 부품
  - 조립 장소: 폴란드

  ‣ **쟁점**: 배터리 셀(cell)을 배터리 팩(pack)으로 조립한 것이 '실질적 변형(substantial transformation)'에 해당하는지 여부

  ‣ **관세국경보호청(CBP) 판단 기준**: 관세국경보호청(CBP)은 제품의 이름(name), 특성(character), 용도(use) 등을 고려하여 실질적으로 변경되었는가를 중심으로 판단하였다. 즉, 셀(cell)이 팩(pack)으로 바뀌었지만 그 기능과 정체성에 본질적인 변화가 없다면 '실질적 변형'이 일어났다고 볼 수 없다는 것이다.

  ‣ **결론**: 각 셀의 원산지(중국, 말레이시아, 한국)는 유지된다. 폴란드에서 단순 조립한 것만으로는 '새로운 국가의 원산지'로

---

59) 리튬이온 배터리팩(Lithium-ion Battery Pack)은 여러 개의 리튬이온 셀을 직렬 또는 병렬로 연결하고, 이를 제어·보호하는 시스템과 함께 하나의 모듈로 구성한 에너지 저장 장치이다. 전기차, 스마트폰, 에너지 저장장치(ESS) 등 다양한 분야에서 사용되며, 고에너지 밀도, 경량, 충·방전 효율이 높은 것이 특징이다.

인정되지 않는다.

따라서 배터리 팩은 혼합원산지 제품으로 판단되며, 미국 수입
시 각 셀의 원산지를 기준으로 판단해야 한다.

▸ **시사점**: 이 사례는 전기차, ESS, IT기기 분야의 기업들이 주의해
야 할 대표적 케이스다. 단순히 여러 나라에서 부품을 모아 조립
했다고 해도, 미국 통관당국은 이를 최종 생산국가의 제품으로
간주하지 않을 수 있는 것이다. 단순 조립, 단순 가공 및 포장 등
만으로는 원산지가 바뀌지 않으므로, 생산 공정 설계 초기부터
그 기능과 제품의 정체성 등에서 '실질적 변형'을 입증할 수 있는
기준을 충족할 수 있도록 고민해야 한다.

● 관세국경보호청(CBP) 원산지 사전심사 사례3: 플라스틱 운송 상자,
원산지는 중국? 한국?

▸ **심사번호**: N346907 (2025.4.4.)

▸ **제품**: 대형 플라스틱 운송 상자

▸ **부품 원산지**:

　– 중국산: 상단 덮개, 슬리브, 하단 구조

　– 한국산: 내부 트레이 인서트

▸ **조립 장소**: 한국

▸ **쟁점**: 한국에서 여러 개의 부품을 단순히 조립한 행위가 '실질적
변형'에 해당하는가?

▸ **관세국경보호청(CBP) 판단 기준**: 관세국경보호청(CBP)은 '조
립 작업이 복잡하고 본질적인 성격의 변경을 수반하는가'를 기준

으로 판단하였다. 즉, 단순히 나사나 클립을 이용해 조립한 정도라면 새로운 제품을 만든 것이 아니라 기존 부품의 결합에 불과하다고 본다.

▶ **결론**: 조립은 단순 조립(simple assembly)에 불과하며 실질적 변형이 발생하지 않았다.

따라서 이 운송 상자의 관세상 원산지는 중국으로 판정되었다.

▶ **시사점**: 제품 생산의 일부를 한국에서 수행하더라도, 단순 조립에 그친다면 미국 수입 시 중국산으로 간주되어 고율 관세가 부과될 수 있다. 이 경우 FTA 혜택도 받을 수 없게 되므로, 조립 작업의 난이도와 기술적 기여도를 반드시 고려해 생산 공정을 기획해야 한다.

3 실질적 변형 기준과 원산지 판정 요소

미국은 단순한 조립이나 라벨 부착만으로는 원산지 변경이 발생했다고 보지 않는다. 다음 기준을 고려하여 실질적 변형 여부를 판단한다.

[표] 실질적 변형여부 고려 기준

판단 기준	설명	예시
HS코드 변경	완성품의 HS 코드가 원재료와 다를 경우	전자기판 → 완제품
기능 변화	완성품이 새로운 기능을 갖는 경우	금속 조각 → 기계 부품
제조공정의 복잡성	단순 포장이 아닌 실질적 제조행위	용접, 기계가공 등

미국과의 무역에서 FTA(자유무역협정)를 활용해 관세 혜택을 받으려면, 반드시 그 물품이 해당 협정에서 정한 '원산지 기준'을 충족해야 한다. 하지만 이 기준을 제대로 이해하지 못하거나 실수로 어기게 되면, 단순히 혜택을 못 받는 수준이 아니라 막대한 손해와 법적 책임까지 떠안을 수 있다.

- ● FTA 혜택을 못 받게 되는 상황 – 관세 0원이 아니라, 25% 폭탄이 날아올 수 있다

가장 기본적인 리스크는 '특혜 관세 혜택 박탈'이다. FTA는 정해진 조건을 충족한 제품에 대해서만 FTA에서 규정한 특혜 관세 혜택(통상 0% 관세를 적용)을 준다. 예를 들어, 한미 FTA에 따라 한국에서 만든 냉장고가 미국에 수출될 때, K-Origin(한국산) 부품으로 일정 비율 이상 조립되었다면 관세가 면제될 수 있다. 하지만 만약 이 냉장고에 들어간 주요 부품이 중국산이고, 이로 인해 '원산지 기준'을 충족하지 못했다면? 미국 관세국경보호청(CBP) 및 세관은 해당 제품을 'K-Origin(한국산)'이 아닌 '중국산'으로 보고, FTA 혜택을 적용하지 않게 된다. 그 결과는 단순하다. 한국에서 수출한 냉장고에 대해서 K-Origin(한국산) 원산지 기준을 충족하지 못해서 무관세가 아니라 최대 25%에 달하는 일반 관세가 적용되는 것이다.

- ● 고율 관세의 '소급 적용' 지금까지 들어간 물품 전부 다시 계산해라

더 심각한 문제는 과거 수입물품에 대해서도 소급 적용된 고율 관세가 부과될 수 있다는 점이다. 예를 들어, 어떤 회사가 최근 3년간 지속적으로 'K-Origin(한국산)'으로 신고하고 미국에 수출한 자동차 부품

이 있다고 하자. 그런데 미국 관세국경보호청(CBP)이 나중에 원산지 검증을 위한 조사를 실시해서 이 부품이 실질적으로는 중국에서 생산된 부품을 한국에서 단순 조립 공정만 수행한 것이라 판단하면, 그동안 0% 관세율로 미국에서 수입통관되었던 수출 물량 전체에 대해 '미신고 관세'를 물리게 되는 것이다. 즉, 과거에 미국에서 0% 관세율로 수입통관되었던 수출 물품에 대해 누락된 관세를 소급 징수당하는 것이다.

실제 사례로, 한 한국 부품업체는 베트남을 경유해 미국에 수출하던 제품이 나중에 중국산으로 판단돼, 약 3년치 수출물량에 대해 수백만 달러에 이르는 관세와 이자를 뒤늦게 추징당한 일이 있었다.

● 단순 실수라도 용서되지 않는 미국 통관 시스템 벌금과 법적 책임까지

미국 관세국경보호청(CBP) 및 세관은 고의 여부와 관계없이 잘못된 원산지 신고에 매우 엄격한 책임을 묻는다. 특히, 원산지를 허위로 신고하거나 FTA 원산지 기준을 충족하지 않으면서도 FTA 특혜 관세를 적용받은 경우, 행정적으로 페널티는 물론, 고의성이 드러나면 형사책임도 뒤따를 수 있는 것이다.

예를 들어, 수출업체가 원산지증명서를 형식적으로만 작성해 제출하고, 그 제품이 실제로는 원산지 요건을 충족하지 않음에도 이를 알고도 방치했다면, 관세법 위반으로 수십만 달러 벌금을 부과받을 수 있다. 또, 미국 내 파트너사가 이 사실을 몰랐다고 해도, 미국 측 수입자도 함께 제재 대상이 되기 때문에 거래 관계에도 악영향을 줄 수 있다.

4 미국 품목분류의 중요성 증대: 비용의 분수령, HS코드 하나에 달렸다

트럼프 2.0 시대가 열리면서 품목분류(HS 코드, Harmonized System Code)는 더 이상 단순한 행정 절차가 아니다. 이제는 무역의 흐름과 기업의 생존에 직결되는 핵심 전략 요소로 자리 잡았다.

1 관세 품목분류란 무엇인가?

품목분류는 세계관세기구(WCO)에서 정한 국제 상품 분류 체계로, 전 세계에서 통용되는 일종의 물품 고유번호다. 이 번호를 기반으로 각 국은 관세율, 수입금지 여부, 수입 요건 등을 결정한다. 미국의 경우에는 HTSUS(Harmonized Tariff Schedule of the United States)라는 자체 목록으로 운영되며, 10자리 체계로 분류된다.

과거에는 HS 코드가 1~2단위 차이가 나도 관세율 차이가 크지 않아 기업들이 관대한 태도를 보이곤 했다. 그러나 이제는 트럼프 정부가 자국 산업 보호를 위해 특정 품목에 고율의 추가관세(301조 관세 등)를 부과하면서 사정은 완전히 달라졌다.

대표적인 예가 중국산 수입품에 대한 대중 관세다. 예를 들어, 중국에서 수입한 공기청정기 부품이 기계 부품(8479류)으로 분류되면 25%의 추가 관세가 붙는다. 하지만 동일하거나 유사한 기능을 가진 부품이 기타 금속제 장식품(8306류)으로 분류되면 추가 관세가 부과되지 않을 수 있다. 이처럼 물품의 기능, 소재, 사용 용도에 따라 분류가 달라질 수 있으며, 이는 수백에서 수천만 원에 달하는 관세 차이를 낳는다.

2 실제 미국 관세국경보호청(CBP) 품목분류 사전심사 사례 분석

사례 1: 중국산 압축 쓰레기통 부품 [N346455, 2025.3.25.]

- 해당 제품은 자동 압축 기능을 가진 쓰레기통 부품이며, 아연도금 강철 패널 등 총 5가지 부품으로 구성되었다.
- 해당 코드는 알루미늄 파생제품에 대한 추가관세 부과 대상에 포함되어 있다.
- 신청인은 단순 금속판에 가깝다는 주장을 했지만, 관세국경보호청(CBP)는 압축 기능의 기계적 특성에 초점을 맞춰 기계류 부품으로 판단하였다.
- 관세국경보호청(CBP)은 이를 HTSUS 8479.90.8500 [기타 기계 및 장치의 부품]으로 분류하였다.

사례 2: 나사 커버 및 패널 클립 심 [H338331, 2025.2.24.]

- 해당 제품은 총 160개의 나사 커버 모델과 15개의 클립 심이며, 신

청인은 장식용 목적이므로 HTSUS 8306.29.0000 [기타 금속제 장식품]으로 분류되기를 희망하였다.

- 그러나 관세국경보호청(CBP)은 실제 기능이 장식이 아닌 구조적 고정이라는 점에 주목하여, 최종적으로 HTSUS 8302.42.6000 [기타 가구 부속품]으로 분류하였다.
- 또한, 일부 모델은 7616.99.5190 [기타 알루미늄 제품]으로 판단되어 파생제품 추가 관세 부과 대상이 되었다.

3 기업이 느끼는 리스크: 왜 이 품목분류가 중요한가?

과거에는 통관이 다소 느슨해도 문제가 되지 않았지만, 트럼프 2.0 하에서는 HS 코드 분류 하나 잘못 잡으면 FTA 특혜관세 혜택 취소, 최대 25~105%의 추가 관세 부과, 과거 수입 분에 대해서 소급 징수와 벌과금은 물론 통관 지연과 수입 금지까지 이어질 수 있다.

특히 미국 관세국경보호청(CBP) 및 세관은 사후 감사와 검증을 강화하면서, 잘못된 분류에 대해 세금 추징, 소명 요구, 수입 정지 조치를 취하고 있다. 따라서 기업은 사전에 정확한 품목분류 전략을 세우고, 필요한 경우 미국 관세국경보호청(CBP)의 Advance Ruling 제도를 통해 사전확인을 받는 것이 매우 중요하다.

트럼프 2.0 시대의 대미 수출 품목의 품목분류는 단순한 번호가 아니라, 적용할 관세의 종류를 가르는 기업의 생존 전략이다. 같은 기능의 상품이라도 어떤 품목분류번호로 결정되느냐에 따라 무관세 또는 25%

이상 관세, 심지어 수입 거부로 이어질 수 있다. 정확한 품목분류와 선제적인 대응만이, 이 복잡한 관세 환경 속에서 기업이 살아남을 수 있는 확실한 길이다.

5 관세평가의 중요성 증대

트럼프 2.0 시대, 특히 철강 및 알루미늄 파생제품의 수입에 대해 고율 관세가 부과되는 상황에서는 통관 시 '관세평가(Customs Valuation)' 의 중요성이 그 어느 때보다 커졌다. 이제 단순히 어떤 물건을 수입하 느냐를 넘어서 그 물건의 정확한 과세가격을 어떻게 책정하느냐가 기 업의 관세 부담을 결정짓는 핵심 요소 중 하나가 되었다.

1 관세평가란 무엇인가?

관세평가는 수입한 상품에 얼마의 관세를 부과할지 결정하기 위한 가 격 산정 방식이다. 즉, 관세율만큼의 관세를 부과하려면, 무엇보다도 세 금을 부과할 '기준 가격'이 필요하다. 이 기준 가격이 바로 과세가격이다.

일반적으로 미국을 포함한 대부분의 국가는 WTO가 채택한 '관세평 가협정(Customs Valuation Agreement)'을 따르며, 그 중심은 거래 가격(transaction value)을 기준으로 한다. 즉, 수입자가 실제로 판매 자에게 지급했거나 지급할 가격을 바탕으로 관세를 계산한다.

2 왜 관세평가가 더 중요해졌는가?

과거에는 대부분의 수입품에 낮은 관세율이 적용되었기 때문에, 과세가격이 조금 높거나 낮더라도 큰 문제가 되지 않았다. 하지만 트럼프 행정부 이후, 특정 국가나 품목에 대해 25% 이상 고율 관세가 도입되면서, 과세가격이 1달러만 높아져도 관세 부담이 크게 뛰는 상황이 발생했다.

예를 들어, 다음과 같은 시나리오를 보자:

[표] 과세가격과 관세율 시나리오

수입가격	관세율	부과 관세
$10,000	5%	$500
$10,000	25%	$2,500
$11,000	25%	$2,750

같은 제품이라도 수입 가격을 어떻게 신고하느냐에 따라 $250 이상의 추가 부담이 생기는 것이다. 이 때문에 수입가격을 낮추려는 유혹도 생기고, 미국 세관의 과세가격에 대한 검증도 그만큼 더 강해지고 있다.

3 철강·알루미늄 파생제품과 함량가치 신고

특히 최근 미국은 철강 및 알루미늄 파생제품에 대해 '함량가치 기준'으로 세금을 부과하는 제도를 시행하고 있다.[60] 이는 단순히 제품 전체

가격이 아니라, 그 안에 포함된 철강 또는 알루미늄의 비중에 따라 세금을 계산하는 방식이다. 철강 및 알루미늄 추가 관세 부과 품목은 미국 대통령 포고령(Proclamation) 9704('18.3.15.), 9705('18.3.15.), 9980('20.1.29.), 10895('25.2.18), 10896('25.2.18.)에 미국기준 HS 코드로 명시되어 있다.

[표] 철강·알루미늄 및 파생제품 관련 미 대통령 포고령 주요 내용

포고령	품목	추가 관세율 및 부과 시기
9704	알루미늄	10%(18) → 25%(25.3.12.) → 50%(25.6.4.)
9705	철강	25%(18) → 25%(25.3.12.) → 50%(25.6.4.)
9980	철강 및 알루미늄 파생상품	철강 25% 알루미늄 10%(20) → 25%('25.3.12.) → 50%(25.6.4.)
10895	알루미늄 및 알루미늄 파생상품	25%('25.3.12.) → 50%(25.6.4.)
10896	철강 및 철강 파생상품	25%('25.3.12.) → 50%(25.6.4.)
10947	철강·알루미늄 및 파생상품	50%(25.6.4.)

* 2018년 철강은 쿼터를 두어 쿼터 내 수입량에 대해서는 추가관세 부과 없이 기본세율 또는 FTA세율이 적용되었으나, 2025.3.12.부로 쿼터 폐지

예를 들어, 알루미늄 프레임이 포함된 가전제품을 수입할 경우 전체 가격이 $1,000이라 하더라도, 알루미늄 소재가 30%를 차지한다면 그 30%에 대해서만 특정 관세를 부과할 수 있다.

---

60) 철강·알루미늄 및 철강·알루미늄이 포함된 파생상품에 대해 부과되는 추가 관세 관련 미국의 발표 내용은 미 연방 관보(Federal Register)에서 확인할 수 있다. (federalregister.gov/presidential-documents/proclamations)

하지만 이 경우 그 30%가 정확히 맞는지, 분석 인증서(certificate of analysis)를 통해 증빙해야 하며, 과장하거나 누락할 경우 관세국경보호청(CBP)은 전체 수입가를 기준으로 세금을 부과할 수 있다. 따라서 함량가치 신고는 관세평가보다도 더 복잡하고 민감한 사안이 되었다.

● 포고령(Proclamation) 명시 품목만 추가 관세가 부과된다

철강이나 알루미늄이 포함되었다는 이유만으로 모든 제품이 추가 관세 대상이 되는 것은 아니다. 미국 정부는 대통령 포고령(Proclamation)을 통해, 관세가 부과되는 철강·알루미늄 제품의 범위를 HS 코드 기준으로 명확히 규정하고 있다. 따라서 철강이나 알루미늄이 포함된 부품이나 완제품이라 하더라도, 그 제품의 HS 코드가 포고령에 명시되어 있지 않다면 해당 제품은 추가 관세 부과 대상이 아니다. 하지만 여기서 주의할 점이 있다. 미국은 필요할 경우 언제든지 철강·알루미늄 파생상품에 대해 새로운 HS코드를 지정하여 포고령을 갱신할 수 있다. 실제로 과거에도 품목 목록은 수 차례 업데이트되어 왔으며, 이로 인해 예외로 간주되던 품목이 갑자기 관세 대상에 포함되는 사례가 발생하기도 했다.

4 미국 관세국경보호청(CBP)의 과세가격 검증 강화 및 기업의 대응 필요성

미국 관세국경보호청(CBP; Customs and Border Protection)[61]

---

61) 미국 관세국경보호청(CBP; Customs and Border Protection)은 국토안보부(DHS) 산하 기관으로, 미국의 국경을 보호하고 수출입 물품의 통관을 관리하는 역할을 한다. 수입물품에 대한 관세 징수, 품목분류, 원산지 검증, 불법물품 차단 등을 수행하며, 미국 무역법 및 관세법 집행의 최전선에 있다. 또한 CBP는 사전심사 제도, AEO(CTPAT), 통관규제 발표 등을 통해 글로벌 공급망의

는 수입자의 신고 내용을 합리적 주의의무(Reasonable Care)기준 하에 검토한다. 이 말은 즉, 수입자는 정확한 가격 정보와 증빙 자료를 스스로 준비하고 검토해야 할 책임이 있다는 뜻이다.

아래는 관세국경보호청(CBP)이 특히 주의 깊게 보는 항목들이다:

- **간접지급금액 포함 여부**: 구매자가 판매자에게 물품 대가로 지급한 금액 외에 제3자에 대한 채무를 변제하는 등 간접적인 지급액이 누락되었는지 검토한다.
- **특수관계자 간 거래**: 계열사, 자회사 등 특수 관계인 사이 거래는 시가보다 낮게 신고될 가능성이 있다고 판단해 세밀하게 검토한다.
- **로열티 등 포함 여부**: 수입물품의 과세가격 산출 시 포함되어야 하는 기술 사용료, 커미션, 포장비 등 비용 요소를 누락했는지 확인한다.

사례로, 한 미국 수입업체가 중국으로부터 부품을 수입하면서 계열사로부터 구매한 제품 가격을 시가보다 20% 낮게 신고하였다. 당초 관세국경보호청(CBP)은 이를 의심하지 않았지만, 이후 원가 계산서와 외부 회계감사 자료를 요구하여 검증했고, 실제보다 낮게 신고한 것이 드러나면서 수년간의 수입물품에 대해 누락된 관세를 소급하여 부과하면서 페널티를 함께 물게 되었다. 이처럼 관세평가 오류는 단순 실수가 아닌, 기업의 신용 문제로도 확산될 수 있다. 특히 트럼프식 보호무역 체제 하에서는 이러한 사례가 급증하고 있다.

규범 형성에도 큰 영향력을 행사하고 있다.

5 관세평가 역량이 기업의 생존을 좌우한다

트럼프 2.0 시대의 고관세 환경은 단순한 '통관절차'가 아니라 글로벌 회계, 법무, 세무, 무역 실무가 융합된 종합적인 대응 체계를 요구한다. 가격 산정의 객관성, 원가자료의 투명성, 사전 심사 및 정부 제도 활용이 곧 관세 리스크를 최소화하고, 수출 경쟁력을 지키는 유일한 해법이 된다.

관세율이 급격히 높아진 시대, 수입가격 하나 잘못 신고했다가 수억 원에 달하는 관세 추징금과 페널티를 맞을 수 있다. 관세평가는 이제 실무의 영역이 아니라 기업 오너나 대표가 직접 챙겨야 하는 경영전략의 중심으로 떠올랐다. 기업들은 정확하고 투명한 가격 신고와, 이를 뒷받침할 수 있는 증빙 시스템 구축, 전문가 대응체계 마련을 통해 이중과세, 불이익, 제재로부터 회사를 보호해야 한다. 성공적인 미국 통관은 철저한 사전 준비에서 시작된다. 품목분류는 수출입 전략의 핵심이며, 관세평가는 기업의 이익을 지키는 생존의 열쇠다.

반덤핑 조사 강화 가능성

1 수출가격이 싸다고 방심하면 '폭탄 관세'를 맞을 수 있다

이제 단순히 물건을 싸게 많이 팔아서 이익을 많이 남겼다고 자랑할 수 있는 시대는 끝나가는 것 같다. 트럼프 2.0 시대의 미국은 수출 가격이 지나치게 낮으면 덤핑이라고 보고, 곧바로 반덤핑 조사에 착수하게 된다. 덤핑이란 해외 시장에서 자국 생산보다 훨씬 낮은 가격으로 제품을 팔아 경쟁 업체를 누르려는 행위를 말하며, 미국은 이를 부당한 거래로 간주하고 일종의 보복 관세 성격을 지닌 반덤핑 관세[62]를 매긴다.

예를 들어, 어떤 기업이 한국에서 만든 철강제품을 미국에 판매할 때, 가격이 현지 미국 철강보다 현저히 낮다고 판단되면, 미국 상무부는 이건 정상 가격보다 너무 싸게 팔았으니 시장을 왜곡하는 덤핑이라 보고 고율의 반덤핑 관세를 부과한다. 여기에 더해, 한국 정부로부터 생산 보

---

62) 미국의 반덤핑 관세(Anti-Dumping Duty)는 외국 기업이 미국 시장에 자국 내 판매가격보다 낮은 가격(덤핑)으로 상품을 수출할 경우, 미국 산업에 피해를 줄 수 있다고 판단되면 부과하는 특별 관세이다. 이 조치는 미국 상무부(U.S. Department of Commerce)가 덤핑 여부를 조사하고, 미국 국제무역위원회(ITC)가 그로 인한 국내 산업 피해를 판정하여 함께 결정한다. 반덤핑 관세는 공정 무역을 보호하고 자국 산업을 지키기 위한 수단으로, 특정 국가·제품에 대해 수년간 유지되거나 갱신되기도 한다.

조금이나 세금 혜택을 받았다는 사실이 밝혀지면, 상계관세(countervailing duty)[63]까지 덧붙는다.

이처럼 반덤핑관세와 상계관세가 동시에 적용되는 경우, 최종 관세율이 30%에서 50%를 훌쩍 넘는 경우도 드물지 않다. 특히 무서운 건, 미국 정부가 이런 조사를 시작했을 때 기업이 대응 서류를 기한 내에 제대로 제출하지 못하면 벌어지는 일이다. 이럴 경우 미국 당국은 수출기업에 대해 '가장 불리한 가정(Adverse Facts Available)[64]'을 적용한다. 즉, 실제보다 더 높게 계산된 덤핑 마진이나 보조금 혐의를 근거로, 최고 수준의 관세를 일방적으로 부과할 수 있다. 이렇게 되면 기업은 사실상 미국 시장에서 가격 경쟁력을 완전히 잃게 되는 셈이다. 따라서 기업 입장에서는 단순히 조사 결과를 기다릴 게 아니라, 초기 대응 단계부터 자료를 빠짐 없이, 정확하게 제출하는 것이 생존을 좌우하는 핵심 전략이 된다.

결국 수출기업이 아무리 좋은 제품을 갖고 있더라도, '왜 이 가격이 합리적인지' 설명하지 못하면 시장에서 퇴출당할 수 있다. 근거를 갖춘 합리적인 수출 가격 책정은 이제 단순한 마케팅 전략이 아니라, 미국 시장에 남을 수 있느냐를 가르는 생존 전략이 되었다.

---

63) 미국의 상계관세(Countervailing Duty, CVD)는 외국 정부가 특정 산업이나 기업에 보조금이나 금융 지원을 제공하여 가격 경쟁력을 왜곡한 경우, 이에 대응해 미국이 수입품에 부과하는 특별 관세이다.

64) 미국 반덤핑 조사에서 '가장 불리한 가정(Adverse Facts Available, AFA)'은 기업이 요청한 정보를 제때 또는 성실하게 제출하지 않을 경우, 미국 상무부가 기업에 가장 불리한 방식으로 덤핑률을 산정할 수 있도록 허용하는 제도이다. 그 근거는 미국 무역법 19 U.S.C. §1677e에 있으며, 이는 기업의 협조 부족에 대한 제재적 판단 방식으로 작동한다. AFA가 적용되면 최고 수준의 반덤핑 관세율이 부과될 수 있어, 기업에는 치명적인 결과를 초래할 수 있다.

2 태양광 셀 – 동남아 우회생산도 소용없다 (사례 1)

수출기업들이 수출 상대국에서 관세 장벽이 문제가 되는 경우 흔히 선택하는 전략 중 하나가 바로 '우회 생산'이다. 특정 국가에서 수출 규제를 받으면, 그 제품을 제3국에서 가공해 다시 수출함으로써 규제를 피하려는 방식이다. 하지만 이제 이런 방식도 더는 안전하지 않다. 미국은 제품이 어떤 나라에서 최종 조립되었는지가 아니라, 어디에서 실질적으로 만들어졌는가에 초점을 맞춰 판단하고 있기 때문이다.

2025년 4월, 미국 상무부는 중국산 태양광 셀이 베트남, 태국, 말레이시아, 캄보디아 등 동남아 4개국을 통해 '우회 생산'되었다고 보고, 해당 제품에 대해 반덤핑 및 상계관세를 최종 확정하였다. 관세율은 무려 50%를 넘었다. 이로 인해 미국 내 수입업체들은 막대한 비용을 떠안게 되었고, 일부는 결국 시장 철수를 선언하기도 하였다.

해당 동남아 제조기업들은 공장도 다르고, 법인도 다르며, 생산도 현지에서 이뤄졌다고 주장하였다. 그러나 미국은 다음 세 가지 이유로 이를 '중국산 우회 수출'로 판단하였다.

1. 핵심 부품이 모두 중국에서 왔다. 셀의 코어 부품이 중국에서 공급되었고, 동남아 공장은 단순 조립에 가까운 역할만 수행하고 있었다.
2. 기술과 설비, 자본이 모두 중국 본사로부터 제공되었다. 즉, 겉으로는 동남아 생산처럼 보이지만, 실제로는 중국에서 모든 것을 통제하고 있었다.
3. 수출 결정권과 이윤 귀속도 중국 본사에 있었다. 판매 전략과 계약

은 중국 본사 주도로 이루어졌고, 동남아 공장은 말 그대로 외주처에 불과했다.

이 사례가 주는 시사점은 매우 분명하다. 단순히 공장 위치만 바꾼다고 해서 원산지가 바뀌는 것이 아니다. 진짜 중요한 것은 가치가 창출되는 중심이 어디인가이다. 다시 말해, 미국은 껍데기만 다른 제3국 우회를 더 이상 받아들이지 않겠다는 입장을 명확히 한 것이다.

이제 기업은 단순히 '제3국에서 만들었다'는 외형이 아니라, 핵심 부품의 출처, 기술의 통제, 자본 흐름, 계약 구조까지 세심하게 따져야 한다. 그렇지 않으면, 원산지 규정 위반과 함께 반덤핑 및 상계관세라는 '폭탄'을 맞고 미국 시장에서 퇴출당할 수도 있다.

결국, 수출 전략은 겉모습이 아닌 실질적 통제 구조를 중심으로 설계해야 살아남을 수 있다. 미국의 원산지 조사와 반덤핑 정책은 이제 눈에 보이는 공장 위치가 아니라, 제품의 '경제적 국적'을 묻고 있기 때문이다.

3 한국·대만산 특정 화학물질 소명 놓치면 끝이다 (사례 2)

2025년 4월 23일, 미국은 한국과 대만에서 수입된 특정 화학물질, 즉 모노머[65] 및 올리고머[66]에 대해 본격적인 반덤핑 및 상계관세 조사

---

65) 모노머(Monomer)는 고분자(폴리머)를 만들기 위한 기초 단위가 되는 작은 분자를 말한다. 화학 반응을 통해 같은 종류 또는 다른 종류의 모노머들이 반복적으로 결합하면서 폴리에틸렌, 나일론,

를 시작하였다. 그런데 이때 일부 한국 기업들이 중요한 실수를 하게 된다. 미국 정부가 요구한 초기 소명자료 제출 기한을 놓쳐버린 것이다.

해당 기업들은 왜 소명을 하지 않았을까? 이유는 단순했다. 우리는 미국에 수출하는 물량이 적다. '반덤핑 조사는 대형 업체나 수출 비중이 큰 기업들이나 대응하는 문제일거다'라고 생각했기 때문이다. 실제로 어떤 기업은 연간 수출이 수억 원도 안 되는 수준이었다.

하지만 이 판단이 치명적인 결과를 불러왔다. 미국 무역법에 따르면, 조사에 응답하지 않는 기업에게는 '가장 불리한 가정(AFA: Adverse Facts Available)'이라는 제재가 적용된다. 이는 미국 정부가 해당 기업이 고의적으로 정보를 숨기거나 협조하지 않았다고 판단해, 가장 불리한 덤핑률을 일방적으로 부과하는 방식이다. 그 결과 이들 기업은 45%에서 70%에 달하는 고율 관세를 맞게 되었고, 미국 내 고객과의 거래도 끊기게 되었다.

이 사례는 중요한 교훈을 준다. 반덤핑 조사는 '응답하지 않으면 끝'인 게임이라는 점이다. 미국 시장에 수출하는 물량이 많든 적든, 조사 대상에 포함되었으면 무조건 응답해야 한다. 대응하지 않는 순간, 자동으로 패널티가 부과된다고 보면 된다.

고무 등과 같은 고분자 물질을 형성한다. 대표적인 모노머로는 에틸렌, 프로필렌, 스티렌 등이 있으며, 플라스틱, 섬유, 접착제, 코팅제의 원료로 널리 사용된다.
66) 올리고머(Oligomer)는 모노머가 소수(일반적으로 2~10개 정도)만 결합한 짧은 사슬 형태의 저분자 고분자 물질을 말한다. 폴리머(고분자)보다 구조가 단순하고 유연하며, 점도 조절제, 접착제, 코팅제, 기능성 첨가제 등으로 사용된다. 올리고머는 모노머와 폴리머의 중간 단계로, 반응성과 물리적 특성이 조절 가능해 다양한 산업용 소재로 활용된다.

또한, 미국은 기업의 수출 규모가 아니라 '산업 내 영향력'이나 '잠재적 가격 왜곡 가능성'을 기준으로 판단하기 때문에, 작은 기업이라고 해서 안심할 수 없다. 실수로 한 번 기한을 넘기면 되돌릴 수 없고, 부당한 판단을 받더라도 뒤늦게 해명해도 소용없다.

결국 기업은 조사 통보를 받는 즉시 관세 전문가와 협력해 필요한 서류를 준비하고, 소명 절차에 정확히 응해야 한다. 그것이 고율 관세라는 무서운 리스크를 피할 수 있는 유일한 길이다. 트럼프 2.0 시대의 무역환경은, 대응을 '안 한 것' 자체가 위법으로 간주되는 시대임을 잊지 말아야 한다.

4 연결되는 리스크: 품목분류와 반덤핑이 만날 때

트럼프 2.0 시대에는 단순히 관세율만 문제가 아니다. 어떤 HS코드(품목분류 코드)로 수입했느냐에 따라, 적용되는 관세율과 규제의 성격 자체가 완전히 달라질 수 있다. 특히, 품목분류와 반덤핑 규제가 동시에 적용되는 사례가 늘어나고 있어, 기업들은 이중의 리스크에 대비해야 한다.

예를 들어, 한 수출기업이 철강과 알루미늄을 혼합한 복합재 부품을 미국에 수출한다고 가정해 보자. 이 제품은 기능적으로 보면 '기계에 들어가는 부품'이다. 그래서 기업은 '기계 부품(HS코드 8483류 등)'으로 분류해 낮은 관세를 적용받으려 한다. 실제로 이렇게 신고하면 낮은 수준의 기본 관세로 통관이 가능하다.

그런데 미국 관세국경보호청(CBP) 및 세관은 이 제품을 다르게 본다. 이건 기계 부품이라기보다는 철강 파생 제품에 가깝다고 판단하고, 무역확장법 232조에 따라 50%의 추가 관세를 부과한다. 더 나아가, 해당 철강 파생 제품이 덤핑 혐의가 있는 품목이라면, 반덤핑 조사 대상으로까지 번진다. 이 경우에는 수입업자는 추가 관세뿐 아니라, 30~50% 수준의 반덤핑 관세까지 감당해야 한다.

이처럼 HS코드 하나의 차이로, 세금이 수십 퍼센트씩 차이 나고, 통관 리스크도 폭발적으로 증가하게 된다. 특히 미국은 통관 후에도 사후 심사를 통해 HS코드가 적절했는지를 다시 검토하기 때문에, 초기에 잘못 신고하면 나중에 추징 관세, 페널티, 반덤핑 관세까지 덤으로 맞게 되는 상황도 벌어진다.

또한, 일부 기업은 덤핑 조사 대상이 되는 것을 피하기 위해 '위장 품목분류'를 시도하기도 하지만, 이는 오히려 '고의적 품목분류 오류'로 간주되어 형사처벌까지 받을 수 있다. HS코드는 단순한 숫자 조합이 아니라, 관세·통관·무역규제 전반을 연결하는 핵심 연결고리다.

결국 기업은 제품의 개발 단계에서부터 HS코드와 해당 품목의 미국 내 규제 적용 가능성을 미리 점검해야 한다. 단순히 우리 제품은 이런 기능을 한다는 설명만으로는 통하지 않는다. 미국 세관의 해석 기준에 맞게, 기술적 설명과 자료, 판례까지 정리해 설득 가능한 품목분류 전략을 세워야 한다.

이제는 'HS코드 결정이 곧 비용의 분수령'이자, 반덤핑·상계관세라는 지뢰밭을 건너는 첫걸음이 되었다. 기업이 이 단계를 소홀히 하면, 제품은 팔았는데 이익은커녕 손실만 남는 상황을 피할 수 없다. 지금부터라도, 품목분류는 단순 신고가 아니라 수출 성공의 전략이라는 인식을 갖고 대응해야 한다.

5 반덤핑은 더 이상 '남의 일'이 아니다

과거에는 미국의 반덤핑 조사가 대부분 중국산 제품에 집중되었기 때문에, 한국 기업들은 상대적으로 안심하는 분위기가 많았다. 하지만 이제는 상황이 완전히 달라졌다. 트럼프 2.0 체제에서는 한국산 제품도 반덤핑 조사 대상의 중심에 서기 시작했다. 특히 철강, 화학, 전자부품 등 미국 내 제조업과 직접 경쟁하는 품목들은 한국산이라도 예외가 아니다.

최근 들어 미국은 단지 가격이 낮다는 이유만으로도 '덤핑'으로 간주하는 경향이 강해지고 있다. 예를 들어, 어떤 제품이 한국에서 10달러에 생산되어 미국에 12달러에 수출되었다고 해도, 미국 시장 가격이 15달러였다면, 너무 싸게 판 것으로 간주해 조사를 시작할 수 있다. 여기서 문제가 발생한다. 한국 기업 입장에서는 경쟁력을 기반으로 한 정당한 가격이지만, 미국 당국은 자국 산업 보호를 명분으로 고율의 덤핑관세를 부과하려는 움직임을 강화하고 있다.

이제는 수출기업이 '우리는 해당 사항이 없을 거야'라고 생각하면 안되는 시대다. 특히 트럼프 2.0 체제에서는 반덤핑 조사가 단순히 '수입

가격'만이 아니라, 제품의 원산지, 제조공정, 부품의 출처, 기업의 판매 전략까지 전방위적으로 들여다본다. 실제로 최근에는 중국산 부품을 사용하는 한국 기업도, '중국산 우회 수출'이라는 이유로 미국의 조사 대상이 된 사례가 있다.

그렇다면 한국 기업은 어떻게 준비해야 할까? 가장 중요한 것은 '관세, 통관, 가격 전략'을 하나의 시스템으로 묶는 통합적 대응 체계를 만드는 것이다. 예를 들어, 수출 가격이 지나치게 낮게 보이지 않도록 적정가격 산정 내역을 미리 준비하고, 원가 자료와 정상 거래를 입증할 문서를 사전에 정비해 두어야 한다. 또한, 미국 세관의 기준에 맞는 제품 사양서, 기능 설명서, 원산지 관련 증빙 자료도 함께 갖춰야 한다.

제품을 기획할 때도 마찬가지다. 단순히 국내 시장이나 소비자만 바라볼 것이 아니라, '미국 관세당국의 시선'으로 한 번 더 검토하는 습관이 필요하다. 특히 관세사, 법률 전문가와의 사전 협업을 통해, 반덤핑 위험이 있는 제품군인지 여부를 미리 확인하고 대응 전략을 세워야 한다.

결국, 반덤핑은 더 이상 특정 국가나 특정 품목의 일이 아니다. 트럼프 2.0 시대인 지금은 모든 수출기업이 잠재적 조사 대상이 되는 시대다. 트럼프 2.0 시대에 살아남으려면, 이제는 제품 하나하나가 '규제의 시험대에 오른다'는 각오로 준비해야 한다. 반덤핑은 남의 일이 아니라, 오늘 우리의 일이다.

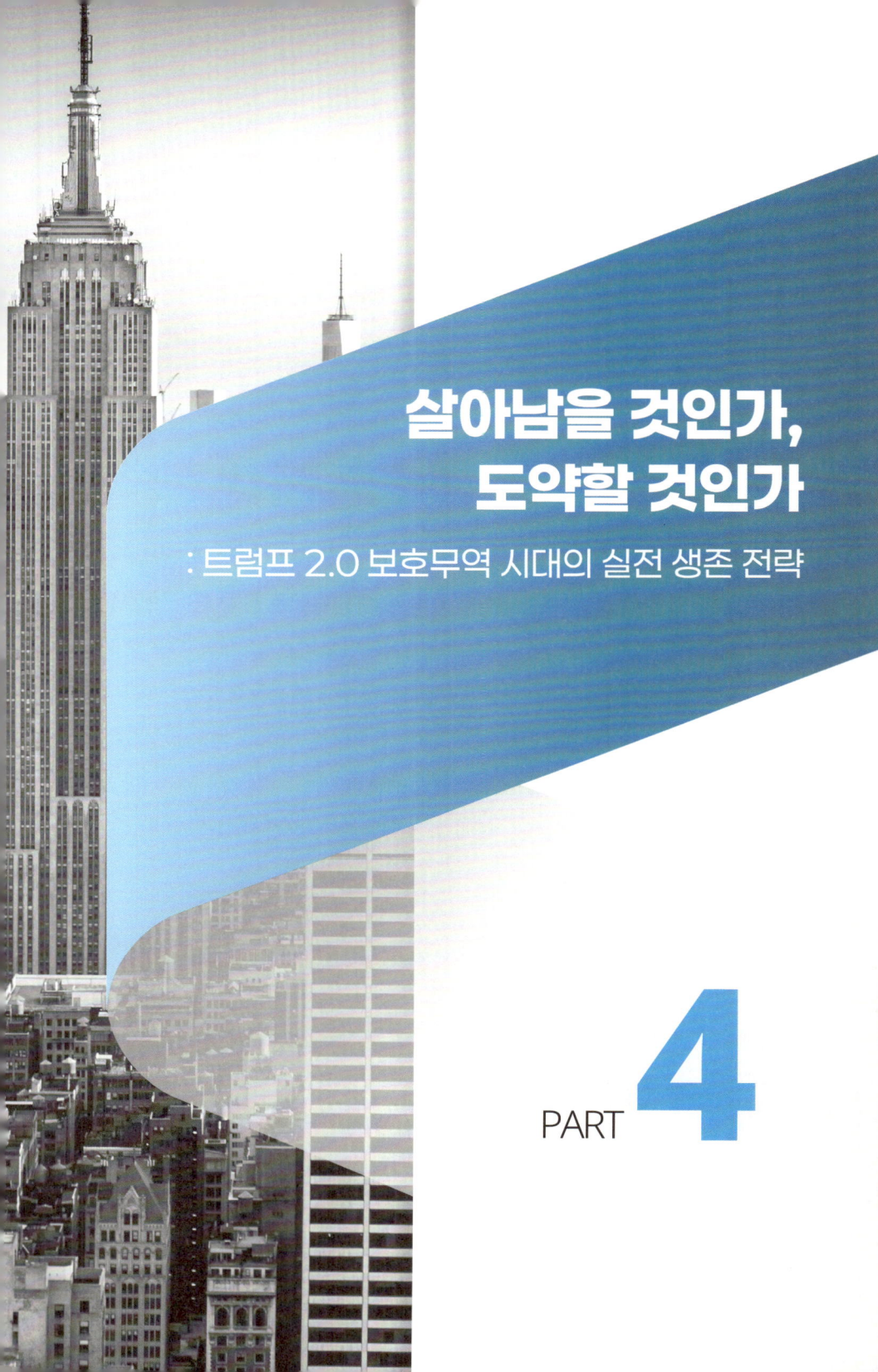

살아남을 것인가, 도약할 것인가

: 트럼프 2.0 보호무역 시대의 실전 생존 전략

PART 4

트럼프 2.0,
버틸 것인가?
혁신할 것인가?

1 트럼프 2.0 통상정책, 일시적 쇼인가 구조적 전환인가

2025년 1월, 도널드 트럼프 전 대통령이 다시 백악관에 복귀하면서 세계 무역 질서에 거대한 변화가 시작되었다. 미국은 자국 산업 보호를 명분으로 자동차 및 자동차 부품, 철강 및 알루미늄, 이차전지 등 한국 주력 수출품목에 고율 관세를 부과하고 있거나 예정하고 있으며, 한미 FTA 재협상 무력화, 원산지 검증 강화, 품목분류 재심사 등으로 보호무역을 확대하고 있다. 단순히 상품에만 관세를 매기는 것이 아니라, 항만 사용료까지 높이는 등 '통관 전체 과정'에 비용을 가중시키고 있다.

이런 가운데 일각에서는 시간이 지나면 끝날 것이라는 안일한 전망도 제기된다. "1~3년만 버티면 된다. 중간선거 지나면 트럼프의 힘도 약해질 것이다."라는 식의 낙관론이다. 하지만 실제로는 트럼프의 통상정책은 단기적인 정치 쇼가 아니라, '세계 통상 질서의 구조적 전환'이라 보는 것이 정확할 것이다. 아래에서는 그 이유를 구체적으로 살펴보자.

왜 구조적 전환인가?

① 미국 정치권 전반의 공감대

트럼프만 보호무역을 주장하는 것이 아니다. 바이든 행정부도 반도체 지원법(CHIPS Act), 인플레이션감축법(IRA) 등 자국 산업 보호 중심의 통상정책을 펼쳤다. 민주당도 더 이상 '자유무역 절대주의'를 주장하지 않으며, 공급망 재편과 중국 견제를 공감하고 있다. 즉, 보호무역은 미국 정치권 전체의 공통 기조가 되었다. 예를 들어, IRA는 미국 내에서 제조된 전기차에만 보조금을 지급하는 법으로, 한국 전기차 수출기업이 큰 타격을 입었다.

② 미국 국민 정서의 변화

미국 대중도 더 이상 자유무역을 지지하지 않는다. Made in USA라는 구호가 단순한 마케팅 문구를 넘어서 '국민적 자존심'이 되었다. 미국 내 일자리 창출과 산업 부활은 공화당과 민주당 지지자 모두가 지지하는 가치가 되었다. 정권이 바뀌더라도 이 기조는 쉽게 바뀌지 않을 것이다.

③ 보호무역의 방식이 정교해짐

과거처럼 단순히 수입품에 관세 만을 부과하는 것이 아니라, 원산지 검증 강화, 품목분류 재검토, 통관 심사 강화, 신고 기준 강화 등으로 '복잡한 규제'를 통해 교묘히 수입을 억제하고 있다. 이는 WTO 규범으로도 제어하기 어려운 방식이기 때문에 세계 통상 규칙 자체가 변화하고 있다고 봐야 한다.

2 버틸 것인가? 혁신할 것인가?

트럼프 대통령이 재집권한 이후, 미국의 보호무역주의 기조는 더욱 강화되었다. 이 시대를 살아가는 한국 수출기업에게 주어진 선택지는 두 가지뿐이다. 첫째, 버티면서 현 체계를 유지할 것인가? 둘째, 혁신을 통해 새로운 기회를 만들 것인가?

미국은 이제 단순히 싼 제품을 수입한다는 자유무역적 사고를 버리고, 자국 산업 보호를 위해 고율 관세, FTA 원산지 검증, 우회수입 조사, 수입 품목 제한 등 다양한 장벽을 세우고 있다. 이런 상황에서 기존 방식 그대로 수출을 유지하는 것은 거의 불가능에 가깝다.

수출기업의 전략 선택: 지금은 체질을 바꿔야 할 때다

과거에는 단순히 가격만 싸면 물건이 잘 팔렸다. 하지만 지금은 '싸기만 한 물건'은 오히려 의심의 대상이 된다. 예를 들어, 한 기업이 중국에서 만든 부품을 베트남에서 조립해 미국에 수출했는데, 미국 세관이 이를 중국산 우회수입으로 판단하여 30% 수준의 고율 관세를 부과한 사례가 있다. 이처럼 과거에는 통과되던 수출이 이제는 '원산지 불인정', '관세 재조사'로 막히게 되었다.

이제 기업은 다음과 같은 전략적 전환이 필요하다.

- **원산지 관리 역량을 강화해야 한다.**
  제품이 어느 나라에서 만들어졌는지를 정확하게 설명할 수 있어야 한다.

- **관세 시뮬레이션을 통해 세금 리스크를 분석해야 한다.**
  수출 전에 '이 제품이 어느 정도 관세를 부과받을 수 있는지'를 예측하는 내부 시스템이 필요하다.
- **수출입 과정에 관세사를 반드시 참여시켜야 한다.**
  기업 내부 실무자만으로는 복잡한 미국 통관 정책을 따라가기 어렵다.

정부의 전략적 고려사항: 기업 혼자 감당할 수 없다

이러한 무역환경 변화에 대해 정부 역시 전략적 대응이 필요하다. 기업들이 자체적으로 모든 리스크를 떠안기에는 역부족이다. 특히 K-중소기업은 FTA 원산지 기준, 비특혜원산지 결정기준, 미국 관세국경보호청(CBP) 및 세관 소명 등에 대해 경험이 부족하기 때문에, 다음과 같은 정부 차원의 지원이 절실하다.

- **원산지 컨설팅 지원 확대:** K-중소기업을 위한 무료 원산지 컨설팅, 미국 관세국경보호청(CBP) 원산지 사전판정 지원 제도를 전국적으로 확대해야 한다.
- **한미 무역분쟁 조기경보 체계 구축:** 미국 측 규제 변화나 조사 착수 여부를 빠르게 전달해 기업이 사전 대비할 수 있도록 해야 한다.

3 관세통관 주도 시대, 기업의 전략적 전환이 필수이다

과거의 수출 전략은 '가격을 낮추고, 품질을 높이는 것'이 핵심이었다.

하지만 트럼프 2.0 시대에는 '통관 대응력'이 곧 수출 경쟁력이 되었다. 실제로 한 대기업은 품목분류 오류로 인해 원래 5%였던 관세가 25%로 변경되며 수십억 원의 관세를 추징당했다. 이제부터는 다음 세 가지가 기업 생존을 가르는 핵심이 된다.

- **통관과 원산지 대응력**
  예를 들어, 자동차 부품 수출기업이라면 각 부품이 어느 나라에서 가공되었는지를 꼼꼼히 문서화하고, 원산지 기준 충족 여부를 스스로 입증할 수 있어야 한다.
- **제도에 대한 해석력과 정보력**
  새로운 미국 통관 정책이 나왔을 때, 이를 빠르게 해석하고 기업 전략에 반영할 수 있어야 한다.
- **내부 시스템 재설계**
  공급망 구조, 회계 시스템, 통관 서류 관리 체계까지 관세 리스크를 기준으로 전면 재설계해야 한다.

관세는 이제 더 이상 '정부가 정하는 변수'가 아니다.
이제는 기업이 스스로 관리하고, 예측하고, 대응해야 하는 '상수'가 되었다.

4 트럼프 2.0 시대의 생존 전략의 핵심
: '미국 세관을 통과할 수 있는 수출'이 진짜 경쟁력이다

트럼프 대통령의 재집권으로 다시 한 번 보호무역 시대가 시작되었

다. 이제 수출 기업들은 단순히 가격과 품질만으로는 세계 시장에서 살아남기 어렵다. 과거 자유무역 시대와 지금의 보호무역 시대를 비교해 보면, 기업이 어떤 전략적 전환을 해야 하는지가 분명히 드러난다.

구분	과거 자유무역 시대	트럼프 2.0 보호무역 시대
경쟁 요소	가격, 품질	통관 대응력, 원산지 증명
관세 개념	무시해도 되는 변수	반드시 대응해야 하는 상수
전략 초점	저가·대량 수출	리스크 관리형 수출
생존 조건	시장 진입	규제 통과 및 입증 역량

과거에는 '싸고 좋은 제품'만 잘 만들어도 수출이 가능했다. 그러나 이제는 제품이 아무리 훌륭해도, 세관을 통과하지 못하면 수출 자체가 좌절된다. 따라서 이제는 '세관이 인정하는 수출'을 설계하고 입증할 수 있어야만 진정한 경쟁력을 갖출 수 있다.

왜 '통관 대응력'이 핵심이 되었는가?

트럼프 2.0 보호무역 시대의 본질은 무역의 룰이 행정 규제로 바뀌었다는 점이다. 더 이상 관세는 '나중에 생각해도 되는 세금'이 아니다. 이제는 통관이 수출의 시작이자 핵심 전략으로 바뀌었다.

📖 **사례**

한 배터리 관련 기업은 한국산 원산지 증빙을 제대로 준비하지 못해, 한국산 제품에 한-미 FTA 세율인 0%와 보편관세 10% 대신, 중국산 배터리 부품에 해당되는 40~50% 수준의 관세율을 적용받고 미국에서 추가 관세 추징 통보를 받았다. 제품 자체의 경쟁력은 높았지만, 문서 대응 하나로 손실을 입은 것이다.

이제는 '리스크 관리형 수출' 전략으로 전환해야 한다

이제는 '좋은 제품을 싸게 만드는 것'만으로는 세계 시장에서 경쟁력을 확보할 수 없다. 특히 트럼프 2.0 보호무역 환경에서는 통관 단계에서 발생할 수 있는 위험을 미리 차단하지 않으면, 수출 자체가 불가능해질 수 있다. 따라서 앞으로의 수출 전략은 단순한 판매 중심이 아니라 리스크 관리형으로 전환해야 한다.

리스크 관리형 수출이란, 수출 전에 발생 가능한 문제를 사전에 예측하고 준비하는 전략이다. 제품을 만들고 난 뒤에 대응하는 '사후 대응'이 아니라, 제품 설계와 생산, 수출 서류 준비 단계부터 통관 대응을 포함한 '전략적 수출 설계'가 필요하다.

다음과 같은 요소들이 핵심이다.

● HS코드를 정확하게 분류해야 한다

제품의 HS코드(품목분류코드)는 관세율과 통관 조건을 결정하는 가장 중요한 기준이다. 동일한 물건이라도 어떤 HS코드를 적용하느냐에 따라 관세율이 천차만별로 달라질 수 있다.

> **📙 예시**
>
> 한 의료기기 제조업체는 원래 '기타 의료기기'로 0% 관세를 적용받았으나, 미국 세관이 이를 '기타의 기계류'로 재분류하면서 2.5% 관세를 추징당했다. 결국 계약 납기까지 차질이 생기며 대형 거래처를 잃게 되었다.

이처럼 HS코드는 통관의 시작점이자 리스크의 씨앗이 될 수 있다. 따라서 반드시 전문가와 함께 HS코드를 사전 검토하고, 품목분류 사전심사(Advance Ruling)를 통해 미국 세관의 해석 기준을 확인해야 한다.

필자가 속한 관세법인도 팝콘 머신 등 다양한 제품에 대해 미국 관세국경보호청(CBP)에 품목분류 사전심사(Advance Ruling)를 신청하여 의견을 제시하고 보완자료를 제출하여 품목분류 사전심사 결과를 통지받은 경험을 가지고 있다. 개인 관세사나 관세법인 중에는 미국 관세국경보호청(CBP) 품목분류 신청 업무를 수행하고 있는 곳들이 있으니 전문 관세사나 전문 관세법인의 조력을 받아 공을 들이면 원하는 미국 관세국경보호청(CBP)의 관세품목분류에 대한 유권해석을 받을 수 있다.

● FTA 원산지 요건을 철저히 충족해야 한다

FTA(자유무역협정)는 관세를 줄일 수 있는 가장 강력한 무기지만, 원산지 기준을 충족하지 못하면 오히려 패널티가 될 수 있다.

FTA의 혜택을 받기 위해서는 제품이 한국산인지, 원재료의 몇 %가 역내산인지, 어떤 공정을 국내에서 수행했는지를 문서로 입증할 수 있어야 한다.

📖 **예시**

한 섬유업체는 미국 바이어와 FTA 조건으로 납품계약을 체결했지만, 실제로는 원재료의 절반 이상이 중국산이었고 가공만 한국에서 이루어졌다. 결과적으로 FTA 관세율 0%를 적용받지 못하고 15%의 일반 관세를 추징당했다. 이로 인해 수익성이 완전히 무너졌고, 바이어와의 계약도 종료되었다.

FTA를 '관세 회피 수단'으로만 생각해서는 안 된다. 반드시 자체 원산지증명서, 생산공정도, 구매내역 등 증빙자료를 준비하고 이를 정기적으로 점검해야 한다.

● 관세평가를 사전에 검토해야 한다

관세평가는 수출물품의 신고 가격이 적절한지, 혹시 낮게 신고해 관세를 적게 내려는 시도가 아닌지를 보는 절차이다. 세관은 거래가격이 낮다고 의심될 경우, 시장가격이나 유사물품 가격을 기준으로 재평가하고, 수억 원 단위의 추징금을 부과할 수 있다.

> **예시**
>
> 한 중소 전자부품 기업은 해외 계열사에 낮은 가격으로 제품을 수출했다가 '이전가격 조정(Transfer Pricing)' 문제로 지적받아 4억 원 이상의 추징을 당했다. 기업은 정상적인 내부거래라고 주장했지만, 객관적인 가격 산정 근거가 없었기에 받아들여지지 않았다.

이를 방지하려면 수출계약서, 정산서, 시장가격 비교자료, 이전가격 정책 등 관련 문서를 미리 준비하고, 전문 관세사의 사전 검토를 받는 것이 중요하다.

● 통관 전 사전 심사 제도를 적극 활용해야 한다

Advance Ruling(사전심사 제도)은 수출 전에 해당 물품의 HS코드, 원산지 기준, 관세율 등을 세관으로부터 공식적으로 확인받는 제도이다. 이 제도를 활용하면 통관 시 갑작스러운 재분류, 세율 변경, 서류 요구 등에 대비할 수 있다.

사례

한 전자제품 제조사는 Advance Ruling을 통해 '관세 비적용 품목'이라는 확답을 미국 세관에서 미리 받아두었다. 경쟁 업체들은 동일한 제품에 대해 4~5% 관세를 적용받았지만, 이 기업은 0% 세율로 수출에 성공했다. 그 결과 납기와 가격 면에서 큰 우위를 점해 미국 시장 점유율을 빠르게 확장할 수 있었다.

이처럼 Advance Ruling은 단순한 서류 절차가 아니라 기업의 경쟁력을 높이는 전략적 수단이다. 이를 통해 통관 리스크를 사전에 차단하고, 바이어와의 계약 신뢰도까지 높일 수 있다.

● 사후대응은 늦는다, '수출 설계 단계'부터 대응해야 한다

트럼프 2.0 보호무역 시대에는 수출 성공의 열쇠가 '통관'에 있다. 단순히 제품을 만들어 내보내는 시대는 끝났고, 이제는 '세관을 설득할 수 있는 수출 전략'을 수립해야 한다.

기업은 제품 개발 초기 단계부터 HS코드, 원산지 충족 가능성, 관세 평가 기준, Advance Ruling 여부 등을 함께 고려해야 한다. 그리고 이 과정을 혼자서 감당하려 하지 말고, 관세사 등 전문가와 함께 전략적으로 대응해야 한다.

이제부터는 이렇게 말해야 한다. 우리 제품은 싸고 품질 좋은 것뿐만 아니라, 세관에서도 문제없이 인정받는 수출품이다.

리스크 관리형 수출 전략은 단순히 관세를 아끼는 전략이 아니라, 수출 성공 가능성을 높이고, 위기를 예방하는 보험과도 같은 전략이다. 이를 기업의 DNA로 삼아야 한다.

진짜 승부는 이제 '통관'에서 갈린다

이전에는 '좋은 물건을 싸고 빠르게 만드는 능력'이 수출의 성패를 결정짓는 핵심 조건이었다. 하지만 트럼프 2.0 보호무역 체제에서는 그 기준이 완전히 달라졌다. 이제 수출의 성패는 통관에서 갈린다. 바이어와 계약을 잘 맺는 것만으로는 부족하다. 이제는 그 물건이 세관을 통과할 수 있어야 진짜 수출이 된다.

● 시장 진입보다 중요한 '세관 관문 통과'

과거에는 시장만 잘 뚫으면 살 길이 열렸다. 제품이 품질 좋고 가격이 낮다면 바이어가 먼저 찾아오는 시대였다. 그러나 이제는 아무리 훌륭한 제품이라도, 미국 세관의 엄격한 기준을 통과하지 못하면 수출 자체가 무산될 수 있다. 미국은 이제 수입품에 대해 HS코드(품목분류), 원산지 요건, 가격 평가, 통관 서류 등을 매우 까다롭게 본다.

즉, 진짜 경쟁력은 '세관을 설득할 수 있는 능력'에서 나온다. 시장 진입의 첫 단계는 이제 세관이다.

● 제품 기획 단계부터 '통관'을 염두에 둬야 한다

이제는 제품을 다 만들어 놓고 마지막에 통관을 준비해서는 늦는다. 처음부터 '통관 전략'을 제품 설계에 포함해야 한다.

• **제품 스펙을 만들 때 HS코드를 고려해야 한다.** 예를 들어, 동일한 전자기기라도 조작 방식이 버튼, 스위치, 터치스크린 방식 등인

지에 따라 HS코드가 달라질 수 있다. 이로 인해 관세율이 0%~5%의 사이에서 적용될 수 있고, 통관 요건도 변경될 수 있다. 제품 사양 하나 하나가 관세에 영향을 미칠 수 있으므로, 기획단계부터 HS코드를 분석하고 전략적으로 설계해야 한다.

- **원재료 조달처도 'FTA 원산지 충족 여부'를 기준으로 선택해야 한다.** FTA 혜택을 받기 위해서는 단순히 제품이 한국산이면 되는 것이 아니라, 원재료나 부품의 출처와 공정 흐름까지도 규정에 맞아야 한다. 예를 들어, 섬유제품에 들어가는 실이나 염색 공정이 제3국에서 이뤄졌다면, 원산지 기준에서 탈락할 수 있다. 따라서 구매처를 정하기 전, FTA 원산지 충족 가능성을 사전 분석해야 한다.

  뿐만 아니라, 중국산 제품의 경우 미국에서는 추가 관세율을 부과하고 있으므로, FTA의 목적을 넘어서 비특혜 목적상 최종제품의 원산지가 중국산으로 판정될 수 있는지의 가능성도 사전에 분석해야 한다.

- **수출 직전에는 입증 서류 세트를 완벽히 준비해야 한다.** 수출이 이뤄지기 전에, 미국 세관은 다음과 같은 질문을 한다: *이 제품은 정말 FTA 대상이 맞는가?, 가격 산정은 합리적인가?, 세율이 낮은 코드로 편법 분류한 건 아닌가?*

이때, 기업이 제시할 수 있는 입증 자료가 없다면 세관은 관세를 최대한으로 부과하거나 통관을 지연시킬 수 있다. 그래서 수출 전에 반드시 준비해야 하는 문서는 다음과 같다.

　　▸ 제품 설명서 및 도면
　　▸ 공정 흐름도

‣ 원재료 명세서

‣ 구매계약서 및 수출계약서

‣ 포장 사양서 및 가격 산출 근거서

‣ 원산지 증명서 및 원산지 결정기준 충족사실 입증관련 증빙

● 사례: 통관 실패가 수출 실패로 이어진 경우

📕 사례 1

한 생활용품 수출업체는 미국 바이어와의 첫 대량 납품 계약을 앞두고 있었다. 제품은 모두 선적되었고, 납기일도 임박했지만, 미국 세관에서 HS코드 오분류를 지적하며 통관을 보류했다. 바이어는 배송 지연을 이유로 계약을 취소했고, 기업은 수억 원어치 물품을 그대로 반송받는 손해를 입었다.

📕 사례 2

또 다른 케이블 제조업체는 원산지증명서를 준비하지 않은 채 수출을 진행하다가 FTA 세율(0%)을 적용받지 못하고 5%의 관세를 부과받았다. 이로 인해 경쟁사보다 가격경쟁력이 밀려 향후 재계약이 무산되었다.

이처럼 통관 전략 부재는 단순한 물류 문제가 아니라, 수출 자체의 존폐를 가를 수 있는 치명적인 요소가 되고 있다.

● 통관은 더 이상 단순한 '행정절차'가 아니다

이제 미국 수출은 '가격'이 아니라 '통관에서의 승부'로 결정된다. 즉, 물건을 잘 만드는 것만큼이나 세관을 설득할 수 있는 문서, 논리, 전략

이 중요하다.

- ▶ 미국 수출은 서류 싸움이다.
- ▶ 미국 수출은 규제 통과 실력의 경쟁이다.
- ▶ 미국 수출은 통관에서 시작되어 통관으로 끝난다.

이제는 제품 하나를 수출하려면 관세사 등 전문가와 함께 팀을 이루어 대응해야 한다. 그리고 이 모든 전략은 제품 개발 초기부터 포함되어야 한다. 그래야 진짜 경쟁력이 생긴다.

수출의 최종 목표는 바이어에게 물건을 잘 전달하는 것이지만, 그보다 먼저 세관을 통과할 수 있어야만 '전달'이 가능하다. 이제 통관은 단순 행정 절차가 아니라 수출의 시작점이자 핵심 전략의 중심이다.

5 기업·정부·전문가가 함께 움직여야 한다

트럼프 2.0 시대의 보호무역 환경은 어느 한 주체만의 노력으로는 결코 대응할 수 없다. 이제는 기업, 정부, 그리고 관세사 등 전문가가 유기적으로 협력하는 공동 생존 전략이 필요하다. 각 주체가 어떤 역할을 맡고, 어떻게 유기적으로 움직여야 하는지를 구체적으로 살펴보자.

기업의 역할: 처음부터 미국 세관을 설득할 수 있는 수출을 설계해야 한다

오늘날의 수출은 단순히 좋은 물건을 만드는 것만으로는 부족하다.

이제는 세관이라는 관문을 무리 없이 통과할 수 있도록 제품을 처음부터 전략적으로 기획해야 한다. 이를 위해 기업은 다음과 같은 실천이 필요하다.

- 제품 개발단계에서부터 HS코드 분석을 반영해야 한다. 예를 들어, 전자기기 하나를 만들 때 버튼 방식인지, 스위치 방식인지 또는 터치스크린 방식인지에 따라 세관에서 분류하는 관세 품목분류 코드(HS코드)가 달라질 수 있다. HS코드가 달라지면 관세율도 크게 달라지고, 적용 규정 역시 변하게 된다. 따라서 R&D 단계부터 관세사의 자문을 받아야 한다.
- FTA 원산지 기준을 제품 설계에 반영해야 한다. 단순히 한국에서 만든다는 이유로 FTA 특혜를 받을 수 있는 것이 아니다. 사용하는 부품의 출처, 가공 공정의 흐름이 FTA의 원산지 규정과 부합해야 하므로, 설계 단계에서부터 FTA 요건을 점검하고 문서화하는 작업이 선행되어야 한다.

아울러, 완제품에 중국산 부품이 다수 포함되어 있다면 FTA의 목적과 관계 없이 중국산 물품에 대한 미국의 추가관세를 방지하기 위하여 실질적 변형이 충분히 이루어져 중국산으로 판정되지 않도록 제품의 설계를 다시 검토해야 한다.

- 통관 과정에서 요구될 수 있는 입증 서류를 수출 전에 미리 준비해야 한다. 여기에는 공정 흐름도, 부품 원산지 증명, 가격 산정 내역, 계약서 등이 포함된다. 이 모든 자료는 실제 미국 세관에서 질문을 받을 때, 즉각 대응할 수 있도록 사전 준비되어야 한다.

정부의 역할: 규제 대응을 위한 가이드라인과 예산지원 확대가 필요하다

정부는 민간 기업이 통관 문제로 수출 실패를 겪지 않도록 실질적이고 전략적인 지원책을 제공해야 한다.

- 최신 규제 동향을 반영한 미국 통관 실무 매뉴얼을 지속적으로 제공해야 한다. 트럼프 행정부는 통관 제도와 규정을 빠르게 바꾸고 있으며, 미국 세관의 실무 운영 방식도 수시로 달라지고 있다. 이에 대해 정부는 수출업체가 참고할 수 있는 영문 번역본과 사례 중심의 실무 매뉴얼을 주기적으로 배포해야 한다.
- K-중소·중견기업을 위한 예산 지원을 강화해야 한다. 미국 통관에 필요한 Advance Ruling 신청, 원산지 검토, FTA 문서 작성 등은 기업 입장에서 비용과 시간이 많이 든다. 정부는 이러한 업무에 드는 비용의 일부를 보조하거나, 전문가 연계 프로그램을 통해 간접적 지원을 제공해야 한다.

관세사의 역할: 미국 수출 전 과정에서 실질적인 지원을 해야 한다

관세사 등 전문가들은 단순 자문을 넘어서, 미국 수출 프로세스 전체를 설계하고 검토하는 실행형 파트너가 되어야 한다.

- 관세사는 미국 품목분류, 관세평가, 통관 프로세스 전반을 사전 점검해야 한다. 예를 들어, 수출 대상 제품의 HS코드를 사전에 검토하고, 원산지 규정에 부합하는지 확인하며, 미국 세관의 Advance Ruling을 통해 사전 확인을 받을 수 있도록 지원해야 한다.

- 통상변호사는 반덤핑 조치 대응, 투자자-국가 분쟁(ISDS) 위험 관리 등 법적 리스크를 관리해야 한다. 특히 트럼프 행정부의 규제 강화에 대응하려면 정교한 법적 대응 전략이 필요하다.
- 회계사는 이전가격 검토, 수출가격 구성의 합리성 입증을 지원해야 한다. 미국 세관은 너무 싸게 팔았다는 이유로 과세가격을 조정하고 추징금을 부과할 수 있다. 이를 막으려면 객관적인 가격 근거를 회계적으로 정리할 수 있어야 한다.

이렇게 세 주체가 각자 역할을 다하고, 유기적으로 협력한다면 지금의 보호무역 장벽도 충분히 뛰어넘을 수 있다.

수출, 이제는 '통관이 반이다'

지금까지 설명한 것처럼 트럼프 2.0 시대의 수출환경은 과거와는 완전히 달라졌다. 이제 수출은 단지 좋은 물건을 만들면 된다는 단순한 게임이 아니다.

진짜 게임은 미국 세관에서 시작된다.

- 물건이 아무리 좋아도, 미국 세관이 통과시키지 않으면 팔 수 없다.
- 아무리 저렴해도, HS코드 분류 하나 잘못하면 관세 폭탄을 맞을 수 있다.
- 아무리 FTA를 맺었더라도, 원산지 요건을 입증하지 못하면 특혜를 받을 수 없다.

이제는 이렇게 말할 수 있다.

좋은 물건을 만드는 것보다, 먼저 미국 세관이 인정할 수 있는 수출을 설계해야 한다.

미국 수출의 절반은 미국 세관 통관에서 결정된다. 기업은 제품 설계부터 문서작성까지 통관 관점에서 다시 짜야 하고, 정부는 민간이 따라올 수 있도록 제도적 가이드라인을 주고, 전문가들은 기업과 손을 맞잡고 실제 대응을 함께해야 한다.

트럼프 2.0 시대의 생존 전략은 결국 '통관 중심의 전략적 사고'에서 시작된다. 지금 당장, 당신의 수출 전략을 통관 기준에서 다시 설계하라. 그것이 미래 생존의 시작점이자 새로운 경쟁력의 출발점이다.

한국 정부의 지원 전략

1 한국 정부의 대미 통상전략 재정립 방향

트럼프 미국 대통령이 미국 우선주의 관세정책을 강력하게 추진함에 따라 한국 기업은 미국 시장에서 더욱 치열한 보호무역 장벽과 마주하고 있다. 트럼프식 통상정책은 무역수지 적자와 산업별 경쟁력을 기준으로 상대국을 타깃 삼는 방식으로 전개되므로, 한국 정부는 기존의 전통적 통상방어 논리만으로는 충분히 대응하기 어렵다. 이제는 한 발 앞선 준비와 종합적 전략이 절실히 요구된다.

FTA 재협상 및 동맹 관리: 전략적 시나리오로 대비하다

우선, 한국 정부는 한미 FTA 재협상에 대한 시나리오 별 전략을 수립해야 한다. 미국은 향후 협상에서 자국 전기차·부품에 대한 한국의 인증 기준 완화, 플랫폼 규제 개정, 환율 정책 변경 등을 요구할 수 있다. 이때 각 부처는 사전에 입장을 정리하고, 협상 대응 논리를 준비해야 한다. 예를 들어 미국이 "한국의 전기차 인증 기준이 미국산 제품을 차별한다"는 주장을 펼칠 경우, 과학적 기준의 타당성과 WTO 기술장벽협정(TBT) 원칙에 부합함을 근거로 설득할 필요가 있다.

이와 동시에 EU, 일본 등 우방국과의 협력 외교도 중요하다. 미국의 일방적인 고율 관세 조치에 대해 주요 동맹국들이 공동으로 문제를 제기하고, 자국 기업 피해를 줄이기 위한 공동 대응이 가능하도록 비공식 채널을 병행해 활용하는 것이 바람직하다. 과거에도 EU와 캐나다 등은 WTO 제소를 통해 미국의 조치를 견제했으나, 미국이 상소기구를 무력화시키며 제도적 대응의 한계를 드러낸 바 있다. 따라서 정부는 WTO 소송보다는 FTA 공동위원회, 한미 통상장관 회담 등 양자 협의 채널을 적극 가동하여 실질적인 분쟁 예방과 해결을 모색해야 한다.

리스크 최소화와 기회 극대화: 산업 맞춤형 접근이 핵심이다

한국 정부는 미국발 통상 리스크에 대해 단순한 방어가 아니라, 기회로 전환할 수 있는 산업 전략을 마련해야 한다. 이를 위해 먼저 부처 간의 협력 체계를 강화하고, 디리스킹 관점에서 산업 지원 인센티브를 통합 조정해야 한다.

예를 들어, 특정 국가에 의존하는 원자재 비중이 50% 이상인 경우, 공급망 리스크가 매우 크다. 따라서 리튬, 니켈, 희토류 등 주요 광물의 수입처를 인도네시아, 호주, 캐나다 등으로 다변화하고, 국내 재활용 기술 개발과 저장 시스템 확보를 병행해 자립률을 높여야 한다.

또한 트럼프 2기 정부가 탈환경 정책으로 회귀하고 석유·가스·원자력 비중을 늘리고 있으므로, 한국도 미국산 셰일가스와 원자력 기술 협력을 강화하는 기회를 포착해야 한다. 동시에 미국 내 바이오 복제약 수요가 늘 것으로 예상되므로, 우리 제약·바이오 기업이 미국 시장에 진입할 수 있도록 FDA 인증 지원과 현지 파트너 매칭 프로그램을 확대할 필요가 있다.

공급망의 지역 다변화 전략도 필수이다. 미국의 압박이 집중될 가능성이 큰 중국 이외에, 인도태평양 경제프레임워크(IPEF), 북미 지역, 글로벌 사우스국가들과의 경제협력을 늘려서 생산기지와 공급망 거점을 분산하는 것이 장기적으로 안정적인 수출 기반을 마련하는 길이다.

한국의 고용 및 투자 기여도 부각: 외교 레버리지로 활용하다

한국 정부는 대미 흑자를 줄이기 위한 자구 노력도 병행하면서, 동시에 미국 내 한국 기업의 기여도를 적극적으로 강조해야 한다. 일례로 미국에 진출한 한국 기업 수는 2014년 1만 1천 개에서 2023년에는 1만 6천 개로 43%나 증가했다. 또한 누적 그린필드 투자액은 10년 전 400억 달러 수준에서 1,300억 달러에 육박할 정도로 증가해, 고용 창출 효과도 상당했다.

이러한 수치를 바탕으로 한국 정부는 미국 측에 무역흑자가 결코 일방적 피해가 아니라는 점을 강하게 피력해야 한다. 자동차, 철강, 반도체, 바이오의약품 등 핵심 수출 품목에 대해 관세 완화를 요구하고, 동시에 조선업 협력, LNG 연계 에너지 협력 등에서 미국과의 공동 프로젝트를 제안함으로써 호혜적 동맹의 이미지를 강화해야 한다.

또한 장기적인 경제외교의 일환으로, 미국과 조선산업, 원전, 방위산업, 인공지능, 반도체 공급망 등 전략산업 분야에서 MOU, 체결과 공동 R&D 투자 확대를 추진해야 한다. 한국 정부가 선제적으로 전략 분야

협력을 제안하면, 미국 입장에서도 한국과의 협력 필요성이 높아져 협상력 제고에 도움이 될 것이다.

결국 한국 정부의 통상전략은 단순한 방어가 아닌, 능동적인 기회 창출형 전략으로 재정립되어야 한다. 위기 대응의 틀을 넘어서 산업별 기회 요소를 발굴하고, 외교·경제·산업정책이 유기적으로 결합된 다층적 전략으로 트럼프 2.0 시대를 돌파해 나가야 한다.

2 관세행정의 지원 전략

트럼프 전 대통령의 1기 집권 당시 미국은 통상 절차를 생략하고 행정명령을 통해 고율의 관세를 일방적으로 부과한 바 있다. 이러한 사례는 트럼프 2기 행정부에서도 반복되고 있으므로, 한국 정부는 관세행정 측면에서 치밀한 대응 체계를 마련해야 한다. 특히 미국 수출 비중이 높은 자동차, 반도체, 철강 산업은 전략적으로 선제적 대응이 절실하다.

트럼프 2.0 시대, 수출기업을 위한 관세 동향 조기예측 시스템을 구축하라

트럼프 대통령이 이끄는 미국은 다시 '자국 우선주의(America First)' 통상정책을 밀어 붙이고 있다. 이런 흐름 속에서 한국의 주요 수출품목인 자동차, 반도체, 철강 등은 이미 표적이 되었다. 실제로 트럼프 2.0에서 한국산 자동차에 25%의 고율 관세를 부과하고 있고, 철강·알루미늄 제품에는 실제로 50% 관세가 부과되었다. 반도체 부품 역시 미중 기술전쟁과 엮이며 각종 규제 대상이 되고 있다.

　이처럼 정치와 외교의 바람에 따라 관세 정책이 급변할 수 있는 상황에서, 기업이 안정적으로 미국 시장에 수출을 이어가기 위해서는 '사전에 예측하고, 빠르게 대응할 수 있는 시스템'을 갖추는 것이 무엇보다 중요하다. 이를 위해 '대미 수출품목 동향 예측 시스템'을 다음과 같은 방향으로 고도화해야 한다.

● 기존 주간 모니터링에서 '실시간 조기경보 체계'로 전환해야 한다

　현재 산업통상자원부 등 정부 부처에서는 미국의 통상정책을 주간 단위로 파악하여 업계에 공유하고 있다. 그러나 이는 트럼프 2기와 같은 급변형 정책 환경에서는 느리고 소극적인 방식일 수 있다. 실제로 트럼프 행정부는 예고 없이 행정명령을 발동하여 하루아침에 관세를 인상하거나 특정 품목 수입을 제한한 바 있다. 기업이 이런 조치를 제때 인지하지 못하면, 준비 없이 출하한 물품이 미국 세관에서 멈추는 사태가 발생할 수 있다.

　예를 들어, 2018년 미국은 '철강·알루미늄 232조 관세'를 발표하자마자 단기간 내에 시행에 들어갔다. 일부 한국 철강업체는 출하 직전까지도 관세 부과 사실을 인지하지 못해 손실을 입었으며, 이후에는 사후적으로 고객과의 납품 계약을 변경하거나, 관세를 부담해야 했다.

　이러한 위험을 피하려면, 정부가 매주 보고서를 내는 방식에서 벗어나, 연방관보(Federal Register), 미국무역대표부(USTR)의 발표, 미국 의회 입법 일정 등을 실시간으로 추적하고 분석하는 시스템을 갖추는 것이 필요하다. 기업도 언제든 해당 정보를 볼 수 있도록, 디지털 플랫폼으로 전환하는 것이 바람직하다.

● AI 기반 '관세 시뮬레이션 시스템'을 도입하여 충격을 미리 예상해보아야 한다

미국의 통상정책은 단순히 수출량 감소에 그치지 않고, 기업의 가격 정책, 물류 전략, 원산지 조달까지 광범위하게 영향을 준다. 따라서 새로운 규제가 발표되었을 때 어떤 산업에 어떤 파장이 있을지 시뮬레이션할 수 있는 인공지능 기반 분석 도구가 필요하다.

예를 들어, 미국이 특정 자동차 부품에 대해 25%의 추가관세를 부과할 경우, 이 부품이 포함된 완성차의 가격 경쟁력은 어떻게 변하는지, 해당 부품을 다른 나라에서 조달했을 경우 어떤 대체 전략이 가능한지를 자동으로 계산해 주는 시스템이 있다면, 기업은 훨씬 빠르게 대응할 수 있을 것이다.

이러한 시뮬레이션 시스템은 다음과 같은 데이터를 기반으로 작동할 수 있을 것이다.

• 품목별 HS코드 및 과거 관세부과 사례
• 미국 정부의 발표 패턴 및 트럼프 발언 분석
• 업종별 수출실적 및 고객사 위치
• 경쟁국(일본, 멕시코, 대만 등)의 미국시장 점유율 변화
• 미국 관세국경보호청(CBP) 원산지 판정사례

이러한 시스템은 대기업뿐 아니라, 수출 여력이 크지 않은 K-중소·중견기업이 사전에 위험을 점검하고 리스크를 피하는 데 핵심적인 역할을 할 수 있을 것이다.

● 조기경보와 예측 시스템은 수출기업의 '생존 장치'이다

트럼프 2기 통상정책은 '규칙에 따른 무역(Rule-based Trade)'이 아닌 '힘에 의한 무역(Power-based Trade)'로 회귀하고 있다. 이럴 때일수록, 정부와 기업은 정교한 정보 시스템을 통해 변화에 앞서 대응해야 한다.

자동차, 반도체, 철강 등 대미 수출의 핵심 품목은 정치적 변수에 가장 쉽게 휘둘릴 수 있으므로, 실시간 예측 체계, AI 기반 시뮬레이션, 신속한 정보공유체계를 갖추는 것이 필수이다. 정부는 민간 기업이 이런 정보를 쉽게 접할 수 있도록 원스톱 통상정보 포털을 강화하고, 대기업은 자체적으로도 리스크 관리 체계와 담당 인력을 두는 것이 바람직하다. 정보가 곧 생존의 열쇠가 되는 트럼프 시대, 먼저 아는 자만이 살아남을 수 있다.

미국 관세율을 실시간으로 파악하고, 기업 맞춤 지원 체계를 갖추어야 한다

트럼프 미국 대통령이 미국 우선주의 통상정책을 강력하게 추진하면서 미국의 관세 정책은 또 한 번 빠르고 예측 불가능한 방향으로 흘러가고 있다. 특히 트럼프 행정부는 WTO나 국제규범보다는 행정명령을 통해 관세를 즉각 부과하거나 변경하는 방식을 선호해왔다. 이런 방식

은 예고 없이 기업에 큰 비용과 혼란을 유발하며, 특히 자동차, 전자부품, 철강 등 한국의 주요 수출품목에 집중되어 있어 우리 기업들의 위험도 크다.

● 관세율 변화는 하루아침에 일어난다 – 실시간 확인 시스템이 필요하다

트럼프 1기 정부는 2018년 철강과 알루미늄에 대해 무려 25%의 고정관세를 도입한 바 있으며, 이후 자동차에 대한 232조 조사를 진행하며 관세부과를 검토하였다. 트럼프 2기 정부에서는 국가별로 상호관세(Mirroring Tariff)를 적용하겠다는 방침을 발표하기도 하여, 특정 국가 제품에만 더 높은 관세율을 부과하는 '선별적 통상정책'이 현실화되었다.

이런 변화는 대부분 미국무역대표부(USTR), 백악관 또는 연방관보 등을 통해 공표되지만, K-중소기업 입장에서는 이 정보를 실시간으로 확인하거나, 해당 품목에 어떻게 적용되는지 파악하기 매우 어렵다. 이처럼 하루아침에 바뀌는 관세 정책 앞에서는, 정보가 생존이다.

● FTA 포털처럼 실시간 관세율 확인 웹사이트를 만들 필요가 있다

한국 정부는 이미 FTA 포털을 통해 자유무역협정의 적용 대상 품목, 원산지 기준, 증명 절차 등을 기업들이 손쉽게 확인할 수 있도록 제공하고 있다. 이와 유사하게, 미국의 관세율 변동과 정책 발표 내용을 실시간으로 정리해 주는 웹사이트나 포털이 필요하다.

현재 FTA포털에서는 미 관세정책 대응지원 배너를 별도로 마련하여 원산지 판정사례, HS CODE 연계표, 체크포인트 등의 자료를 안내하

고 있다. 여기에 다음과 같은 기능도 추가로 갖춘다면 특정 품목만을 취급하는 기업들 외 수많은 기업들이 광범위하고 포괄적으로 정보를 편리하게 확인할 수 있을 것이다.

- 품목별(HS코드 기준) 미국 관세율 검색 서비스
- 최근 공표된 미국 관세 정책 및 USTR 발표 요약
- 관세율 변화가 예고된 품목에 대한 경고 알림 기능
- 국가별(예: 한국·멕시코·일본 등) 차등 관세 적용 현황

기업은 이 플랫폼을 통해 자사 품목에 대한 관세율을 수시로 조회하고, 변경 내역을 실시간으로 파악함으로써 보다 신속하고 전략적인 수출 결정을 내릴 수 있게 된다.

● 정보 접근성과 실무 대응력을 높이는 인프라가 필요하다

앞으로 트럼프 2기 통상정책이 전개되면서 관세율은 언제든 바뀌고, 새로운 규제가 등장할 수 있다. 이 변화에 대응하려면 국가 차원의 실시간 관세율 분석 시스템을 갖추어야 한다.

정부는 관세청, 산업부, KOTRA 등 유관 기관이 협업하여, 기업이 클릭 몇 번으로 미국 관세 정보를 파악할 수 있는 환경을 만들어야 한다. 특히 K-중소·중견기업이 '정보의 사각지대'에 놓이지 않도록, 실질적인 지원 시스템과 예산을 확보하는 정책적 뒷받침이 필요하다. 이제는 예측하고, 대비하는 것이 곧 경쟁력인 시대가 되었다.

한미 FTA 분쟁 해결 절차를 적극 활용할 준비가 필요하다

트럼프 2기 정부가 출범할 경우, 한국의 대미 수출기업은 다시금 관세폭탄과 같은 불합리한 통상 조치에 직견할 수 있다. 실제로 트럼프 1기 시절에도 철강, 세탁기, 태양광 패널 등에 고율의 추가 관세가 부과되었으며, 이 과정에서 한미 자유무역협정(FTA)이 충분히 활용되지 못했다는 지적이 많았다. 이제는 이러한 반복을 피하기 위해, 한미 FTA 내에 마련된 공식 분쟁 해결 절차를 보다 능동적으로 활용할 준비가 필요하다.

● 협정 내에 마련된 '협의 창구'를 적극 가동해야 한다

한미 FTA는 단순한 관세 감면 협정이 아니다. 이 협정은 무역 분쟁이 발생했을 때 양국이 대화를 통해 문제를 해결할 수 있는 제도적 통로를 마련해두고 있다. 대표적인 것이 다음과 같은 절차이다.

• FTA 공동위원회: 양국 통상 장관급 또는 고위 관료가 참여하여 전체적인 협정 운영을 점검하고, 분쟁 사안을 공식 안건으로 상정할 수 있다.
• 분야별 실무 위원회: 자동차, 농업, 지재권, 통관 등 산업별로 구성된 실무위원회를 통해 사안별 협의가 가능하다.

예를 들어, 만약 트럼프 정부가 한국산 전기차 배터리에 20%의 추가 관세를 부과한다고 가정해 보자. 이 조치가 한미 FTA상의 '내국민 대우', '비차별 원칙' 조항을 위반했다고 판단될 경우, 한국 정부는 이를 공동위원회 안건으로 상정할 수 있다. 그리고 사전 협의 과정을 통해 문제 해결을 유도하거나, 필요 시 공식 분쟁 해결 절차를 밟을 수도 있다. 이런 실무적 협의 창구가 없는 중국, 일본과 다른 우리의 강점을 적극 활용해야 한다.

● 협정문 조항에 근거한 법적 대응 가능성을 검토해야 한다

한미 FTA 협정문 제22.4조와 제22.6조는 분쟁 해결과 관련된 핵심 조항이다.

- 22.7조(협의): 양 당사국 중 한 쪽이 협정 위반이 있다고 판단될 경우, 정식 협의를 요청할 수 있다.
- 22.9조(패널 설치): 협의가 60일 내에 성과 없이 끝날 경우, 독립적인 전문가 패널 구성을 요청할 수 있다.

이러한 절차는 WTO와 달리, 양국 간 양자 협정이기 때문에 보다 빠르고 정치적 영향이 덜한 해결이 가능하다. 그러나 지금까지 한국 정부는 이를 실질적으로 활용한 사례가 거의 없다. 그 이유는 제도에 대한 현장 이해 부족, 미국 측 거부 가능성 우려, 국제 정치적 부담감 등이 복합적으로 작용했기 때문이다.

이제는 이러한 우려를 넘어서야 한다. 예컨대 2012년 미국이 한국산 변압기에 대해 반덤핑관세를 부과하고, 2020년 최고조의 세율을 부과했을 때, 한국은 공동위원회에서 문제를 제기했지만, 실질적인 조치는 미흡했다. 이처럼 반복되는 관세 리스크에 대비하려면, 협정문 조항을 사전에 분석하고 활용 가능성을 철저히 점검해야 한다.

● 실질적인 제도 대응 역량을 점검하고 보완해야 한다

협정은 '문서'일 뿐이다. 중요한 것은 이를 실제로 활용할 수 있는 제도적 역량과 준비태세이다. 따라서 정부는 다음과 같은 보완 조치를 적극 검토해야 한다.

- 업계와의 공조 채널 구축: 기업이 겪는 관세 불이익을 실시간으로 취합할 수 있도록 업종별 협회, 기업들을 지원하는 한국관세사회 및 수출기업들과 소통 체계를 마련하고, 피해 사례가 축적되면 신속히 분쟁 협의로 연결되도록 해야 한다.
- FTA 활용 교육 강화: 많은 K-중소·중견기업이 FTA의 '분쟁 해결 조항'에 대해 전혀 알지 못하고 있다. 수출기업을 대상으로 FTA 법률교육 및 피해 사례 접수 시스템을 정례화해야 한다.

● 이제는 제도 '활용'으로 나아가야 한다

트럼프 2.0 시대에는 통상 정책이 더욱 예측 불가능하게 변화할 수 있다. 한국은 단순히 미국의 조치에 수동적으로 반응하는 것을 넘어서, 한미 FTA라는 정당한 무역 규범의 틀을 활용하여 적극적으로 협의하고 문제를 제기할 수 있어야 한다. 제도가 준비되어 있다면, 이제 필요한 것은 실행력이다. 정부와 기업, 전문가들이 협력하여 '제도적 대응력'을 갖춘다면, 불공정한 관세 조치에도 흔들리지 않는 튼튼한 무역 방어선을 구축할 수 있다. 이제는 '기다리는 통상'이 아니라, '주도하는 통상'으로 전환할 때이다.

K-중소·중견기업을 위한 관세청의 실질적인 지원 전략이 필요하다

트럼프 2.0 시대가 본격화되면, 미국은 자국 산업 보호를 명분으로 고율 관세를 더욱 과감하게 부과할 가능성이 크다. 특히 자동차, 전기차 배터리, 철강 등 주요 수출 품목에 대해 '관세 폭탄'이 다시 등장할 수 있다. 대기업은 여유 자금과 글로벌 네트워크를 활용해 미국 현지에 공장을 세우거나 생산 체계를 유연하게 조정할 수 있지만, K-중소·중견기업은 여력이 부족해 대응이 매우 어렵다.

이러한 현실 속에서 한국 관세청은 단순한 통관행정 기관이 아니라, 무역환경 변화에 대응할 수 있는 실질적인 지원자로서 기능을 강화해야 한다. 다음과 같은 방향에서 한국 관세청의 관세행정 지원 체계를 재정비해야 한다.

● 관세정보 전달 시스템을 체계화하고 실시간 제공해야 한다

미국의 관세 정책은 트럼프 행정부처럼 행정명령을 통해 하루아침에 바뀌는 경우가 잦다. K-중소기업이 이를 사전에 인지하지 못하면, 이미 선적된 물품이 미국 항만에서 통관 보류되거나, 수입업체가 갑작스럽게 거래를 취소하는 사태가 발생할 수 있다.

이를 방지하려면 한국 관세청은 '관세 동향 실시간 알림 시스템'을 구축하여, 미국 연방관보, USTR 발표, 의회 입법 추진 내용 등을 자동 수집·분석하여 기업에 문자, 메일, 포털 공지 등으로 실시간으로 전달해야 한다.

또한, FTA 포털 내에 '미국 관세 알림 배너'를 신설하여 미국 수출기업이 언제든지 품목별 관세율, 적용기준, 예외조항 등을 쉽고 빠르게 검색할 수 있는 창구를 제공해야 한다.

● 자금·행정 절차 지원 기능을 강화해야 한다

K-중소기업은 미국 진출이나 구조 전환을 위해 필요한 자금과 인력이 절대적으로 부족하다. 한국 관세청은 무역 인프라 지원기관들과 협력하여 통관 절차 간소화, 세금 납부 유예, 원산지 증명 간소화 같은 행정상 인센티브를 마련해야 한다.

예를 들어, 한국 관세청은 다음과 같은 지원을 시행할 수 있다:

• 미국산 원자재를 사용하는 기업에 대해 수입 관세 분할 납부나 조건부 환급이나 감면 제공
• 미국 수출 물량에 대해 수출환급 절차를 간소화하고 처리 속도 단축
• 수출신고 오류 정정 시 벌점 면제 등 유연한 통관 절차 운영

● K-중견·중소기업 지원은 관세행정의 핵심 기능이 되어야 한다

트럼프 2.0 시대에는 단순히 세율만 낮추는 것이 기업 생존의 해답이 아니다. 관세행정이 얼마나 유연하고 기민하게 작동하는지가 중견 중소기업의 경쟁력을 좌우하게 된다.

한국 관세청은 단순한 과세·징수기관을 넘어, '대미 통상 리스크 대응 파트너'로서 K-중소·중견기업을 돕는 실질적 지원자로 역할을 확장해야 한다. 정보, 자문, 행정, 자금지원 등 모든 수단을 총동원하여, 우

리 기업이 글로벌 통상 전쟁에서 살아남을 수 있도록 현장 중심의 맞춤형 지원체계를 강화해 나가야 한다.

한국 산업별 대응 전략:
위협과 기회를 구분하라

트럼프 2.0 시대의 보호무역 강화는 산업별로 명암이 엇갈릴 수밖에 없다. 관세 장벽이 높아지면 피해를 입는 산업도 있지만, 일부 산업은 오히려 기회를 잡을 수도 있다. 따라서 각 기업은 자기 업종의 특성을 정확히 파악한 후, 통관·생산·공급망 측면에서 대응 전략을 세워야 한다.

1 자동차·부품 산업: USMCA 기준 충족이 생존 조건이다

트럼프 2.0 시대가 본격화되면서 미국은 자국 제조업 보호를 최우선 과제로 삼고 있다. 특히 자동차 산업은 기국의 전략적 핵심 산업으로 간주되어 보호무역의 중심에 놓여 있다. 이 가운데 핵심이 되는 제도가 바로 USMCA(미국·멕시코·캐나다 협정)이다. 이 협정은 북미 3국 간의 무역협정으로, USMCA 협정을 적용받는 자동차 부품에 대하여는 25% 관세가 면제된다. 그러나 자동차와 부품에 대해 높은 지역가치비율(RVC) 기준을 요구하며, 이를 충족하지 못할 경우 고율의 관세를 부과한다. 즉, USMCA 기준을 지키는 것이 북미 시장에서 생존하기 위한 최소 조건이 되고 있다.

USMCA가 자동차 산업에 미치는 영향

USMCA는 기존의 NAFTA(북미자유무역협정)를 대체하여 2020년에 발효되었으며, 자동차 산업에 대한 원산지 기준이 강화되었다. 구체적으로는 완성차 1대가 무관세 혜택을 받으려면 75% 이상의 부가가치가 북미 3국(역내)에서 발생되어야 한다. 또한 철강과 알루미늄의 70% 이상도 역내산이어야 하며, 시간당 16달러 이상의 고임금 비율도 승용차는 40%, 트럭은 45% 이상을 충족해야 한다.

이러한 요건은 단순히 부품만 맞추면 되는 문제가 아니다. 각종 세부 기준을 충족하려면 설계 단계부터 생산까지 공급망 전체를 재조정해야 한다. 이제 한국에서 생산한 부품을 그대로 북미지역으로 수출하는 방식으로는 미국에서 완성품에 대한 관세혜택을 받기가 어려우며, 북미 현지 조달·조립·가공을 통해 북미산으로의 원산지 전환이 필요하다.

Stellantis 사례: 선제적 대응의 대표모델

Stellantis는 푸조, 크라이슬러, 지프 등 다양한 브랜드를 보유한 유럽계 자동차 기업으로, USMCA 대응에 있어 선제적으로 전략을 세운 사례이다. Stellantis는 미국 미시간 주와 멕시코 등에 대규모 공장을 증설하고, 부품의 북미산 조달 비중을 대폭 늘렸다. 또한 멕시코 공장에서 엔진과 변속기 등 핵심 부품을 조립하고 이를 다시 미국 공장으로 보내 최종 조립하는 방식으로 공급망을 재구성하였다.

이러한 전략은 단순한 비용절감이 아닌, 협정 기준 충족을 위한 구조적 변화였다. Stellantis는 USMCA 기준을 사전에 면밀히 분석하고, 원산지 검증을 통과할 수 있도록 공정·서류·물류까지 모두 재설계하였다. 이 결과, Stellantis는 미국에서 관세 부담 없이 차량을 판매할 수 있었고, 동시에 미국 정부의 보조금 프로그램 수혜 대상에도 포함되었다.

K-중소·중견 자동차 부품 업체의 현실과 도전

하지만 K-중소·중견 자동차 부품 업체들은 이러한 구조조정을 단기간에 따라가기가 쉽지 않다. 첫째, 북미 현지 공장을 세우는 데 드는 투자비용이 막대하고, 둘째, 미국 완성차 업체와의 직거래 네트워크가 부족하며, 셋째, 원산지 검증이나 RVC 계산 방식 등 제도에 대한 이해도가 낮은 편이다. 그 결과, 미국 수출 시에도 관세를 피하지 못하고 가격 경쟁력에서 밀리게 된다.

실제로 경기도에 위치한 한 중소 부품업체 B사는 현대차 1차 벤더사의 협력업체로 1차 벤더사의 멕시코 공장에 자동차 부품을 납품해왔다. 그러나 1차 벤더사는 B사로부터 수입한 부품을 사용하여 완성한 자동차부품을 미국으로 수출할 때, USMCA 기준을 충족하지 못해 미국 수입자에게 FTA 무관세 혜택을 제공하지 못했고, B사는 곧 다른 북미 업체로 대체될 위기에 처했다. 이 회사는 한국에서 만든 부품을 그대로 수출하고 있었고, 별도의 북미산 부품 전환 전략이나 현지 조립 계획이 없었던 것이 문제였던 것이다.

관세사와 함께 생존 전략 세우기

이러한 상황을 타개하려면, 단순 수출 중심의 모델을 탈피하고 구조적인 전략 전환이 필요하다. K-중소·중견 기업이라고 하더라도 다음과 같은 방식으로 접근해야 한다.

● 관세사의 도움을 받아 RVC 시뮬레이션부터 시작한다

USMCA 특혜를 받으려면 보완/주요/핵심 부품별로 지역가치비율(RVC) 계산이 필수다. 관세사와 함께 자사 제품의 원산지 판정을 시뮬레이션해 보고, 기준 충족 여부를 검토해야 한다. BOM(원자재 명세서), 부품 가격, 제조공정서 등을 바탕으로 정밀 분석을 수행해야 한다.

● 북미 현지 조립 거점 확보 또는 현지 파트너 발굴

직접 공장을 설립하기 어렵다면, 멕시코나 미국의 현지 부품 조립업체와 제휴하여 일부 가공 또는 조립 공정을 북미 내에서 수행하는 방안을 검토한다. 예를 들어, 경남의 부품업체 C사는 멕시코 티후아나의 조립공장과 OEM 계약을 맺고, 한국에서 최소가공한 보완부품을 현지에서 조립 후 납품함으로써 USMCA 기준을 충족하였다.

● 미국 완성차 공장과 직거래 가능성 확대

현지 완성차 업체 또는 1차 협력업체와의 직접 접촉을 확대해야 한다. KOTRA, 자동차산업협회 등이 주최하는 북미 구매상담회에 참가하고, 현지 전시회 및 바이어 매칭 프로그램을 통해 파트너를 확보하는 것이 효과적이다.

● 원산지 검증 및 통관 대응 체계 마련

미국 관세국경보호청(CBP) 및 세관의 원산지 검증이 강화되는 만큼, 이에 대비한 문서관리 체계를 갖춰야 한다. 원산지 증빙서류, 제조공정 설명자료, RVC 계산서 등을 사전에 정리해두고, 필요 시 전문가와 함

께 대응방안을 마련해야 한다.

- ● 정부의 지원제도 활용

산업부, KOTRA, 중기부 등에서는 북기 진출 기업을 위한 다양한 지원 프로그램을 운영하고 있다. 예를 들어, KOTRA의 해외현지화지원 사업을 통해 현지 파트너 발굴과 인증 획득 컨설팅을 받을 수 있고, 무역협회와 한국원산지정보원은 FTA 교육과 원산지 관리시스템 구축을 지원하고 있다.

USMCA 기준을 모르면 미국에 못 판다

트럼프 2.0 시대에는 단순히 품질 좋은 제품을 싸게 파는 것으로는 부족하다. 미국의 관세 장벽과 원산지 기준을 철저히 분석하고, 이에 맞는 전략을 세워야만 북미 시장에서 살아남을 수 있다. 특히 자동차 부품 산업처럼 기준이 까다로운 분야에서는 전문가의 조력을 받아 체계적인 대응을 해야 한다. 결국 USMCA는 위기가 아니라 기회의 문이 될 수 있다. 준비된 기업에게만 말이다.

2 반도체·전자 산업: 탈중국 공급망, 우리가 채워야 한다

미국과 중국 간의 기술 갈등이 점점 심각해지면서, 미국 정부는 자국 안보와 첨단산업 보호를 이유로 중국산 반도체 장비나 부품의 수입을 대폭 제한하고 있다. 특히 반도체는 인공지능, 군사장비, 5G 통신 등 미국의 전략적 기술 산업과 직결되어 있기 때문에, 중국을 배제한 새로운 공급망을 만들고자 하는 움직임이 가속화되고 있다. 이 같은 변화는 한국 기업에게 위기이자 기회이다. 미국이 신뢰할 수 있는 공급처를 찾고 있는 지금, 우리가 그 빈자리를 채울 수 있는 골든타임이 열리고 있다.

미중 기술전쟁이 만든 기회의 창

미국은 2022년부터 중국 반도체 산업을 정조준하는 각종 수출통제 조치를 시행해 왔다. 예를 들어, 미국 기업이나 장비업체는 중국 반도체 기업에 고급 반도체 제조장비(예: EUV, DUV 노광기)를 수출할 수 없도록 막고 있다. 여기에 더해, 미국 국적의 인력은 중국 반도체 공장에서 일할 수 없도록 제한하기도 했다. 이처럼 기술 유출과 안보 위협을 차단하려는 미국의 조치는 결국 중국 내 공급망에 커다란 구멍을 만들어 놓았다.

이러한 상황에서 미국은 대체 공급처로 한국, 대만, 베트남, 인도네시아 등을 주목하고 있다. 특히 한국과 대만은 세계 최고 수준의 반도체 기술력을 보유하고 있어 미국 정부의 전략적 파트너로 떠오르고 있다. 예를 들어, 미국은 TSMC(대만)와 삼성전자(한국)가 미국에 반도체 공장을 짓는 데 대해 대규모 보조금과 세제 감면 혜택을 제공하며 전폭적으로 지원하고 있는 것을 보면 그 중요성을 짐작할 수 있다.

삼성 텍사스 공장과 정부 지원 사례

삼성전자는 미국 텍사스주 테일러시에 약 170억 달러를 투자해 첨단 반도체 공장을 건설 중이다. 미국 정부는 이 공장에 대해 인프라 구축, 세금 감면, 연구개발 지원 등의 인센티브를 제공하고 있으며, 2024년에는 미 상무부가 이 사업에 대해 수십억 달러 규모의 반도체 보조금을 지급하는 방안을 공식화했다. 이는 미국이 한국 기업을 얼마나 전략적으로 활용하고자 하는지를 보여주는 대표적 사례이다.

이러한 흐름은 대기업뿐 아니라 K-준견·중소 부품업체에게도 기회로 작용한다. 삼성전자의 미국 공장에 납품하거나, 미국에 진출한 글로벌 팹리스 기업들과 거래하려는 국내 전자 부품 업체들은 지금이 미국 공급망에 진입할 수 있는 최적의 타이밍이라 할 수 있다.

대응 전략 1: 생산기지의 전략적 재배치

한국 기업은 중국 중심의 생산기지 구조에서 벗어나야 한다. 특히 미국 정부는 반도체뿐만 아니라 전기차, 배터리, 2차전지 등 핵심 산업 전반에 걸쳐 "중국산 배제" 원칙을 적용하그 있기 때문에, 미국 시장을 타깃으로 하는 제품을 중국에서 생산해 미국에 수출하는 전략은 이제 더이상 유효하지 않다.

이에 따라, 미국 또는 미국과 우호적인 관계에 있는 국가(예: 국가별 상호관세 저세율 국가)에 생산기지를 설립하거나 조립 공정을 이전하는 방식이 대안이 될 수 있다. 예를 들어, A 전자부품 회사는 기존에 중국 공장에서 생산하던 커넥터 제품을 베트남 공장으로 이전하고, 미국 현지 완성품 업체와 직접 계약을 체결하여 공급망 안정성을 확보하였다. 이처럼 생산기지를 재배치하면 미국 시장 접근성뿐 아니라 통관 상의 리스크도 줄일 수 있어 일석이조의 효과를 얻을 수 있다.

대응 전략 2: 품목분류와 미국 거래상대방 점검 강화

반도체 및 전자부품은 군사용으로도 활용될 수 있기 때문에 미국의 수출통제 규제(예: EAR, ITAR)에 걸릴 수 있다. 예를 들어, 특정 통신 칩이 군사용 드론에 탑재될 가능성이 있다면 거래 상대방이 제재대상 자인지, 해당 제품이 '이중 용도(dual use)' 품목인지 철저히 검토해야 한다. 이를 간과하고 수출하는 경우, 한국 수출업체 역시 블랙리스트에 오를 수 있어 매우 주의가 필요하다.

이러한 규제 대응은 K-중소기업이 자체적으로 판단하기 어렵기 때문에, 관세사 등 전문가 또는 KOTRA 등 정부 지원기관의 조력을 받는 것이 현실적인 해법이다. KOTRA는 수출기업을 대상으로 한 거래 상대방 제재 여부 확인, 수출입 규정 안내 등을 지원하고 있으므로, 이를 적극 활용하는 것이 좋다.

대응 전략 3: 기술표준과 인증 충족

미국에 수출하려는 반도체 부품은 단순히 성능이 뛰어난 것만으로는 부족하다. 해당 부품이 미국의 기술표준 및 품질 인증을 충족해야만 사용 승인을 받을 수 있다. 예를 들어, 전자파 적합성 인증(FCC), 반도체 제조장비의 안전규격 인증(UL 인증), 환경규제 대응(RoHS, REACH 등) 등이 요구될 수 있다.

이를 소홀히 하면 수출 제품이 미국 통관 단계에서 반려되거나 리콜 조치를 당할 수 있다. K-중소기업은 관련 인증 취득 과정이 복잡하고 비용도 많이 들기 때문에, 한국표준협회(KSA), 산업통상자원부 산하 수출인증지원센터 등의 도움을 받아야 한다. 실제로 2023년에는 B 전자부품 제조사가 산업부 인증지원사업을 통해 FCC 인증[67] 컨설팅을 받고, 미국 OEM 업체와의 장기 공급계약을 체결하는 성과를 거두었다.

'탈중국-친미국' 공급망 재편은 우리에겐 기회이다

반도체와 전자 산업은 단순히 기술력만으로 승부하기 어려운 시대에 들어섰다. 이제는 공급망 전략, 규제 대응 능력, 현지화 역량이 기업의 생존과 직결된다. 특히 트럼프 2.0 시대처럼 미국 우선주의가 다시 강화되는 국면에서는, 미국의 새로운 산업 정책 흐름을 잘 읽고 거기에 맞춘 유연한 전략이 필수이다.

K-중견·중소 전자부품 기업은 자체 인력과 정보만으로 모든 규제를 분석하고 대응하기 어렵다. 따라서 관세사, 인증 전문기관, 정부 지원사업 등을 적절히 활용하여, 지금의 기회를 새로운 수출 성장 발판으로 만들어야 한다. 탈중국이란 위기의 파고가 오히려 우리가 미국 공급망을 점유할 수 있는 결정적 기회가 될 수 있음을 명심해야 한다.

3 생활소비재·패션 산업: 브랜드·디자인이 관세를 이긴다

트럼프 2.0 시대가 도래하면서 미국의 보호무역주의는 더욱 강화되고 있으며, 이로 인해 생활소비재 및 패션 산업은 가장 직접적인 타격

---

67) FCC 인증(Federal Communications Commission Certification)은 미국 연방통신위원회(FCC)가 전자기기에서 발생하는 전자파 간섭(EMI)을 규제하기 위해 전자·통신 장비에 대해 부여하는 적합성 인증 제도이다.

을 받을 수 있는 분야가 되었다. 특히 이들 제품은 단가 대비 관세율이 높기 때문에, 관세 인상은 곧바로 소비자 가격 인상으로 이어지고, 시장 경쟁력을 크게 약화시킬 수 있다. 이러한 위기 속에서 살아남기 위해서는, 관세를 가격 요소로만 바라보는 단순한 접근이 아니라, 브랜드의 가치와 디자인을 앞세워 소비자의 구매 욕구를 이끌어내는 전략이 필요하다.

고부가가치화: 제품에 감성을 입혀야 한다

관세로 인해 원가가 올라가면, 단순히 저가로 승부를 걸던 전략은 더 이상 통하지 않는다. 이제는 소비자가 더 높은 가격을 지불하더라도 구매하고 싶어지는 제품을 만들어야 한다. 여기서 핵심은 '고부가가치화'이다. 예를 들어, 같은 티셔츠라도 단순한 면티가 아닌, 친환경 소재를 사용하고, 세련된 디자인과 정교한 패키징, 그리고 지속가능성을 강조하는 메시지를 담아내면, 소비자는 더 높은 가격에도 구매할 동기를 느끼게 된다.

사례로는, 한 국내 친환경 생활용품 브랜드가 미국 시장 진출 시 플라스틱 대신 종이 소재 포장, 그리고 재사용 가능한 디자인 패키지를 적용해 '지속가능한 소비'를 내세우며 아마존에서 좋은 반응을 얻은 사례가 있다. 이처럼 제품의 기능을 넘어 가치와 스토리를 함께 전달하면, 관세 상승으로 인한 가격 부담을 소비자가 납득할 수 있도록 만들 수 있다.

'Made in USA' 활용 및 현지화 전략

트럼프 행정부는 자국 산업 보호를 강조하면서 미국 내 생산을 유도하는 각종 인센티브 정책을 내놓고 있다. 이에 따라 일부 프리미엄 브랜드는 생산 일부를 미국으로 이전하고, 'Made in USA' 라벨을 적극 활용하여 브랜드 가치를 높이고 있다.

예를 들어, 한국의 한 고급 패션 브랜드는 원단은 한국에서 생산하되, 미국 내 봉제공장을 활용해 완제품을 미국에서 제조하는 방식을 택했다. 이를 통해 관세를 피할 수 있을 뿐만 아니라, 미국 소비자에게 '미국 현지 생산'이라는 신뢰감을 제공하여 브랜드 인지도를 높이는 데 성공했다. K-중소기업이 직접 미국 내 생산시설을 확보하기는 쉽지 않지만, KOTRA의 현지 생산 협력 네트워크나 OEM 파트너 정보를 활용하면 소규모 시범생산을 통한 테스트도 가능하다.

무관세 품목 확인 및 HS코드 정비

모든 생활소비재와 패션 제품이 관세 대상이 되는 것은 아니다. 한미 FTA나 미국 관세율표에 따라 여전히 특혜관세 혜택을 받을 수 있는 품목들이 있으며, 이를 제대로 활용하는 것이 중요하다. 핵심은 정확한 HS코드 분류와 원산지 요건 충족이다.

예를 들어, 방직용 섬유재질의 제품은 관세가 높지만, 합성피혁의 제품으로서 플라스틱 세번으로 분류되면 관세율이 낮아지거나 무관세가 될 수 있다. 실제로 한 패션 잡화 수출업체는 처음에는 직물세번으로 신고하여 15% 가량의 관세를 부담했으나, 관세사의 자문을 통해 플라스틱 제품인 3926호(기타 플라스틱 제품)로 재분류한 후 관세율이 대폭 낮아진 사례가 있다.

따라서 제품의 형태, 용도, 구성 등을 면밀히 검토하여 가장 유리한 HS코드를 적용하고, 원산지 요건을 사전에 체크하여 FTA 혜택 등을 누릴 수 있도록 준비해야 한다. 이 과정에서 반드시 전문 관세사의 조력을 받아야 하며, 관세사를 통해 미국 관세국경보호청(CBP)의 관세 품목분류에 대한 사전 판정(Advance Ruling)을 받을 수 있다.

디자인·브랜딩·현지화 마케팅의 중요성

생활소비재와 패션 제품은 기능뿐만 아니라 감성적 요소가 중요하다. 관세 부담을 극복하기 위해서는 브랜드 스토리, 감성적 메시지, 문화적 공감대를 바탕으로 한 브랜딩 전략이 병행되어야 한다.

한 예로, 한국의 전통 문양을 현대적으로 재해석한 패션 브랜드가 미국 젊은층을 타깃으로 SNS 마케팅을 진행하면서 현지 문화와 연결지점을 만든 사례가 있다. 단순히 제품을 팔기보다 한국의 문화를 함께 알리는 콘텐츠를 제작하여, 소비자와의 정서적 유대감을 형성한 것이다.

특히 디지털 마케팅을 통한 B2C 판매 확대가 중요한데, 아마존, 이베이, Etsy 같은 플랫폼에 진출하여 리뷰, 평점, SNS 연계 홍보를 통해 브랜드 인지도를 높이는 전략이 효과적이다. 이때도 중소벤처기업부와 KOTRA의 글로벌 셀링 지원사업을 적극 활용하면 입점, 마케팅, 물류 지원을 받을 수 있다.

관세사와 함께하는 전략적 대응이 필요하다

관세 부담, HS코드 분류, 원산지 증빙, 마케팅, 현지 생산 등 이 모든 것은 K-중소기업 단독으로 감당하기 어렵다. 복잡한 통관 절차와 관세 규정은 실수 한 번으로 몇 천만원에서 수 억원에 이르는 손실을 초래할 수도 있다.

따라서 반드시 관세사 등 전문가의 자문을 받아 전략적으로 대응해야 한다. 예컨대 제품 개발 단계에서부터 HS코드 검토와 FTA 적용 여부와 국가별 상호관세를 분석하고, 디자인 등록과 지식재산 보호조치도 함께 점검해야 한다.

결국 관세가 높아지는 시대에는 단순히 제품을 싸게 만들어 수출하는 것이 아니라, 더 높은 가치를 소비자에게 설득시킬 수 있어야 살아남을 수 있다. 생활소비재와 패션은 관세보다 브랜드와 디자인이 경쟁력을 좌우하는 시대에 진입했다. 이제는 '디자인과 스토리가 곧 면세 전략'인 셈이다.

4 산업별 전략은 '공통 전략 + 개별 해법'의 결합이다

트럼프 2.0 시대의 보호무역주의는 산업마다 다르게 작용하고 있다. 미국이 자국 산업을 보호하기 위해 관세를 올리거나 각종 통상장벽을 높이고 있지만, 그 영향은 모든 업종에 똑같이 나타나지 않는다. 어떤 산업은 관세 인상으로 인해 가격 경쟁력이 떨어지고, 어떤 산업은 반대로 미중 갈등 속에서 미국이 신뢰할 수 있는 공급처를 찾는 과정에서 새로운 기회를 맞이하기도 한다.

예를 들어, 자동차 산업은 25%의 관세부과와 미국·멕시코·캐나다 협정(USMCA)이라는 복잡한 원산지 규정 때문에 부담이 크지만, 반도체 산업은 미국이 중국 의존도를 줄이려는 흐름 속에서 한국 기업에게 더 많은 협력 기회를 제공하고 있다. 이처럼 각 산업은 같은 보호무역 환경 속에서도 받는 영향과 대응 방식이 서로 다르다.

이러한 환경에서는 모든 산업이 똑같은 방식으로 움직여서는 안 된다. 각 기업은 자신이 속한 산업의 특성과 미국의 통상정책 변화 방향을 면밀히 분석하고, 공통된 전략 위에 산업별 특화 해법을 더하는 복합 전략을 세워야 한다.

공통 전략: 모든 산업에 해당하는 기본적 대응법

우선, 모든 산업이 공통적으로 따라야 할 기본 대응 전략이 있다. 바로 미국 통상정책의 흐름을 꾸준히 모니터링하고, 규제 변화에 신속히 대응할 준비를 갖추는 것이다. 특히 트럼프 전 대통령은 예고 없이 관세 조치를 발표하거나 특정국가 수입을 제한하는 돌발적인 통상정책을 구사해왔기 때문에, 기업은 미리 다양한 시나리오를 가정한 대응전략을 준비해 두는 것이 중요하다.

또한 미국 통관 및 규제 환경에 대한 이해와 문서관리 시스템을 강화하는 것도 모든 산업에 적용되는 핵심 전략이다. 예컨대, 수출 제품의 원산지를 명확히 입증할 수 있는 자료를 갖추고, 통관지연에 대비해

AEO(수출입안전관리 우수공인업체) 인증을 받거나, 미국의 검사, 인증 규정(FDA, FCC 등)을 사전에 충족하는 노력이 필요하다.

개별 해법: 산업별 맞춤형 대응전략

그 위에 산업별로 특화된 대응책을 얹어야 한다. 예를 들어, USMCA 협정국 간 거래되는 자동차 및 부품 산업은 북미산 함량 기준을 충족하지 않으면 관세 감면을 받을 수 없기 때문에, 멕시코 또는 미국 현지에 조립 라인을 갖추는 것이 생존전략이 된다. 실제로 유럽계 완성차 기업인 Stellantis는 미국 내 공장을 늘리고 북미산 부품 비율을 높이면서 통상 리스크를 줄이고 있다.

반도체 및 전자 산업의 경우에는 탈중국화 흐름에 편승하여 미국이 지정한 '신뢰 가능한 공급망 국가'로서의 위상을 유지하는 것이 중요하다. 미국 내 반도체 공장 건설 참여, 우회 공급 전략 등을 활용하면 오히려 기회를 잡을 수 있다.

생활소비재·패션 산업은 관세 인상으로 가격경쟁력이 하락할 수 있으므로, 'Made in USA' 마케팅을 병행하거나, 프리미엄 브랜드 전략을 강화하여 소비자의 가격 저항을 상쇄해야 한다. 친환경 소재, 독창적 디자인, 미국 현지 생산 전환 등의 차별화 요소가 관세보다 더 큰 가치를 창출할 수 있다.

상호관세 유예기간부터 활용 가능한 전략

2025년 8월 1일부터 미국의 상호관세가 본격적으로 발효될 예정인

가운데, 해당 관세로 인한 불확실성에 직면한 기업들은 남은 유예기간을 전략적 준비의 시간으로 활용하는 것이 필수적이다.

대표 사례로, 현대차·기아는 지난 4월 관세 유예기간 중 미국 현지로 조기 선적을 진행해 재고를 충분히 확보함으로써, 관세 충격이 본격화되는 초기 몇 개월 동안의 가격 인상 없이 판매 타격을 최소화하는 데 성공했다. 이는 관세 발효 전 선제적 출하 전략을 통해 일정 기간 소비자 가격을 동결하고, 수요 이탈을 방지하는 데 효과적인 방식으로 평가된다.

대미 수출기업 입장에서는 단순히 물량 확보에 그치지 않고, 병행하여 장기적인 관점에서 생산기지 이전, 제조공정 전환 등을 통해 상호관세 비적용 국가로 원산지를 변경할 수 있는 공급망 재설계를 고려할 필요가 있다. 다만 원산지 이전은 시간과 비용이 수반되는 구조이므로, 단기적으로는 제품 포트폴리오를 재구성하여 고부가가치 품목에 집중하고, 가격 전가가 가능한 전략 제품군 위주로 대미 수출을 재조정하는 것이 현실적인 대안이 될 수 있다. 예를 들어, 고급 전자제품, 기능성 의류, 특수 소재 등 비교적 가격 탄력성이 낮은 품목은 소비자 수용력이 높은 반면, 저가형 소비재는 관세 부과 시 즉각적인 수요 감소로 이어질 가능성이 크므로 수출 비중을 축소하는 것이 바람직하다.

또한, 원산지 변경이 어렵다면 중국 의존도가 높은 원재료·부자재의 조달처를 다른 나라들로 다변화함으로써 제조원가를 절감하고, 관세 부담을 내부적으로 상쇄하는 방법도 유효하다. 이는 불법적인 원산지 허위표기와는 철저히 구분되는 합법적 대응 전략이며, 향후 미국 세관의 원산지 검증 강화 움직임에 대한 방어 전략으로도 활용 가능하다.

결국, 상호관세의 발효가 임박한 상황에서 가장 중요한 것은 기업별 현실에 맞는 단기·중기 시나리오를 설계하고 실행으로 옮기는 민첩한 전략 수립이다. 단순한 물류 확보를 넘어, 제조공정, 유통전략, 가격구조까지 포괄하는 통합적 대응이 필요한 시점이다.

대 미국 수출 K-중견·중소기업의 대응 전략

1 K-기업의 관세 대응 전략: 작은 기업일수록 더 치밀하게 준비해야 한다

트럼프 2.0 시대가 시작되면, 관세 정책은 더욱 예측 불가능하게 변할 수 있다. 이 변화는 대기업뿐 아니라 K-중소기업에게도 직접적인 영향을 미친다. 특히 한국에서 미국으로 제품을 수출하는 기업은 미국에서 수입 시 고관세 리스크에 더 취약하다. 자금력이나 인력이 부족하기 때문에 정책 변화에 민감하게 반응하지 못할 수 있으며, 그로 인해 통관 지연, 미국 수입 관세 폭탄, 미국 거래처와 거래 단절 등의 문제에 직면할 수 있다. 이제는 우리는 규모가 작아서 괜찮다는 생각을 버려야 한다. 오히려 작기 때문에 더 민감하게, 더 정밀하게 준비해야 생존이 가능하다.

품목분류 정확성과 관세평가 투명성 확보하기

가장 먼저 점검해야 할 부분은 HS 코드, 즉 품목분류의 정확성이다. 모든 수출입 통관은 이 코드를 기준으로 이루어지며, 코드가 다르면 관세율이 달라진다. HS 코드는 전 세계 공통으로 6자리까지는 같지만, 미국은 나머지 4자리를 자체적으로 정하여 10자리 체계를 운영한다. 한국에서는 맞다고 생각했던 품목분류가 미국에서는 다르게 해석되어 추가 관세가 부과되는 사례가 잦다.

예를 들어, 한국에서는 기계장치의 부품으로 분류되어 관세가 낮았던 부품이, 미국 세관에서는 철강 파생제품으로 분류되면서 철강 함량분에 대하여 25%(현재는 50%)의 고율 관서가 부과된 사례가 있다.

이런 오류를 방지하기 위해서는 미국 관세국경보호청(CBP) 및 세관의 전자 사전심사 제도(e-Ruling)를 활용하여 사전에 품목분류를 확정받는 것이 바람직하다. 하지만 자체 인력으로는 e-Ruling 신청서를 정확히 작성하기 어렵기 때문에, 한국 관세사의 조력을 받아 사전심사를 준비해야 한다.

또한, 관세평가의 투명성도 확보해야 한다. 실거래가격보다 낮은 가격으로 신고하면 단기적으로는 통관이 빨라질 수 있지만, 사후검증에서 가산세와 추징이 뒤따를 수 있다. 관세사는 수출계약서, 인보이스, 송장 등을 토대로 합리적인 과세가격 산정 근거를 제시할 수 있으므로, 가격 신고 전에는 반드시 전문가 자문을 받아야 한다.

관세 부과 유형별 대응 전략 마련하기

미국은 다양한 무역규제 도구를 보유하고 있으며, 각기 다른 근거에 따라 고율 관세를 부과한다. 대표적으로는 다음과 같다:

- 기본관세/FTA 특혜관세(한국)

- 상호관세
- 반덤핑관세(AD)
- 상계관세(CVD)
- 국가안보관세(무역확장법 232조)
- 보복관세(무역법 301조)
- 세이프가드(SG)

각 제도는 적용 기준과 대상이 다르므로, 우리 기업이 수출하는 제품이 어떤 규제에 걸릴 가능성이 있는지를 사전에 파악하고 대응전략을 세워야 한다.

예를 들어, 한 중소기업이 한국산 금속 케이스를 미국에 수출하였으나, 주요 부품이 중국산이라는 이유로 미국 세관이 이 제품을 중국산으로 판정하고 301조 보복관세 25%를 부과한 사례가 있다. 이처럼 실질적 변형 기준(substantial transformation)을 충족하지 못할 경우, 한미 FTA 상 한국산으로 인정되더라도 미국 일반 원산지 규정 기준에서는 중국산으로 판단될 수 있다.

이런 사태를 방지하기 위해, 공급망 전체를 점검하고 주요 부품의 원산지를 확인해야 한다. 경우에 따라서는 공정 변경, 부품 조달처 변경, 생산지 이전 등을 검토해야 한다. 이러한 전략은 자체 인력만으로는 어렵기 때문에, 관세사 또는 공급망 컨설턴트와 함께 생산구조를 분석하고 조정해야 한다.

디미니미스 제도 적극 활용하기

미국은 $800 이하의 소액 수입 물품에 대해 무관세 및 간소한 통관 절차를 허용하는 디미니미스(De Minimis) 제도를 운영 중이다. 이 제도는 특히 전자상거래 기반의 K-중견·중소기업에게 큰 기회를 제공한다.

예를 들어, 건강보조식품을 미국 소비자에게 전자상거래를 통해 직배송하던 A사는 이 제도를 활용해 제품 가격을 낮추고, 빠른 배송을 통해 소비자 만족도를 높일 수 있었다. 이를 통해 대형 유통망에 의존하지 않고도 미국 시장에 안착하는 데 성공했다.

그러나 이 제도는 장래 변동 가능성이 크다. 트럼프 대통령은 중국발 소포에 대해 디미니미스를 적용하지 않고, 120%의 고율 관세를 부과하겠다고 공언하였다가 현재는 54%로 인하하였다. 만약 이 제도가 한국산 제품에도 축소 적용된다면, 기존 전략은 무용지물이 될 수 있다.

이를 대비해, K-중소기업은 미국 내 물류센터 확보, 현지 유통업체와의 계약 체결 등 대체 수단을 마련해두어야 하며, 관세사나 KOTRA 등을 통한 해외 물류 전략 수립 컨설팅을 받는 것이 현명하다.

인코텀스 조건 점검과 관세 분담 협상하기

국제무역에서는 계약 조건(Incoterms)에 따라 관세를 누가 부담할지 달라진다. 일반적으로 FOB 조건이면 수입자가, DDP 조건이면 수출자가 모든 세금을 부담한다.

예를 들어, 미국 바이어의 요청으로 DDP 조건으로 거래한 중소기업 B사는 트럼프 2.0 시대에 고율 관세가 적용되면서 납품단가보다 높은 관세를 떠안게 되었고, 결국 계약을 종료할 수밖에 없었다.

따라서 K-중소기업은 현재 자사 계약이 어떤 조건인지 점검하고, DDP 조건일 경우 관세 분담 협상을 선제적으로 진행해야 한다. 예를 들어, 추가관세 발생 시 수출자·수입자가 50:50으로 부담하고, 정산은 차기 발주에서 조정한다는 조항을 계약서에 명문화하는 방식이다.

이러한 조건 협상은 미국 수입자와 직접 협상 경험이 적은 K-중소기업에게는 큰 부담이므로, 이 또한 관세사나 무역 전문가의 도움을 받아 진행하는 것이 안전하다. 관세사는 실제 분쟁 사례와 관련 법률을 근거로 협상 전략을 짜고, 표준계약서 문안을 제공할 수 있다.

2 미국 관세국경보호청(CBP)의 원산지 검증 생존 전략

트럼프 2.0 시대가 본격화되면 미국은 자국 산업 보호를 위해 수입제품에 대한 관세장벽을 높이고, 원산지 검증 절차를 한층 더 까다롭게 운영할 수밖에 없다. 이처럼 보호무역주의 기조가 강화되는 환경에서 K-중견·중소기업이 미국 시장에 안정적으로 진출하고 FTA 특혜 원산지와 비특혜 원산지 검증에서 생존하려면, 전문가의 조력을 통한 체계적인 원산지 전략이 필수이다.

FTA 원산지 기준과 함량 계산 방식의 정확한 이해

FTA는 이 물건이 진짜 한국산인가? 라는 질문에 정확히 답해야 혜택을 받을 수 있다. 이를 판단하는 원산지 결정 기준은 품목마다 다르며, 대표적으로 다음과 같은 방식이 있다:

- 세번변경 기준(CTC): 제조 과정에서 HS 코드가 일정 수준 이상 바뀌어야 함.
- 부가가치 기준(RVC): 전체 제품 가치의 일정 비율 이상이 한국 또는 FTA 체약국 내에서 발생해야 함.
- 가공공정 기준: 충분한 제조 공정을 수행해야만 인정됨.

예를 들어, 금속 가구를 수출하는 A 기업이 한미 FTA 혜택을 받기 위해서는 제품이 다른 호[68]에 해당하는 원재료로부터 생산된 것이어야 한다. 이 때 원재료 별로 용도와 기능, 재질 등을 고려하여 관세 품목분류번호(세번)를 분류해야 하며, 관세 품목분류 사례 등의 분류근거도 확보해야 한다. 이러한 관세 품목분류 근거자료 준비는 K-중소기업 내부 인력만으로는 어렵기 때문에, 관세사와 같은 전문가의 도움을 받아 정확히 파악해야 한다.

미국 관세국경보호청(CBP)의 비특혜 원산지 기준 대응 전략

FTA 특혜 여부와 무관하게, 미국 관세국경보호청(CBP) 및 세관은 추가관세 부과나 수입제한 조치 적용 시 '실질적 변형 기준(Substantial

---

68) 관세 품목분류번호(HS Code 또는 세번) 10단위 중에서 4단위(예: HS8541)를 호(Heading)라고 한다.

Transformation)'이라는 비특혜 원산지 기준을 적용한다. 이는 제조 공정이 여러 국가에 걸쳐 있는 제품의 경우, 가장 본질적인 변형이 이루어진 국가를 원산지로 판단하는 원칙이다.

예컨대, 중국산 부품을 한국에서 단순 조립한 경우, 미국 관세국경보호청(CBP)은 해당 제품을 중국산으로 간주하고 301조 보복관세를 부과할 수 있다. 원산지 판정 기준은 다음과 같다:

- 부품의 품목·기능·용도의 변화
- 조립 전후의 실질적 성능 변화
- 조립공정이 단순한지 여부

따라서 기업은 제품별로 미국 기준상 어느 나라산으로 판단될 수 있는지 관세사의 도움을 받아 시뮬레이션해 보고, 중국산 부품의 비중이 높다면 국산화나 제3국 대체 전략을 수립해야 한다.

원산지 검증 대비 및 체계적 서류관리

미국 관세국경보호청(CBP)은 트럼프 2.0 상호관세 및 품목별 관세 부과 이전부터 원산지 우회 수출 가능성이 증가함에 따라 원산지 사후 검증을 강화하고 있다. 이 검증은 예고 없이 이뤄지며 다음과 같은 문서를 요구할 수 있다:

- 원산지증명서 및 원산지소명서
- 원산지 결정기준 충족사실 입증 서류 및 증빙자료
- 원재료 명세서(Bill of Materials)와 각 원재료의 원산지 증명

- 생산공정도, 작업지시서, 세금계산서 등

K-중소기업은 이러한 자료를 최소 5년 이상 보관해야 하며, 요구 시 신속하게 제출할 수 있어야 한다. 그러나 인력이 부족한 K-중소기업은 이 같은 서류 준비에 어려움을 겪기 쉽다. 따라서 사전에 관세사 등 전문가의 도움을 받아 서류관리 시스템을 구축하고, 원산지 사전점검이나 원산지 모의검증을 통해 문제점이나 취약점을 찾아 내어 이를 미리 보완해야 한다.

미국 관세국경보호청(CBP) 사전판정 제도(Advance Ruling) 활용

제품의 원산지 판단이 애매한 경우, 미국 관세국경보호청(CBP)의 Advance Ruling 제도를 활용해 사전 관정을 받는 것이 바람직하다. 이는 수입 전에 해당 제품의 원산지, 품목분류 등에 대해 관세국경보호청(CBP)의 구속력 있는 결정을 받는 제도로, 불확실성을 줄이고 향후 분쟁을 방지할 수 있다.

신청 시에는 제조공정도, BOM, 제품 사진, 용도설명서, 기술사양서, 구조도, 신청인의 의견 등 상세한 자료가 필요하며, 이를 정확히 준비하기 위해서는 반드시 관세사 등 전문가의 조력을 받아야 한다.

3 미국 내 유통채널 및 파트너십 전략

트럼프 2.0 시대가 도래하면서 미국 내 보호무역 기조가 한층 더 강화되고 있다. 이에 따라 K-중견 및 중소기업들이 미국에 직접 수출하거나 안정적으로 제품을 판매하기 위해서는 단순히 '좋은 제품'을 만드는 것만으로는 부족하다. 미국 현지 유통 채널을 전략적으로 활용하고, 배송 방식 및 파트너십, 물류 시스템 등을 종합적으로 설계해야 한다. 특히 자체 인력이 부족한 K-중소기업의 경우, KOTRA와 같은 정부기관의 지원을 적절히 활용하여 수출 경쟁력을 확보하는 것이 중요하다. 본 장에서는 K-중소기업들이 미국 시장에서 실질적으로 활용할 수 있는 유통 전략을 단계별로 설명하고자 한다.

배송 조건 최적화와 DDP 활용 전략

미국 소비자들은 가격 외에도 '추가 비용 유무'에 매우 민감하게 반응한다. 관세나 통관비, 택배사의 수수료 등으로 인해 예상보다 많은 금액이 청구될 경우 구매를 포기하는 사례가 적지 않다. 이를 방지하기 위한 대표적인 방법이 바로 DDP(Delivered Duty Paid, 관세지급인도조건) 방식이다. 이 방식은 수출자가 운임, 통관비, 관세 등 모든 비용을 사전에 부담하여 소비자가 상품을 문 앞에서 바로 받을 수 있도록 하는 구조다.

예를 들어, 우리 K-중소기업이 미국의 한 소비자에게 미화 700달러 상당의 전자제품을 판매할 경우, DDP 방식으로 DHL이나 FedEx 같은 특송사를 이용하면 미국 현지에서 추가 비용이 발생하지 않는다. 소비자는 세금이나 통관 문제를 고민하지 않아도 되므로 구매 심리의 장벽이 낮아지고, 기업은 재구매나 긍정적 리뷰 등 장기적인 고객 확보 효과를 기대할 수 있다.

다만, 고가 제품이나 대량 B2B 거래의 경우 수출자가 부담해야 할 비용이 커지기 때문에 DDP는 신중히 고려해야 한다. 특히 현재 한국 기업들의 DDP 활용률이 약 2%에 불과한 만큼, 현실적인 대안으로는 B2C 소액 수출에 한해 DDP 효과를 모방하는 전략이 바람직하다. 예컨대 미국의 관세면제 기준인 디미니미스(De Minimis, 미화 800달러 이하)를 활용하여 '미국 내 세금 및 관세 없음'을 강조하면 소비자 만족도를 높일 수 있다.

자체적으로 DDP 요건을 준비하기 어려운 대 미국 수출 K-중견·중소기업은 배송대행사나 현지 에이전트의 도움을 받을 수 있으며, 이 과정에서 KOTRA의 FTA 활용지원센터나 해외지사화 사업의 전문가들과 사전 상담을 통해 최적의 배송 방식을 설계하는 것이 좋다.

미국 현지 유통 파트너 발굴과 협력

미국 내 보호무역이 강화되면, 한국 기업들이 미국 현지에서 직접 판매하거나 통관을 진행하는 데 제약이 많아질 수밖에 없다. 이때 효과적인 전략은 미국 현지의 수입상, 유통업체, 세일즈 에이전트 등과 파트너십을 체결하여 그들이 수입자 역할을 대신하고, 유통과 통관 업무를 전담하게 만드는 것이다.

예를 들어, 미국의 한 대형 디스트리뷰터와 계약한 K-중소기업이 있다면, 이 디스트리뷰터는 제품을 미국 내에서 수입하고 창고에 보관한 후, 자체 유통망을 통해 도매 또는 소매로 판매할 수 있다. 이 경우 우리 기업은 B2B로 제품만 공급하면 되기 때문에 통관, 물류, 리스크 부담이 줄어들고 미국 시장 진입이 보다 수월해진다.

이러한 파트너를 발굴하기 위해서는 KOTRA의 Buyer Matchmaking 프로그램을 활용할 수 있다. 이는 산업별, 품목별로 관심 바이어를 발굴하고, 수출기업과 1:1 매칭 상담회를 진행해 주는 프로그램이다. 또한 해외 전시회 참가나 무역사절단 파견을 통해 직접 현지 네트워크를 확장할 수도 있다.

파트너 선정 시에는 유통망의 범위, 재무 건전성, 현지 규제 대응 경험, 제품에 대한 이해도 등을 종합적으로 검토해야 한다. 초기에 소규모 테스트 오더를 통해 파트너의 역량과 신뢰도를 평가하고, 점진적으로 거래 규모를 확대하는 전략이 바람직하다.

글로벌 온라인 플랫폼 입점 전략

최근 미국 시장에서는 오프라인 유통망보다 온라인 플랫폼을 통한 직접 판매(D2C, Direct-to-Consumer) 방식이 급부상하고 있다. 아마존, 이베이, 월마트닷컴, Etsy 등 글로벌 쇼핑몰에 입점하면, K-중소기업도 별도 유통망 없이 미국 소비자에게 직접 제품을 판매할 수 있다.

특히 아마존의 경우 '아마존 글로벌 셀링(Amazon Global Selling)' 프로그램을 통해 한국 기업의 미국 진출을 적극 지원하고 있으며, 셀러 계정을 개설하면 누구나 상품을 리스팅할 수 있다. 다만, 상품 설명은 영어로 현지화하고, 사진도 미국 소비자의 시각에 맞춰 수정하는 것이 필수다. 광고나 고객 리뷰 관리를 통해 노출도와 신뢰도를 높여야 한다.

입점이 어렵거나 복잡하다고 느끼는 기업은 아마존 전문 셀러 대행사의 도움을 받거나, KOTRA의 글로벌 쇼핑몰 입점 지원사업을 활용하는 것이 좋다. 이 사업은 입점 교육, 마케팅 전략 수립, 물류비 지원 등을 포괄적으로 제공한다. 실제로 정부 지원을 받은 A기업은 아마존 US에 입점하여 단 7개월 만에 수출액을 797% 증가시키고 수출 국가를 3개국에서 7개국으로 확대하는 데 성공했다.

미국 내 물류 거점 확보와 재고 전략

미국 시장에서 빠르고 안정적인 배송 서비스를 제공하려면 현지 물류 거점을 확보하는 것이 매우 중요하다. 이를 위한 대표적인 방법이 Fulfillment Center(위탁물류센터) 활용이다. 특히 아마존 FBA(Fulfillment by Amazon)는 제품을 미리 아마존의 미국 창고에 보내두고, 주문이 들어오면 아마존이 배송·반품·고객응대를 대행하는 시스템이다. 이는 Prime 회원에게 노출이 증가되어 판매량도 증가하는 효과가 있다.

단, 초기 미국 내 물류센터 반입 시 미국 수입통관 절차가 필요하므로 반드시 미국 관세사의 도움을 받아야 하며, 현지 법인 없이 통관하려면 DDP 또는 수입대행자를 활용해야 한다.

자체 창고 운영이 부담스러운 K-중소기업은 KOTRA의 해외 공동물류센터 사업을 통해 비용 부담을 줄일 수 있다. 미국 주요 도시에 위치한 이 물류센터는 저렴한 가격에 창고 공간을 임대하고, 입·출고 및 배송을 대행해준다. 또한 보세창고를 활용해 판매 시점에만 미국내 수입통관을 진행하면 캐시플로우(현금흐름)도 개선할 수 있다.

정부 지원과 전략적 유통 채널 활용이 관건이다

미국 시장 공략은 단순히 수출 계약을 체결하는 것에서 끝나지 않는다. 제품의 물류, 통관, 유통, 플랫폼 진입, 고객 응대 등 복합적인 요소가 유기적으로 작동해야 한다. 자체 인력이 부족한 K-중견·중소기업이 이 모든 영역을 혼자 준비하기에는 현실적인 한계가 있다. 따라서 KOTRA, 중소벤처기업부, 무역협회 등의 정부나 무역진흥기관이 제공하는 다양한 지원 제도를 활용하여 전문성과 효율성을 확보해야 한다.

결국 미국 유통 전략은 제품을 어떻게 팔 것인가에 대한 '시스템 구축'의 문제이다. 유능한 현지 파트너, 전략적 배송조건, 온라인 플랫폼 활용, 현지 물류 거점 확보를 종합적으로 설계하고 실행할 수 있다면, 트럼프 2.0 시대의 보호무역주의 속에서도 K-중소기업은 미국 시장에서 충분히 생존하고 성장할 수 있을 것이다.

4 법적 리스크 대응 전략

트럼프 미국 대통령이 미국 우선주의 관세정책을 추진하면서 K-중견·중소기업이 미국 시장에 수출하거나 유통망을 운영하는 과정에서 다양한 법적 리스크에 직면할 가능성이 커지고 있다. 미국 내 보호무역 조치가 강화될 경우 예상되는 문제에는 수입제한, 통관 지연, 관세 추징, 법적 분쟁, 제재 위험 등 다층적인 리스크가 포함된다. 이러한 환경 속에서 기업이 독자적으로 모든 리스크에 대응하기에는 한계가 있다. 특히 자체적인 법무팀이나 통상 전문 인력을 갖추지 못한 K-중견·중소기업의 경우, 관세사나 통상 전문 변호사 등 외부 전문가의 조력을 받아 법적 대응체계를 선제적으로 갖추는 것이 매우 중요하다.

미국 수입 제한 및 통관 지연에 대한 사전 대비

트럼프 1기 행정부에서 나타났던 것처럼, 특정 국가나 품목을 대상으로 한 돌발적인 수입금지 조치, 수입쿼터 부과, 고율 관세 부과 등은 다시 재현될 수 있다. 따라서 우리 기업은 수출하는 제품이 미국의 규제 품목으로 지정될 가능성이 있는지 정기적으로 점검해야 한다. 이 과정에서 관세사나 통상 변호사로부터 미국 연방정부의 USTR(무역대표부) 동향, 연방관보 공시 등을 분석한 전문 브리핑을 정기적으로 받아보는 것이 효과적이다.

통관 과정에서의 지연 리스크도 간과할 수 없다. 미국 관세국경보호청(CBP) 및 세관이 특정 품목이나 특정 국가 제품에 대해 검사 강도를 높일 경우, 선적된 제품이 항구나 공항에서 며칠 또는 몇 주 동안 보류되는 사례가 발생할 수 있다. 이에 대비하여 수출 전 서류 사전제출(pre-clearance) 제도를 활용하고, 수출입안전관리우수업체(AEO) 인증[69]을 받아 신속 통관 혜택을 누리는 것이 중요하다. AEO 인증은 우리나라 관세청과 미국 관세국경보호청(CBP)간 상호인정협정(MRA)이 체결되어 있어 활용 가치가 크다. AEO 인증 준비는 전문 관세사의 컨설팅을 통해 시스템 구축과 문서화 절차를 진행하는 것이 바람직하다.

---

69) 수출입안전관리우수업체(AEO, Authorized Economic Operator) 인증은 한국 관세청이 수출입 기업의 법규준수도, 안전관리, 내부통제 수준 등을 심사하여 우수업체임을 인증하는 제도이다. AEO 인증을 받은 기업은 한국내 세관검사 축소, 신속 통관은 물론 미국 등 외국 정부와 상호인정협정(MRA)을 통해 미국 통관시 절차 간소화 혜택 등 다양한 관세행정 우대를 받는다.

제품별 미국 규제기관 인증 여부도 사전에 점검해야 한다. 예컨대 전기전자제품의 경우 FCC 인증, 식품이나 의약품은 FDA 승인 없이는 미국 통관이 불가능하다. 따라서 미국 수출을 계획 중인 기업은 제품별 요구 인증을 사전에 점검하고, 인증 취득을 위해 인증 전문 대행기관의 자문을 받는 것이 필요하다.

통관 후 관세 추징과 세관의 감사 대응을 위한 사전 준비

한국 관세청과 마찬가지로 미국 관세국경보호청(CBP)도 수입통관이 완료된 후에도 5년간 사후심사를 실시할 수 있는 권한을 갖고 있다. 즉, 수입자가 당초에 제출한 서류에 허위나 오류가 있다면, 수 년 뒤라도 추징 관세와 페널티가 부과될 수 있다. 이에 따라 우리 기업은 수출과 관련된 모든 인보이스, 원산지증명서, 선하증권(B/L), 가격 협정서, 납품계약서, 거래명세서, 원산지증명서류 및 원산지결정기준 충족사실 입증서류 등을 정확히 정리하고 5년 이상 보관해야 한다.

또한, 특수관계자와의 거래에서 발생할 수 있는 가격 결정 문제에 대비하여, 거래가격의 합리성을 입증할 수 있는 자료를 사전에 준비해두어야 한다. 이때는 TP 문서 또는 Transfer Pricing Study를 작성한 이력이 있으면 유리하며, 관세평가 전문 관세사의 자문을 통해 이를 준비하는 것이 바람직하다.

만약 사후심사 과정에서 오류가 발견되었을 경우, 자발적으로 자진신고(Prior Disclosure)를 하면 벌금 감면이나 책임 축소 혜택을 받을 수 있다. 하지만 이러한 절차는 매우 복잡하므로, 미국 현지 관세사의 조력을 받아 대응 전략을 수립해야 한다.

미국 정부로부터 관세 추징 고지가 있을 경우, 180일 이내에 이의신청(Administrative Protest)을 제기하거나, 필요시에는 미국 국제무역법원(CIT)에 소송을 제기해야 한다. 이 역시 법적 대응이 필요한 전문 영역이므로, 신뢰할 수 있는 미국 전문 로펌이나 관세사와의 사전 네트워크를 구축해 두는 것이 중요하다.

무역 분쟁에 대비한 계약서 관리 및 중재 전략

트럼프식 무역제재의 특징은 갑작스럽게 관세가 부과되거나, 특정 품목의 수입이 제한되는 경우가 잦다는 점이다. 이러한 상황에서 수출계약이 체결되어 있는 상태라면, 계약불이행이나 분쟁이 발생할 가능성이 커진다.

이에 따라 수출계약서를 체결할 때는 예상치 못한 관세 부과나 수입규제 조치를 불가항력(Force Majeure)으로 규정할 것인지 여부를 명확히 해야 한다. 또한, 공급 불능이 발생한 경우의 책임 분담(비용 부담 포함) 방안을 계약서에 명시해야 한다. 이러한 계약서 조항은 통상 변호사와의 상담을 통해 점검하고 수정해야 한다.

분쟁 해결 방법으로는 국제상사중재를 선택하는 것이 현명하다. 미국 법원에 소송을 제기할 경우 비용과 시간이 많이 소요될 뿐 아니라, 판결 집행도 복잡하다. 따라서 계약서에 ICC(국제상공회의소)나 대한상사중재원 등의 중재기관을 지정하고, 중재지와 중재언어를 사전에 정해두면 분쟁 발생 시 빠르고 효율적으로 해결할 수 있다.

이외에도, 바이어의 지급불능에 대비해 수출신용보증70) 등 무역보험에 가입해두면 미수금 발생 시 손실을 줄일 수 있다. 이와 함께, 바이어에 대한 신용조사를 철저히 수행하고, 수출대금 회수 가능성 평가를 수시로 갱신하는 것이 중요하다. 이는 무역보험공사의 국제신용조사 서비스를 통해 수행할 수 있다.

5 정부 지원제도 및 한국 관세사의 활용 전략

우리 정부와 유관 기관들이 제공하는 다양한 지원제도를 최대한 활용하여 보호무역 대응역량을 높여야 한다. KOTRA, 관세청, 중소벤처기업부 등에서 제공하는 수출지원, 컨설팅, 자금 지원을 챙기고, 필요할 경우 관세사의 조력을 받아 통관과 규제 대응을 원활히 할 수 있다.

KOTRA의 해외진출 지원 활용

대한무역투자진흥공사(KOTRA)는 K-중소기업의 해외 시장 개척을 돕기 위해 무역관 네트워크와 다양한 사업을 운영하고 있다. 우리 기업은 KOTRA의 수출 바우처 사업을 통해 필요한 지원 서비스를 선택적으로 받을 수 있고, KOTRA 주관의 해외전시회 한국관 참가, 무역사절단 파견, 화상상담회 등에 참여하여 미국 바이어를 만날 기회를 늘릴 수 있다. 특히 전자상거래 분야에서는 KOTRA가 아마존 등과 협업하

---

70) 수출신용보증은 수출기업이 수출대금을 회수하지 못할 위험에 대비하여, 한국무역보험공사(K-SURE) 등이 대신 손실을 보상해 주는 공적 보험제도이다. 이는 해외 바이어의 지급불능, 정치적 리스크 등으로 인한 손실을 줄여 수출 확대를 지원하는 중요한 수출 금융 수단이다.

여 글로벌 쇼핑몰 입점 지원사업을 시행하고 있으므로, 입점 교육부터 물류까지 종합적인 도움을 받을 수 있다. 해외공동물류센터 사업도 눈여겨 보는게 좋다. KOTRA는 미국 주요 거점 물류회사와 제휴하여 한국 중소기업이 저렴한 비용으로 현지 창고를 이용하도록 지원하고 있으며, 이를 통해 시험 판매를 위한 소량 재고 운영, 반품 처리 거점 확보 등에 활용할 수 있다. 이처럼 KOTRA의 인프라와 프로그램을 잘 활용하면 적은 자원으로도 미국 시장에서 발빠른 대응이 가능해질 수 있다.

관세청·중소벤처기업부의 수출지원제도

정부도 보호무역으로 피해를 입은 기업을 위해 다각적인 지원책을 마련하고 있다. 중소벤처기업부는 2025년 트럼프발 관세폭탄에 대응하여 긴급대응반을 가동하고, 전국 15개소에 애로신고센터를 운영하여 기업들의 애로사항 상담을 지원 중이다. 특히 관세조치로 경영 애로를 겪는 K-중소기업에 신속히 자금을 지원하기 위해, 정책자금 중 긴급경영안정자금의 지원 사유에 '보호무역 피해'를 추가하고 간소한 절차로 자금을 공급하고 있다. 또한 긴급 경영안정보증의 신청서류를 간소화하고, 수출시장 다변화 지원사업에 해당 기업을 우대 선발하는 등 피해 최소화에 총력을 기울이고 있다. 이러한 지원을 필요할 때 놓치지 않으려면, 중기부 산하 수출지원센터(exportcenter.go.kr) 홈페이지에 접속해 공고를 수시로 확인하고 관련 사업에 신청해야 한다.

한편 한국 관세청은 FTA 활용과 통관 지원을 위해 전국 세관에 수출입기업지원센터를 설치해 운영하고 있다. 이들 센터에서는 FTA 원산지 컨설팅, 인증수출자 지정 지원, 해외통관애로 해소 등에 대한 상담을 제공하므로, 미국 통관과 관련하여 겪는 애로를 상담하면 실질적인 도움을 받을 수 있다. 또한 관세청은 미국 상호관세 FAQ, 비특혜 원산지 판정사례, 미국 관세 부과대상 HS CODE연계표 등 각종 자료를 홈페이지에 공개해 두었으므로, 이를 참고하면 최신 미국 통관 트렌드와 유의사항을 습득할 수 있다.

한국 관세사의 전문 조력

대미 수출을 확대하는 과정에서 통관 서류 준비, 관세 분쟁 대응, FTA 원산지 증명 등 전문성이 요구되는 업무가 많아진다. 이때 관세사 (Certified Customs Attorney)[71]를 적절히 활용하면 실무 부담을 줄이고 리스크를 관리할 수 있다. 한국 관세사는 주로 한국 내 수출 통관과 FTA 자문을 담당하지만, 글로벌 네트워크를 통해 미국 현지 통관법인과 협업하기도 한다. 가령 우리 기업이 처음 진출하면서 관세 품목분류와 관세율을 확인하려 할 때, 관세사가 대신 미국 관세국경보호청 (CBP)의 Advance Ruling(Binding Ruling)을 신청해 주거나 관련 법령을 조사해 줄 수 있다. 또한 수출서류(상업송장, 패킹리스트, 원산지 증명서 등)를 사전에 검토하여 오류를 바로잡아 통관 사고를 예방해 줄 수 있다. 수출 규모가 커지면 미국 현지의 관세사(Customs Broker)와 계약을 맺어두는 것도 고려해야 한다. 미국 수입통관은 원칙적으로 미국 내 면허를 보유한 통관업자만 대행 가능하므로, 신뢰할 만한 현지 관세사를 선정해 Importer of Record[72] 대행, 세관 커뮤니케이션 등을 맡

---

71) 2022.3. 한국 관세사회는 과거 수출입통관 업무를 하던 Customs Broker라는 미국, 캐나다, 호주 등 국가의 자격사 명칭을 쓰다가 외국 Customs Broker와 달리 세관 조사 입회, 관세조사 대리, 외국환검사 대리, 심판청구절차 대리 등 각종 컨설팅 업무를 수행하는 실정에 맞추어 Certified Customs Attorney로 영문 명칭을 변경하였다.

기면 통관이 한층 수월해진다. 이때 한국 관세사가 브릿지 역할을 해주면 언어 및 시간대 차이로 인한 소통 문제도 줄일 수 있다. 법률 리스크의 경우, 관세사 외에 국제통상 전문 변호사와도 네트워킹을 해두는 것이 좋다. 트럼프식 제재가 발동되면 법 해석이나 대응 소송 등이 필요할 수 있으므로, 평소 관련 분야 법무법인의 뉴스레터를 구독하거나 자문 계약을 맺어 최신 정보를 얻는 것이 도움이 된다. 종합하면, 모르면 비용이라는 말처럼 전문가 도움을 받아 모르는 부분을 메우는 것이 결국 비용 절감과 생존의 지름길이다.

지속적인 교육과 정보 업데이트

마지막으로 우리 기업 내부적으로 무역 실무 교육을 정기적으로 실시하여 직원들의 대응 역량을 높여야 한다. 관세청, KOTRA, 무역협회 등에서는 수시로 FTA 활용, 통관실무, 해외규제 등에 대한 무료 교육이나 웨비나를 제공한다. 이러한 기회를 통해 직원들이 최신 지식을 습득하고 사례를 공유하도록 독려하면, 회사 전체의 대응력이 향상될 수 있다. 특히 트럼프 2.0 행정부 기간에는 정책 변화 속도가 빠르므로, 업데이트된 정보를 놓치지 않는 것이 중요하다. 사내에 관련 동향을 모니터링하여 공유하는 시스템을 만들고, 중요한 변화(예: 관세율 인상, 규정 변경)가 있으면 경영진까지 신속히 보고될 수 있게 해야 한다. 또한 정부 기관의 컨설팅 결과나 지원 사업 활용 후기 등을 내부에 전파하여 좋은 팁을 전사적으로 적용하도록 한다. 이런 러닝 조직 문화를 갖춘 기업은 어떠한 보호무역 파고도 유연하게 넘어설 수 있을 것이다.

---

72) 미국 세관에 수입신고 시 *Importer of Record(IOF)*는 수입 물품의 통관 책임자이며, 세금 납부와 서류 제출, 규정 준수 등 모든 통관 절차의 법적 책임을 진다. 미국 내에 거주하는 개인 또는 사업체만 IOR이 될 수 있으며, 해외 기업은 보통 미국 내 대리인을 지정하여 IOR 역할을 맡긴다.

5 대 미국 수입 기업의 생존 전략

1 미국산 물건을 '그냥' 들여올 수는 없는 시대가 되다

트럼프 전 대통령이 다시 집권하면서, 통상 환경은 한층 더 예측 불가능하고 복잡하게 바뀌고 있다. 한국 기업이 미국에서 제품을 수입하는 일도 이제는 좋은 제품을 싸게 수입하는가의 문제가 아니라, 그 제품이 FTA 규정을 충족하고 규제 리스크를 피할 수 있는가로 옮겨가게 된다.

이전까지는 대부분의 수입기업들이 미국산이라는 이유만으로 한미 FTA 관세 혜택을 당연히 받을 수 있다고 생각해왔다. 실제로 미국산 물품에 대해 한미 FTA 특혜관세율(0% 또는 인하된 관세율)이 적용되면, 동일 제품을 유럽, 일본에서 수입하는 것보다 훨씬 저렴한 조건으로 한국 시장에 공급할 수 있었다.

하지만 트럼프 2.0 시대에는 이야기가 달라진다. 미국이 자국으로 수입되는 제품에 대한 FTA 및 일반 원산지 기준을 더 엄격하게 적용함에 따라 한국 관세청과 세관도 언제든지 미국으로 우회하여 생산된 품목에 대해 원산지를 다시 검증할 가능성이 높아지게 된다. 다시 말해, 단순히 미국에서 출발했다고 해서 무조건 미국산으로 인정되지 않는다는 말이다.

미국산 상품 수입도 '관세 검증 리스크'에서 자유로울 수 없다

미국에서 완성품을 수입했는데, 핵심 부품이 멕시코산이라면? 혹은 미국 본사에서 단순 조립만 거친 물품이라면? 이 경우 한국 관세청은 수입기업에게 다음과 같이 물을 수 있다.

- 이 물품이 진짜 미국산이 맞습니까?
- 한미 FTA 원산지 결정기준을 충족했다는 증빙자료를 보여주십시오.
- 이 서류는 누가 작성했고, 원산지는 어떤 방식으로 판정했는지 설명하십시오.

만약 수입기업이 이 질문에 제대로 대답하지 못하면, 관세 혜택은 사라지고 오히려 미지급 관세와 부가세 및 가산세를 추징당할 수도 있다. 물론 한국 관세청의 미국산 물품에 대한 원산지 검증은 위와 같이 단순하지 않고 한미 FTA 규정과 FTA관세 특례법에 약 1년에 걸쳐 엄격한 절차를 거쳐 이루어지게 되기 때문에 한국의 미국산 물품 수입기업에게는 엄청난 부담이 된다.

2 한국 관세청의 원산지 검증 강화에 대비하라

미국산 제품에 대해 국내에서 수입시 한미 FTA 무관세 혜택을 받기 위해서는 '이 제품이 진짜 미국에서 만들어졌는가'를 한국 관세청에 증명해야 한다. 과거에도 한국 관세청으로부터 미국산 물품으로 인정받는 것이 쉬운 일이 아니었지만, 이제는 한국 세관으로부터 한미 FTA

원산지검증을 위한 조사를 받으면서 미국 공급자와의 계약서, 생산 공정도, 생산 공정 상세 설명자료, 자재명세서(BOM)[73], 부품 내역, 부품 조달처 입증자료 등 모든 세부 자료를 요구받을 수 있다.

따라서 국내 수입 기업은 거래처인 미국 수출자와 거래하는 초기부터 한국 관세청의 미국산 수입물품에 대한 원산지 검증에 대비하여 철저히 준비하여야 한다. 수입거래를 위한 협상과정부터 수입 물품이 미국산 원산지가 맞는지 이메일로 문의하고 그에 대한 회신을 받아서 가능한한 그 근거자료와 함께 보관하는 등의 방법으로 확인해야 한다. 가능하면 관세사의 도움을 받아 해당 수입품목에 대한 한미 FTA 원산지 결정기준을 미국 수출자에게 설명하고, 그 충족 여부에 대한 증빙을 요청하여 사전에 확보해 두어야 한다. 만약 미국 수출자가 이러한 자료를 제공하지 않는 경우 추후 한국 관세청의 원산지 검증이 이루어질 수 있고, 그에 대한 책임은 미국 수출자에게 있다는 사실을 미리 알려야 한다. 또한 미국 수출자가 한국 관세청의 미국산 수입물품에 대한 원산지 검증을 통과하지 못하여 한국의 수입 기업이 FTA 특혜관세 적용이 취소되어 추징 관세와 가산세를 부담하게 되는 경우 이에 대한 처리 즉, 구체적인 책임 부담에 대해서도 미국 수출자와 미리 협의해 두어야 한다.

실례로 국내의 한 식품 수입업체는 미국에서 수입한 건강기능식품에 대해 한미 FTA를 적용하여 특혜관세 혜택을 받았다. 그러나 이후 한국 관세청의 원산지 사후검증에서, 세번(관세 품목분류번호)이 변경되지

---

73) Bills of Materials(BOM, 자재명세서)란 제품을 생산하는 데 필요한 모든 부품, 원자재, 구성요소 및 그 수량, 계층 구조를 체계적으로 정리한 문서이다. 제조, 조달, 원산지 판정, 비용 계산 등의 기초자료로 활용되어 공급망과 통관 업무에서 핵심적인 역할을 한다.

않은 핵심 원료가 미국 외 제3국에서 조달된 사실이 확인되어 FTA 적용이 거부되었고, 뒤늦게 수천만 원의 관세를 추가 납부해야 했다.

실제 필자가 운영하는 관세법인은 유능하고 뛰어난 젊은 관세사들이 미국산 및 유럽산 의약품 등 다양한 물품에 대한 한국 관세청의 한미 FTA 원산지 검증을 대리하여 성공적으로 종결한 경험을 많이 보유하고 있다. 대부분 미국 현지 원산지 조사를 실시하기 전에 거의 완벽한 자료를 준비하여 세관 원산지 심사관들에게 원산지 결정기준 충족한 사실을 여러 차례에 걸쳐 상세히 설명하여 한국 세관 원산지 조사관들의 인정을 받은 사례들이다. 이처럼 초기 원산지 조사단계에서 원산지 결정기준 충족 사실을 입증하는 자료를 완벽하게 준비하여 방어하지 않으면, 미국산 원산지를 인정받지 못하여 관세 등을 추징당하는 상황을 맞을 가능성이 높아진다.

3 한미 FTA 원산지 사후검증 확대에 대비해 문서를 꼼꼼히 관리하라

관세청은 수입 후 최대 5년간 FTA 적용 적정 여부를 사후검증할 수 있다. 이때 미국 수출기업이 자료제출 기한 내에 원산지결정기준을 충족하였음을 입증하는 증빙을 제시하지 못하면, 한국 관세청은 한미 FTA 규정에 따라 미국 수출기업에 대한 현지조사를 실시할 수 있다. 여기서도 한미 FTA 원산지결정기준 충족사실을 입증하지 못하면 결국 수입신고시 적용했던 한미 FTA 무관세 혜택을 소급하여 취소당하고, 관·부가세 + 가산세가 부과될 수 있다.

사례

의료기기 수입사 B는 미국산 혈압계를 FTA 적용으로 통관했지만, 3년 뒤 원산지 조사에서 원산지증명서 상 포괄증명기간이 선적일 이후로 기재된 실수가 발견되어, FTA 특혜관세 적용이 취소되었고 약 8천만 원의 관부가세 및 가산세를 추징당했다.

대응 포인트:

- 계약서, 송장, BL, 포장 명세서, 원산지증명서, 원산지 결정기준 충족 사실 입증서류 등을 FTA 적용 시점 기준으로 완비하고 보관해야 한다.
- FTA 적용 서류는 최소 5년 이상 보관하는 습관을 들여야 한다.
- 원산지 증명서류가 공식 문서 양식과 기재 요건을 충족하는지 사전에 검토해야 한다.

4 국내 비관세장벽도 꼼꼼히 따져야 한다

트럼프 2.0 시대에는 한국 정부도 '상호주의' 대응 논리로 미국산 제품에 대한 비관세장벽을 강화할 가능성이 높다. 이는 KC인증, 환경인증, 안전성 평가, 포장·표시 규정 등 복잡한 규제로 나타날 수 있다.

사례로 미국산 유아용품을 수입하는 국내 업체는 수입제품에 대한 KC 안전 인증서를 획득하지 못해 수입 및 통관이 수개월 지연되었고, 결국 시즌 상품의 판매 시기를 놓쳐 손실을 입는 피해를 보았다.

대응 포인트로는 KC인증, 검역, 전기용품안전, 식품첨가물 요건 등 국내 수입 규제사항을 사전 점검해야 하는 것을 들 수 있다. 한글표시 라벨링 요건, 원재료 표기 의무, 사용기한 표기 방식 등 작은 요소 하나로도 통관 지연이 생길 수 있다는 점에 유의해야 한다. 마지막으로 새로운 규제 도입 가능성에 대비해 수입 품목별 규제 동향을 관세사나 전문가를 통해 정기적으로 파악해야 한다.

5 FTA 재협상 리스크까지 감안하라

트럼프 행정부는 한미 FTA를 다시 뜯어고치려는 움직임을 보일 수 있다. 이에 관련해 2025년 5월 로버트 타이트하이저 전 미국 무역대표부(USTR) 대표(사진)가 동아일보와 인터뷰에서 한미 관세 협의와 관련해 "우리(미국)는 한미 자유무역협정(FTA)을 전면 재협상하자는 게 아니다" 라며 "4, 5가지 사안에 대해 협의하는 '스몰 딜'을 원하는 것" 이라고 밝힌 바 있다. 트럼프 1기 행정부 USTR 대표를 지낸 그는 트럼프 무역 정책의 설계자로 꼽힌다. 지금도 트럼프 대통령의 최측근이자 막후에서 영향력을 발휘하는 책사로 평가받고 있다. 미국이 전 세계를 상대로 관세 전쟁을 벌이다 보니 한국과는 확전을 원하지 않은 모양새라서 아직까지는 그나마 다행이다.

그러나 한국 정부가 관세 협상 과정에서 트럼프 미 행정부가 원하는 수준의 이익을 제공하지 않는다면 순식간에 FTA 전면 재협상 카드가 다시 등장할 수 있다는 사실을 잊어서는 안 된다. 특히 이때는 한미

FTA 특혜 관세율 변경, 원산지 요건 강화, 품목별 예외조항 삽입 등 제도 전반이 바뀔 수 있다.

📙 사례

> 2018년 개정 FTA 당시, 미국산 자동차의 한국 인증 기준이 완화되며 시장 점유율이 확대되었고, 그에 따라 한국 국내 부품사들의 납품 계약이 줄어드는 후폭풍이 발생했다.

대응 포인트는 관세사 등 전문가와 함께 수입 품목의 관세율, 원산지 규정, 제도 개편 가능성에 대한 정기 자문 체계를 구축하는 것이다. 갑작스러운 한미 FTA 제도 관련 변경에 대비해 공급 계약서에 '한미 FTA 규정 변경에 따른 조건 조정 조항'을 포함하는 것도 좋은 방안이다.

6 수입도 '전략'이 필요한 시대다

이제 미국산 제품을 수입하는 기업도 단순히 수요가 있으니 들여온다는 식의 접근만으로는 부족하다. 통관 리스크, 원산지 검증, 비관세 장벽, 제도 개편 가능성까지 수입 전체를 전략적으로 설계하고 관리해야 한다. 지금부터라도 FTA와 관세 통관 제도를 수출만큼 수입 측면에서도 정밀하게 다뤄야 할 시대가 온 것이다. 수입업체는 스스로를 '통상 전문가'처럼 단련해야 하며, 관세사·전문가와 손잡고 선제적으로 리스크를 점검하고 대응전략을 구체화해야 한다. 그것이 바로 트럼프 2.0 시대의 생존 해법이다.

부록

한국 관세사들의 생존 전략

단순 신고 전문가를 넘어 '글로벌 무역 인프라 설계사'로 나아가야 한다

트럼프 2.0 시대가 도래하면 관세 전쟁은 더 이상 일시적인 현상이 아니다. 미국은 자국 산업 보호를 이유로 언제든지 고율 관세를 부과하고, 상대국의 수출품에 대한 규제를 강화할 수 있다. 이러한 상황은 한국 수출기업에게 큰 부담이 되지만, 한편으로는 한국 관세사에게는 새로운 기회가 되기도 한다.

더 이상 관세사는 단순히 서류를 대신 작성해 주는 '신고대행자'로 머물 수 없다. 이제는 국제 무역의 복잡한 규칙과 관세 제도를 꿰뚫고, 기업 맞춤형 통관 전략을 설계하는 '글로벌 통관 전략가'로 거듭나야 한다. 이를 위한 핵심 전략들을 살펴보자.

1. 미국 관세 및 통관제도에 대한 전문성을 강화해야 한다

트럼프 행정부는 행정명령 하나로도 관세율을 급격히 바꾸고, 품목분류 기준을 새로 정하며, 원산지 검증 절차를 강화하는 방식으로 무역 흐름을 바꾸어왔다. 이러한 변화에 대응하기 위해서는 미국의 통관제도에 대한 정밀한 이해가 필수적이다.

특히 관세 품목분류, 한미 FTA 원산지 결정기준과 미국 일반 원산지 결정기준에 대한 이해와 전문성을 강화할 필요가 있다. 또한 미국의 '사전심사(Prior Ruling)' 제도를 잘 활용하여 미국 수입통관 리스크를 줄여 줄 수 있어야 한다.

2. '통관+정책+무역'까지 아우르는 종합적 컨설팅 역량이 필요하다

이제 관세사는 단순히 통관서류를 정확히 작성하는 수준을 넘어서야 한다. 기업들이 당면한 무역환경의 변화에 어떻게 대응할 것인가에 대한 전략적 조언자 역할을 수행해야 한다. 특히 글로벌 공급망 재편 컨설팅에 참여하여 기업들이 고율 관세를 피하기 위해 베트남, 멕시코 등으로 생산기지를 옮기는 경우, 관세사는 해당 국가의 통관 조건, FTA 적용 가능성, 원산지 기준 등을 분석해 주는 역할을 수행할 수 있어야 한다. 또한 수출기업이 미국 진출을 위한 사전 통관 전략을 수립하는데 있어 미국 현지 유통업체나 고객사와의 협상에서, 관세 조건이 불리하게 작용하지 않도록 수출가격 구조, 통관 절차, 사후검증 대응방안 등을 컨설팅할 수 있어야 한다. 뿐만 아니라 한미 FTA 특혜관세 활용 및 원산지 사후검증 대응에 적극적으로 나서야 한다.

3. 고객 맞춤형 통관 리스크 진단 서비스, 이제는 '선제 대응'의 시대다

트럼프 2.0 시대에는 미국으로 수출하는 기업에게 한 가지 질문이 매우 중요해졌다. "당신은 수출 과정에서 충분히 '주의'를 기울였습니까?"

이는 단순한 도덕적 질문이 아니다. 미국 관세국경보호청(CBP) 및 세관이 실제로 기업에게 묻는 법적 기준이기 때문이다. 이를 '합리적 주의 의무(reasonable care)'라고 부른다.

(1) '합리적 주의 의무'란 무엇인가?

미국 관세법에서는 수출입 기업이 통관 절차를 진행할 때 자신이 제출하는 정보가 정확한지 충분히 검토하고 책임을 져야 한다고 규정하고 있다. 예를 들어, HS코드 분류가 잘못되었거나, 원산지 증명이 허위로 판명되었을 경우, 단순한 실수라 해도 관세국경보호청(CBP)은 "당신은 주의 의무를 다했느냐"고 묻고, 이를 증명하지 못하면 고액의 과징금과 수입거부가 이어질 수 있다. 즉, 수출기업이 고의가 없어도 과실로 간주되어 제재를 받을 수 있는 구조다.

(2) 제공할 수 있는 핵심 역할: '사전 리스크 진단 보고서'

이런 상황에서 관세사의 역할은 단순한 통관서류 작성이 아니라, 사전 위험을 차단하는 조언자 역할로 확장되어야 한다. 기업이 미국으로 물건을 수출하기 전, 한미 FTA 원산지 결정기준 및 미국 일반원산지 결정기준에 따라 한국산 원산지 결정기준을 충족했는지, 이 사실을 미국 세관에 입증할 자료는 제대로 갖추어졌는지, 이를 뒷받침할 미국 관세국경보호청(CBP)의 유권해석이 있는지, 수입물품의 명칭, 성질과 상태, 기능 및 용도 등은 어떠한지, 미국 관세율표[74] 기준에 따라 수입물

---

74) 미국 관세율표(U.S. Harmonized Tariff Schedule, HTSUS)는 수입 물품을 분류하고 해당 세율을 규정하는 공식 문서로, 미국 국제무역위원회(USITC)가 관리한다. HTSUS는 국제 공통 분류 체계인 HS 코드에 기초하되, 미국 특유의 세부 세율 및 통관 규정을 추가해 구성되어 있다. 수입자는 이 표를 기반으로 물품의 정확한 품목분류를 확인하고, 적용 관세율에 따라 세금을 계산해야 한다.

품의 품목분류가 적정한지, 이를 뒷받침할 미국 관세국경보호청(CBP)의 유권해석이 있는지, 미국으로 수입하는 물품의 거래가격이 적정한지, 거래가격은 합리적으로 산출되었는지, 거래가격을 관세의 과세가격으로 인정할 수 있는 미국 관세국경보호청(CBP)의 유권해석이 있는지 등과 같은 많은 항목을 점검해 '리스크 진단 보고서'를 제공하는 것이 필요하다.

(3) 맞춤형 '통관 리스크 진단 서비스'를 체계화하자

현재까지는 이러한 서비스가 일부 대기업에게도 잘 제공되지 못했다. 하지만, 앞으로는 모든 미국으로 수출하는 기업을 대상으로 한 '표준형 진단 시스템'이 만들어져야 한다.

- 미국에서 수입통관 전 단계에서 원산지, 관세율, 서류 누락 가능성 등 리스크 요소를 자동 진단해 주는 시스템 구축이 필요하다.
- 기업별 산업군에 따라 맞춤형 체크리스트를 제공하고, 이에 따른 보고서를 발급하는 체계도 마련되어야 한다.
- 이러한 진단이 미국 관세국경보호청(CBP)을 상대로 하는 법적 방어 자료로 활용될 수 있도록, 관세국경보호청(CBP)의 행정 절차에 맞춘 표준 양식으로 구성하는 것이 중요하다.

예를 들어, 전자제품을 수출하는 E기업은 수출진단보고서를 관세국경보호청(CBP) 제출자료에 포함시켜 "우리는 모든 절차를 사전에 검토했다"는 입장을 명확히 했고, 미국 세관으로부터 인정을 받은 바 있다.

(4) '리스크 사후 대응'보다 '사전 차단'이 관세사의 새로운 무기다

트럼프 2.0 시대는 기업에게 단순 수출보다, 수출의 투명성과 정당성을 증명할 능력을 요구하는 시대이다. 그 중심에 있는 관세사는 이제 진단과 예방의 전문가로 거듭나야 한다.

'합리적 주의 의무'를 사전에 충족시켜줄 수 있는 리스크 진단 서비스는, 기업이 신뢰할 수 있는 가장 실용적인 보험이 될 것이다. 관세사는 이를 체계화하여, 기업의 글로벌 진출을 지키는 무역 보안관으로 자리매김해야 한다.

4. FTA 활용과 고관세 대응 컨설팅, 이제는 '관세사 필수 시대'다

트럼프 2.0 시대가 본격화되면서 미국은 자국 산업 보호를 명분으로 다양한 형태의 무역장벽을 높이고 있다. 대표적으로 세이프가드(긴급수입제한조치), 반덤핑관세, 상계관세, 국가별 차등관세, 그리고 원산지 검증 강화 등이다. 이러한 상황에서 수출기업들이 살아남기 위해선 자유무역협정(FTA)과 무역구제 조치에 대한 전략적인 활용이 필수적이며, 그 중심에 관세사의 역할이 점점 더 중요해지고 있다.

과거에는 제조공장을 어디에 두는지가 단지 인건비나 물류비 문제에 그쳤다면, 지금은 전혀 다른 기준이 적용된다. 바로 어느 나라에서 만들어야 한미 FTA 관세 혜택을 받을 수 있는가? 어디에서 생산해야 반덤핑 위험이 적은가? 등 정치·외교적 위험과 통상전략을 고려한 생산전략이 필요해졌다.

한국 기업은 이미 여러 나라와 FTA를 체결하고 있다. 특히 한미

FTA(KORUS FTA)는 미국과의 수출입 거래에서 매우 중요한 법적 기반이 된다. 그런데, 많은 K-중소·중견기업들이 이 FTA의 내용을 제대로 활용하지 못하고 있다. 따라서 관세사는 FTA를 단순히 서류상 혜택을 받기 위한 제도가 아니라, 기업의 전반적인 공급망 전략에 결합된 경영 수단으로 활용할 수 있도록 컨설팅해야 한다.

트럼프 행정부는 특정 품목에 대해 세이프가드나 반덤핑 조치를 빈번하게 발동한 바 있다. 세이프가드는 특정 품목의 수입이 급증해 자국 산업에 피해를 준다고 판단될 경우 수입을 일시 제한하는 조치다. 반덤핑은 '너무 싸게 파는 것'을 문제 삼아 관세를 더 부과하는 방식이다.

예를 들어, 한국산 세탁기가 세이프가드 대상이 되어 고율 관세를 부과받자, 다수의 기업들이 미국 내 생산시설로 전환하거나 아예 시장에서 철수하는 일이 벌어졌다. 또 철강 제품은 반덤핑과 상계관세를 동시에 적용받아, 사실상 미국 수출이 중단된 기업도 있었다.

관세사는 이러한 상황에서 사후 대응이 아니라, 사전 분석과 구조 조정에 대한 컨설팅을 제공할 수 있어야 한다. 예컨대, 특정 제품군이 미국 현지 산업과 경쟁 관계에 놓여 있고, 수입 증가가 두드러진다면 조치 가능성에 대한 사전 경고를 제공해야 한다. 또한, 원산지를 세분화하고, 생산구조를 변경하거나 부품의 조달 루트를 재설계하는 방식으로 리스크를 줄이는 조언을 할 수 있다.

한미 FTA나 USMCA 활용, 고관세 대응 전략 설계까지 관세사는 이제 '통관 전문가'를 넘어 기업의 글로벌 생존전략을 함께 설계하는 동반자가 되어야 한다. 이 역할에 충실한 관세사야말로, 트럼프 시대에도 가장 필요하고 신뢰받는 통상 전문가가 될 것이다.

5. 관세사, 기업의 '무역 설계 파트너'로 거듭나야

지금까지 많은 관세사들은 기업이 물건을 수출하거나 수입한 후, 통관 과정에서 수출입신고를 대행하는 역할에 머물러 왔다. 하지만 트럼프 2.0 시대와 같은 격변의 무역환경에서는 이러한 수동적인 역할만으로는 관세사의 존재감이 약해질 수밖에 없다. 이제는 '통관 후 자문'에서 벗어나, 기업이 제품을 만들기 전부터 어떻게 수출입 구조를 짜야 관세를 줄이고, 리스크를 피할 수 있을지를 함께 고민하는 무역 구조 설계자(Trade Architect)로 진화해 나아가야 한다.

(1) 생산·물류·관세까지 설계단계에서 관세 리스크를 함께 고려해야 한다

예를 들어보자. 어떤 전자제품 회사가 새 제품을 미국에 수출하려 한다고 가정해 보자. 이 회사가 제품 생산지를 중국으로 정하면, 생산 단가는 낮아질 수 있지만, 미국에서 고율의 추가 관세(25% 이상)를 부담해야 한다. 반면 베트남에서 생산하면 단가는 다소 올라가지만, 관세 부담이 현저히 낮아진다. 이런 판단은 단순히 물류비나 인건비만 계산해서는 내릴 수 없다. 관세율, 품목분류, 원산지 인정기준, FTA 적용 여부, 미국 통관환경 변화 등 복합적인 요소를 모두 따져야 가능한 일이다.

이처럼 관세사는 이제 제품 생산지 선정, 공급망 구조 설계, 수출입 조건 설정, 고관세 대응 전략까지 통합적으로 검토하는 전문가로서 역할을 확대해야 한다. 기업이 제품을 만들기도 전에 "이런 구조로 공급망을 설계하면, 미국 시장에서 관세 혜택을 받을 수 있고, 통관도 매끄럽게 진행될 수 있다"고 조언할 수 있어야 한다.

(2) 관세사는 '기업 내부 전문가'와 긴밀하게 소통해야 한다

기업 내에는 다양한 부서가 있다. 물류부서는 물건을 빠르게 보내는데 집중하고, 무역부서는 계약과 선적서류를 관리하며, 세무부서는 각종 비용과 세금을 통제한다. 관세사는 이 모든 부서와 소통하며 연결고리를 만들어야 하는 전략 파트너가 되어야 한다.

예를 들어, 한 중견 가전제품 업체가 유럽과 미국 양쪽으로 동시에 수출을 준비 중이다. 이 회사의 물류팀은 물류비가 저렴한 루트를 선택하려 하고, 재경팀은 부가세 환급을 최우선으로 고려한다. 하지만 관세사는 미국 수출에 사용되는 부품의 원산지가 중국임을 인지하고, 중국에서 미국으로 수입되는 해당 품목에 대해 미국에서 반덤핑관세가 적용되고 있다는 사실을 파악한다. 이 사실을 토대로 원산지 전환 설계를 제안하고, 제품 포장방식과 인보이스 작성방식까지 수정하도록 조언해준 결과, 기업은 수억 원의 관세를 사전에 예방할 수 있게 되는 것이다.

이 사례는 관세사가 단순히 수출입 신고를 돕는 것을 넘어서, 기업의 공급망과 내부 전략 전체를 이해하고 개선하는 역할로 발전해야 한다는 것을 보여준다.

(3) 관세사는 더 이상 서류 대행인이 아니라, '글로벌 무역 설계 파트너'다

관세사는 이제 수출입 신고서를 잘 작성하여 완벽하게 통관하는 전문가인 것은 기본이고, 기업이 무역으로 이익을 낼 수 있도록 구조를 설계하고 전략을 제시하는 전문가로 거듭나야 한다. 트럼프 2.0 시대처럼 언제든 통관 장벽이 높아지고 정책이 예고 없이 바뀌는 상황에서는, 이러한 전략적 역할이 기업 생존의 열쇠가 된다. 앞으로 관세사는 글로벌 공급망의 디자이너, 무역 전략의 브레인, 기업 의사결정의 동반자로서 무게 있는 역할을 수행해야 한다. 이를 통해 관세사는 단순한 통관 전문가가 아닌, 트럼프 2.0 보호무역 시대에 진정한 '글로벌 무역 인프라 설계사'로 자리 매김할 수 있을 것이다.

2

트럼프 2.0 시대,
청년의 성장 전략

글로벌 통상 격변기, '관세'를 아는 자가 미래를 주도한다

1. 지금은 '관세'를 알아야 하는 시대다

요즘 뉴스에서 "관세", "보호무역", "FTA", "공급망 재편" 같은 단어가 자주 등장한다. 예전에는 기업의 무역 담당자나 정부 관계자만 신경쓰던 말들이지만, 이제는 대학생이나 직장 초년생들도 알아야 할 기본 개념이 되고 있다. 그만큼 관세와 통상정책이 우리의 일상과 가까워졌고, 나아가 앞으로 10년간 커리어를 결정지을 '핵심 키워드'가 되었기 때문이다.

2025년 1월, 도널드 트럼프 전 대통령이 백악관으로 돌아오면서 세계 무역 질서에 큰 변화가 생기고 있다. 이런 변화 속에서 '관세'는 단순한 세금이 아니라, 국제 정치와 경제를 움직이는 핵심 도구가 되고 있다. 한국의 수출기업이 미국에 제품을 팔기 위해서는, 단순히 물건을 잘만드는 것을 넘어서 관세율, 원산지, FTA 조건까지 세세하게 이해해야만 한다.

그렇다면, "관세"가 나와 무슨 상관이 있을까? 예전 같으면 무역회사나 관세사무소에 다니는 일부 사람들만 알면 되는 지식이었겠지만, 지금은 다르다.

예를 들어, 한 청년 창업가가 한국에서 만든 텀블러를 미국 아마존에 팔려고 했는데, 제품에 사용된 뚜껑의 재질 때문에 예상보다 높은 관세가 붙어 손해를 본 사례가 있다. 이처럼 제품의 세세한 구성과 원산지에 따라 관세율이 달라지며, 기업의 수익성에도 직접적인 영향을 미친다.

'글로벌 공급망'이라는 말을 들어본 적이 있을 것이다. 미국, 중국, 베트남, 멕시코, 인도 등 다양한 나라에 공장을 두고 부품을 조달하고, 조립하고, 판매하는 이 구조는 이제 모든 산업의 기본이다. 그런데 이 과정에서 어떤 나라에서 만든 부품을 쓰느냐에 따라 관세가 달라지고, 결과적으로 제품의 최종 가격과 경쟁력이 바뀐다.

이제 대학생이든 직장 초년생이든, 단순히 전공 지식만으로는 부족하다. 국제 경제 흐름을 읽는 감각, 수출입과 관련된 규제와 혜택을 판단할 수 있는 안목, 그리고 자신의 분야에서 관세가 어떤 영향을 미치는지를 아는 능력이 곧 경쟁력이다.

2. 관세와 원산지를 모르면 기회는 보이지 않는다

오늘날 글로벌 시장에서 일하려면 단순히 영어만 잘해서는 부족하다. '관세'와 '원산지'라는 언어를 읽고 말할 수 있어야 진짜 기회를 발견할 수 있다. 이 두 개념은 무역의 기술이자 전략이다. 특히 트럼프 2.0 시대에는 이 둘이 기업의 생존과 성장을 가르는 핵심 키워드로 떠오르고 있다.

이제는 관세와 원산지를 전문가만의 영역이라고 생각하면 안 된다. 대학생, 특히 상경계열 전공자나 무역, 물류, 기획 직무를 꿈꾸는 이들은 이 언어를 기본기로 익혀야 한다. 경제학, 국제통상학을 배우는 학생이라면, 이론뿐 아니라 실제 수출입 서류, 통관 절차, 원산지 증명서 발급 방법 등 실무 지식도 함께 익혀야 한다. 공대생이나 제품 개발 분야 학생도 관세 지식이 필요하다. 자기가 설계한 제품이 해외에 팔릴 때, 어떤 부품이 들어가는지에 따라 수출 시장이 완전히 달라질 수 있기 때문이다. 실제로 최근에는 '원산지관리사', '보세사' 같은 자격증이 취업에도 긍정적으로 작용하고 있으며, 일부 대기업은 FTA·관세 자문 역량이 있는 신입사원을 우대하고 있다.

앞으로는 '영어 잘하는 사람'보다 '관세를 이해하는 사람'이 글로벌 시장에서 더 멀리 간다. 세계는 이제 더 이상 하나의 시장이 아니다. 나라마다 다른 장벽, 규칙, 협정이 있고, 그 안에서 움직일 수 있는 사람이 진짜 기회를 만든다. 관세와 원산지를 이해하는 것은 단지 수출입을 잘하기 위한 것이 아니다. 그것은 세계를 이해하는 방법이며, 기업이 움직이는 전략의 핵심 언어를 배우는 일이다. 대학생과 직장 초년생이 지금 이 감각을 익히고 역량을 쌓는다면, 트럼프 2.0 시대가 만든 무역 장벽을 오히려 내 커리어를 위한 디딤돌로 삼을 수 있다. 기회를 보는 눈, 바로 관세와 원산지를 읽는 데서 시작한다.

3. 관세사무소·관세법인 인턴십이 최고의 실무학교다

트럼프 2.0 시대, 이제 관세는 뉴스의 뒷페이지가 아닌, 기업 전략의 최전선에 위치한 키워드가 되었다. 그러므로 대학생과 사회 초년생이

이 흐름에 올라타기 위해 가장 빠르게 실력을 키울 수 있는 방법은 무엇일까? 정답은 바로 관세사무소나 관세법인에서의 인턴십이다. 말 그대로, 현장 속에서 배우는 것만큼 빠른 길은 없다. 무역이나 통상 분야에 관심이 있는 대학생이라면, 교과서로는 절대 배우지 못하는 생생한 현장 경험을 쌓는 것이 중요하다. 특히 관세법인이나 관세사무소에서의 인턴십은 이론이 아닌 '실무'를 몸으로 익힐 수 있는 최고의 기회다. 이런 경험은 단지 지식이 아니라, 향후 무역회사·대기업·물류업체·정부기관 취업 시 차별화된 실력으로 이어진다.

이미 취업한 사회 초년생이라면 관세법인뿐만 아니라 K-중소 수출입 기업의 무역부서나 물류팀에서도 관세 실무를 익힐 수 있다. 이들 부서는 대기업과 달리 직원 한 명이 다양한 업무를 맡는 경우가 많아, 짧은 기간에도 많은 것을 경험할 수 있다. 이런 경험은 단지 업무 스킬을 넘어서, 글로벌 시장에서 전문가로 성장할 수 있는 기반을 마련해 준다. 최근 대기업뿐만 아니라 K-중견·중소기업, 심지어 공공기관에서도 FTA, 통상, 관세 관련 실무 경험을 중시하고 있다. 특히 글로벌기업의 기획팀, 물류팀, 구매팀, 대기업의 기획팀, 물류팀, 구매팀, 로펌, 관세법인 및 회계법인의 국제통상 자문팀, 해외 진출 스타트업의 운영지원부서 등과 같은 직무를 목표로 하는 이들에게는 관세사무소나 관세법인의 인턴 경험이 매우 강력한 경쟁력이 될 것이다.

이처럼 관세 실무 경험은 특정 산업에 국한된 것이 아니라 전 산업으로 확장될 수 있는 다목적 무기가 될 것이다.

요즘 대학생들은 인턴을 '스펙'이라고만 생각하는 경우가 많다. 그러나 진짜 스펙은 배운 것을 써먹을 줄 알고, 현장에서 문제를 해결해 본 사람에게 생긴다. 관세 분야는 특히 그렇다. 이론과 법령이 복잡한 만큼, 실제 업무 흐름을 몸으로 익힌 사람은 단기간에도 큰 성장을 할 수 있다. 따라서 통상과 무역에 관심 있는 대학생과 직장 초년생은 관세사무소나 관세법인, 혹은 무역실무가 이뤄지는 현장에 발을 들이는 것만으로도 트럼프 2.0 시대를 살아갈 준비가 완성된다. 책상에서만 공부하는 시대는 지났다. 지금은 현장에서 배우는 사람이 기회를 선점하는 시대다. 관세사무소는, 그 배움의 최전선에 있는 진짜 학교다.

4. 트럼프 2.0 시대는 공부하는 청년에게 '10년 기회'를 준다

우리가 흔히 '관세'라고 하면 낯설고 어렵게 느끼기 쉽다. 대학생이나 사회 초년생 입장에서는 마치 기업 실무자나 국가 간 무역 전문가의 영역처럼 보이기도 한다. 그러나 트럼프 2.0 시대에 들어서면서 '관세'는 더 이상 특정 직업군만의 영역이 아니다. 오히려 향후 10년간 관세와 통상정책이 글로벌 시장에서 가장 중요한 키워드가 될 것이며, 이를 일찍 공부한 청년들이 국제무대에서 전략가로 성장할 수 있는 황금의 기회를 맞고 있다.

지금부터 관세, 통관, FTA, 원산지 결정기준 등을 공부하고 경험을 쌓는 청년은 향후 10년 동안 글로벌 공급망 재편의 전략 설계자가 될 수 있다. 단순한 무역 실무자가 아니라, 기업의 해외 진출 구조, 부품 공급 전략, 세금 절감 시나리오 등을 직접 설계할 수 있는 전문가로 성장할 수 있다.

예를 들어, 아직 대학생인 D군은 국제통상학을 전공하면서 관세사무소에서 인턴을 하며 실제로 HS코드 분류, 원산지 소명서 작성, FTA 활용법을 배우고 있다. 이 경험을 바탕으로 그는 향후 글로벌 전자회사에 입사해 국가별 관세 리스크를 설계하고, 미국·멕시코·베트남을 연결하는 수출 구조를 만드는 역할을 맡게 될 가능성이 매우 크다.

이처럼, 지금 관세를 공부하는 것은 단순히 자격증을 따는 것이 아니라 국제무역의 지도를 새로 그리는 일에 참여하는 것이다.

3

접경지역 '출퇴근형 개성공단형 제조특구' 구상 : 남북경제의 현실적 전략

트럼프 2.0 시대의 통상 환경은 단순한 무역 전쟁이 아니라, 글로벌 공급망을 근본부터 다시 짜는 구조전쟁이라 할 수 있다. 이 구조전쟁에서 한국이 생존하고 성장하기 위해서는 국가 단위의 공급망 전략이 필요하다. 특히 '한국 내 생산기반'을 유지하면서도 저비용 고효율의 노동력 확보, FTA 원산지 규정 충족, 안보 리스크 회피, 남북관계 정상화라는 네 마리 토끼를 잡는 해법이 있다면, 그것은 단지 한 기업이나 업종의 문제가 아니라 국가 전략 차원의 기회가 된다.

이러한 관점에서 '출퇴근형 개성공단형 제조특구'는 시대가 요구하는 전략적 대안이라 할 수 있다. 다음은 그 내용을 보다 쉽게 풀어 설명한 것이다.

1. 왜 '출퇴근형 제조특구'인가?

대한민국은 지금 제조업 기반이 흔들리고 있다. 청년들은 3D 업종(힘들고, 더럽고, 위험한 일)을 기피하고, 고령화로 인해 중간 기술 인력이 빠르게 줄고 있다. 특히 수도권 이외 지역은 일할 사람도, 공장도 점점 사라지고 있다.

한편, 북한은 2016년 개성공단이 폐쇄된 이후 남측과의 경제 협력이 완전히 단절되어 있다. 서로의 신뢰가 끊어진 상태에서, 막연한 평화와 교류 회복은 기대하기 어렵다.

이 두 가지 현실을 동시에 풀 수 있는 방법이 바로, 접경지역(파주, 연천, 동두천, 포천 등)에 '출퇴근형 개성공단형 제조특구'를 만드는 것이다. 북한 노동자는 공단 인근까지 아침에 출근하고 저녁에 퇴근한다. 숙소나 정착이 아닌 '왕복형 출퇴근 시스템'을 기반으로 하기 때문에 국민 정서상 반발도 적다.

이 모델은 단순히 과거 개성공단을 부활시키는 것이 아니라, 국내에 위치한 공장에서 국내 기업이 생산하면서 북한 근로자와 협업하는 완전히 새로운 형태의 남북경협 2.0 모델이라 할 수 있다.

2. 무엇이 다른가? 5가지 전략 효과

① 제조업 회복

기업 입장에서 인건비 부담이 큰 한국 내에서 생산을 유지하기가 점점 어려워지고 있다. 하지만 북한 노동자가 참여하면 단순 작업 공정의 원가를 낮출 수 있고, 동시에 국내에서 제조가 이루어지기 때문에 '한국산'으로 인정받아 FTA 관세 혜택도 누릴 수 있다.

② 남북관계 복원

무역이나 외교로는 풀 수 없는 남북 긴장을 '경제 협력'으로 풀 수 있다. 출퇴근 구조는 상호 신뢰를 쌓을 수 있는 가장 낮은 진입장벽이 된다.

③ 지역경제 활성화

경기도 북부 지역은 수도권임에도 불구하고 개발이 정체되어 있다. 제조특구가 들어서면 물류, 교통, 식당, 서비스 등 다양한 연관 산업이 함께 성장하며, 일자리와 인구 유입이 뒤따른다.

④ 일자리의 '분업' 가능성

기술이 필요한 고부가가치 작업은 한국 노동자가 맡고, 반복적이고 단순한 작업은 북한 노동자가 맡는 효율적 구조가 가능하다. 이는 인력난에 시달리는 K-중소기업에게 큰 도움이 된다.

⑤ FTA 원산지 대응력 강화

미국, 유럽연합 등은 제품의 '국내 생산 비율'이 일정 이상이어야 FTA 관세 혜택을 주고 있다. 생산지 대부분이 해외로 빠져나간 상황에서, 접경지역 제조는 이 문제를 해결할 수 있는 '국내 생산 대체 모델'이 된다.

3. 어떻게 추진할 수 있을까?

1단계: 시범 특구 지정 (연천·파주 중심)

국가산업단지나 제조 클러스터로 지정하여 리쇼어링(국내 복귀) 기업과 K-중소기업을 유치한다. 초기에는 한국인 중심으로 운영하면서 산업 기반을 확보한다.

2단계: 남북 간 노동협력 협정 체결

북한과의 협의를 통해 '통근형 노동자' 모델을 공식화하고, 출입국·보안·근로조건 등의 규정을 설정한다. 유엔 제재를 피하면서도 국제기준을 지킬 수 있도록 ILO(국제노동기구) 기준도 함께 검토한다.

3단계: 법제화 및 전국 확대

『남북경제협력특별법』이나 『접경지역산업진흥법』 등을 개정하여 제도적 기반을 마련하고, 동두천·포천 등으로 점진적으로 확대한다.

4. 실행 가능성은 얼마나 될까?

이 모델의 가장 큰 장점은 대한민국 영토 내에서 모든 경제활동이 이루어진다는 점이다. 따라서 유엔 제재나 국제사회의 법적 제한을 크게 받지 않는다. 단순한 지원금이나 퍼주기가 아닌 '경제적 교류'로 포지셔닝할 수 있기 때문에 국민 수용성도 높다.

또한 모든 법과 제도가 한국 내에서 적용되므로 고용·세금·관세·통관 등 행정처리도 간단하고 유연하다. 정치적 상황이 불확실할 경우에도 해당 특구만 축소하거나 확대하는 식으로 탄력적으로 대응할 수 있다.

5. 결론: 남북경협 2.0, 위기를 기회로 바꾸는 실험

트럼프 2.0 시대는 전통적인 무역 질서를 무너뜨리는 동시에, 한국에게 국가 단위의 새로운 전략을 요구하는 시대이다. 단순히 미국에 맞서는 것이 아니라, 스스로 공급망을 재정의하고 생산 기반을 다시 짜는 역발상이 필요한 시점이다.

'출퇴근형 제조특구'는 바로 그 전환점이 될 수 있다. 개성공단의 성과를 이어가되, 정치적 리스크를 줄이고 경제적 실리를 극대화하는 현실적인 모델이다. 그리고 이 모델은 단지 남북문제를 풀기 위한 해법이 아니라, 트럼프 시대의 통상전략에 대응하는 산업 생존전략의 일부로 자리잡아야 한다.

앞으로 10년, 누가 글로벌 공급망의 중심에 서느냐가 국가와 기업의 운명을 가를 것이다. 이 전략은, 그 중심을 대한민국 접경지역으로 다시 가져올 수 있는 하나의 가능성이 된다.

이제는 '생존'이 아닌 '전략'으로 나아가야 할 시간입니다

2025년 1월, 도널드 트럼프 전 대통령이 다시 백악관으로 복귀했습니다. 많은 사람들은 이것을 단순히 미국 정치의 변화로만 받아들였지만, 이 책의 여러 챕터에서 사실은 그렇지 않다는 사실을 확인할 수 있습니다. 트럼프 2.0 행정부의 등장은 전 세계 경제에 충격을 주는 정치적 지진과도 같습니다. 특히, 한국처럼 수출로 먹고사는 나라에게는 그 충격이 곧 구조적인 대전환으로 이어지고 있습니다.

트럼프 대통령은 이전 임기에서부터 관세를 정책 무기로 삼았습니다. 그는 자국 산업을 보호한다는 명분 아래, 중국산 제품에 25% 이상의 고율 관세를 부과했고, 한미 FTA 재협상도 밀어붙였습니다. 이제 트럼프 2.0 시대에 들어서며, '10% 보편관세', '중국산 60% 관세', 'FTA 무력화'라는 키워드를 현실화 시키고 있습니다.

구조적인 위기는 '피하는' 것이 아니라, 새로운 '설계'로 대응해야 합니다

많은 기업과 개인은 이러한 변화를 '위기'로 받아들입니다. 맞습니다. 준비되지 않은 이들에게는 분명 위기입니다. 하지만, 준비된 이들에게는 정반대로 기회가 됩니다. 이 책에서 우리는 트럼프 2.0의 관세정책의 실체는 어떻게 나타나며, 이것이 한국 무역과 산업에 어떤 영향을 미치는지를 분석하고, 그에 대응하는 구체적인 전략들을 제시했습니다.

예를 들어, 단순히 "한국산 제품이 미국에서 더 비싸질 수 있다"는 우려에 그치지 않고, "그렇다면 어떻게 원산지를 바꾸거나, 새로운 공급망을 짜야 하는가?"라는 방향으로 접근해야 합니다. 바로 이것이 K-기업의 새로운 K-Origin 전략입니다. 예를 들어, 중국산 부품을 사용하던 한 K-중소기업이 베트남산 부품을 활용해 '한국산 완제품'을 만들어 미국에 수출한 결과, 관세 면에서 큰 혜택을 보았고 매출도 유지할 수 있었습니다.

또한 '접경형 제조벨트' 전략도 제안했습니다. 이는 수도권 인근 지역에 제조 인프라를 집중 배치해 물류 효율을 극대화하고, 글로벌 공급망의 단절에 대비하는 구조를 만드는 것입니다. 이는 단순한 생존 전략이 아니라, 오히려 글로벌 무역의 중심축이 되는 전략적 발상 전환입니다.

불확실성은 '두려움'이 아니라 '기회의 문'입니다

국제 정세는 언제나 예측할 수 없습니다. 러시아-우크라이나 전쟁, 이스라엘-이란 전쟁, 미중 갈등, 팬데믹, 글로벌 인플레이션 등 수많은 변수들이 무역환경을 요동치게 만듭니다. 그러나 이러한 불확실성이 반드시 위기를 뜻하는 것은 아닙니다. 오히려 그것은 기민하게 준비된 사람에게 기회의 문을 열어주는 조건이 됩니다.

당신의 기업은, 조직은, 그리고 당신 자신은 이 변화에 얼마나 민감하게 대응하고 있습니까? 예를 들어, 트럼프 행정부가 특정 품목에 추가 관세를 부과하겠다고 발표했을 때, 이미 사전 모니터링 체계를 갖춘 기업은 출고 일정을 조정하거나, 부품 조달 경로를 바꾸며 수억 원의 손실을 피할 수 있었습니다.

한편, 관세법인에서 인턴십을 하면서 통관 전문성을 갖춘 청년은 중견 제조기업의 관세 리스크 대응팀에 합류하여, 원산지 소명자료를 관리하고 FTA 세이프가드 대응 전략을 조율하며 단기간에 핵심 인재로 성장할 수 있었습니다.

'기술력'만으로는 부족한 시대입니다

그동안 한국은 반도체, 배터리, 조선, 철강, 디지털 가전 등 전략 산업 분야에서 눈부신 성과를 거두어 왔습니다. 그러나 이제는 기술력만으로는 부족합니다. 트럼프 2.0 관세정책의 실체에 대한 이해와 전략이 함께 있어야만 진정한 경쟁력이 완성됩니다.

예를 들어, 어떤 기업은 동일한 기술력의 제품을 만들었음에도 불구하고 원산지 기준을 충족하지 못해 FTA 혜택을 받지 못하고 가격 경쟁에서 밀렸습니다. 반면, 비슷한 기술을 가진 또 다른 기업은 FTA 요건을 철저히 분석하고 공장 공정까지 조정하여 '한국산' 인증을 받아 수출 경쟁력을 높였습니다.

이처럼 앞으로의 산업은 "무엇을 만들 것인가" 보다 "어디서, 어떻게,

누구와 만들 것인가"가 더 중요한 시대가 되었습니다. 관세율, FTA, 품목분류, 관세평가 등을 모두 고려한 글로벌 공급망 설계가 미래의 승패를 좌우하는 진짜 변수가 된 것입니다.

우리는 준비되어야 합니다

이 책은 단순한 지식 전달서가 아닙니다. 트럼프 2.0 시대의 흐름을 읽고, 그 안에서 기업과 개인이 살아남고, 나아가 선도할 수 있는 전략을 설계하기 위한 '생존 매뉴얼'입니다.

당신이 기업의 오너나 CEO이든, 수출입 실무 담당자든, 대학생이든, 혹은 사회에 막 진입한 청년이든 상관없습니다. 지금 이 변화의 흐름을 제대로 읽고 대응하는 것이 당신의 다음 10년을 바꾸는 열쇠가 됩니다.

우리는 말할 수 있어야 합니다. "우리는 준비되어 있다." 트럼프 2.0 시대 K-기업에게 K-Origin(Made in Korea)은 위기의 이름이 아니라, 기회의 이름입니다. 지금 이 순간부터, 우리가 그 기회를 어떻게 붙잡을지 함께 고민해서 만든 전략을 하나씩 실천해야 할 때입니다.

2025년 7월
성수동 성수AK밸리에서
저자 씀

저자프로필

지은이 **신민호**
custra@daemoon.co.kr

25년 실무 경험을 바탕으로 관세·통상·외환 분야에서 기업의 통상 리스크를 해결해온 실전형 전문가. 복잡한 관세 마찰과 FTA 원산지 검증, 미국 수입 통관과 글로벌 관세 자문에 이르기까지, 수출입 현장의 문제를 '실행 가능한 전략'으로 바꿔내는 데 특화되어 있다.

한양대 정치외교학과를 졸업하고, 건국대 대학원에서 국제 상무 전공으로 경제학 석·박사를 취득해 실무와 정책을 넘나드는 균형 있는 시각을 갖췄다. 국내 관세사 최초로 대형로펌(충정, 율촌)에서 관세·외환 자문을 수행했고, 미국 워싱턴 D.C.의 글로벌 로펌 Steptoe & Johnson 파견을 통해 현지 통관 시스템도 직접 경험했다.

현재는 대문관세법인 대표 관세사이자 서울관세사회 회장으로서 활동하며, 관세청장·기획재정부장관 표창, 관세진흥대상 수상 등 공로를 인정받았다. 저서로는 「트럼프 2.0의 경고」를 비롯해 「외국환거래법과 검사, 모르면 당한다」, 「 무역실무 Ⅰ·Ⅱ」 등이 있다.